权威·前沿·原创

皮书系列为
"十二五""十三五""十四五"时期国家重点出版物出版专项规划项目

BLUE BOOK

智库成果出版与传播平台

甘肃蓝皮书

BLUE BOOK OF GANSU

甘肃经济发展分析与预测（2023）

ANALYSIS AND FORECAST ON ECONOMIC DEVELOPMENT OF GANSU (2023)

主　编／安文华　王晓芳

社会科学文献出版社
SOCIAL SCIENCES ACADEMIC PRESS (CHINA)

图书在版编目（CIP）数据

甘肃经济发展分析与预测.2023／安文华，王晓芳主编.--北京：社会科学文献出版社，2023.1
（甘肃蓝皮书）
ISBN 978-7-5228-1174-1

Ⅰ.①甘… Ⅱ.①安…②王… Ⅲ.①区域经济-经济分析-甘肃-2023②区域经济-经济预测-甘肃-2023 Ⅳ.①F127.42

中国版本图书馆 CIP 数据核字（2022）第 225621 号

甘肃蓝皮书
甘肃经济发展分析与预测（2023）

主　　编／安文华　王晓芳

出　版　人／王利民
组稿编辑／邓泳红
责任编辑／宋　静
责任印制／王京美

出　　版／社会科学文献出版社·皮书出版分社（010）59367127
　　　　　地址：北京市北三环中路甲29号院华龙大厦　邮编：100029
　　　　　网址：www.ssap.com.cn
发　　行／社会科学文献出版社（010）59367028
印　　装／天津千鹤文化传播有限公司

规　　格／开　本：787mm×1092mm　1/16
　　　　　印　张：18.25　字　数：270千字
版　　次／2023年1月第1版　2023年1月第1次印刷
书　　号／ISBN 978-7-5228-1174-1
定　　价／158.00元

读者服务电话：4008918866

版权所有 翻印必究

甘肃蓝皮书编辑委员会

主　任　李兴文

副主任　周丽宁　陈卫中　王成勇　赵凌云　梁和平
　　　　王炯玉　苏海明　陈　波　郭鹤立　何　东
　　　　苟永平　周　勇　曾月梅　张跃峰　刘永升

总主编　李兴文

成　员　安文华　马廷旭　王俊莲　王　琦　董积生
　　　　刘玉顺　高应恒　杨永志　赵生雄　周小鹃

甘肃蓝皮书编辑委员会办公室

主　任　刘玉顺

副主任　周小鹃

《甘肃经济发展分析与预测（2023）》
编辑委员会

主　　任　李兴文

副 主 任　安文华　马廷旭　王俊莲　王　琦　董积生

委　　员　王晓芳　何　苑　王建兵　刘玉顺

主　　编　安文华　王晓芳

首席专家　王晓芳

主编简介

安文华 甘肃省社会科学院副院长,主要研究领域为政治学、哲学社会学史、科研管理等。主要专著有《中国社会科学论纲》《丝绸之路三千里》《华夏文明八千年》《反贫困之路》《中国国情丛书——百县市经济社会调查·静宁卷》《传统农业县的变迁》等。主要论文有《试论领导干部的"参用"思想》《敦煌艺术哲学论要》《中国美学的新起点》《社科管理的性质及对管理者的素质要求》《科学、社会学的由来与发展》《自然科学与社会科学的融合是科学体系健康发展的必然》《中国社会科学的历史追寻》《传承优秀文化,构建中国特色社会主义话语体系》《当代中国哲学社会科学话语体系研究》等。主编《甘肃经济发展分析与预测》(2017~2022年共六卷)、《甘肃社会发展分析与预测》(2012~2018年共七卷)、《甘肃文化发展分析与预测》(2014~2016年共三卷)、《甘肃县域和农村发展报告》(2017~2022年共六卷)。

王晓芳 甘肃省社会科学院区域经济研究所所长,研究员,甘肃省领军人才。主要从事区域经济学、信息经济学、流通经济学研究。主要著作包括《西部欠发达地区县域经济研究》《西北地区少数民族信息资源开发与阅读文化构建》《西北地区信息用户满意度与信息素质教育》《甘肃向西开放务实合作·中亚篇》等10余部,在《中国农村经济》《甘肃日报》《甘肃社会科学》等报纸期刊发表论文60余篇。先后主持完成国家社科基金项目、甘肃省社科规划项目、甘肃科技基金软科学项目、"陇原青年创新人才扶持计划"项目、兰州市科技基金软科学项目、福特基金项目等20余项。先后获第十届、第十一届、第十三届、第十六届甘肃省哲学社会科学优秀成果奖，中国社会科学情报学会论文奖，甘肃省图书情报学会论文等奖项10余项。作为首席专家主编《甘肃商贸流通发展报告》（2016~2022年共七卷）、《甘肃经济发展分析与预测》（2020~2022年共三卷）。

总　序

2022年10月16日，中国共产党第二十次全国代表大会在北京召开。这次会议是在全党全国各族人民迈上全面建设社会主义现代化国家新征程、向第二个百年奋斗目标进军的关键时刻召开的一次十分重要的大会。甘肃省社会科学院高举中国特色社会主义伟大旗帜，全面贯彻习近平新时代中国特色社会主义思想，弘扬伟大建党精神，自信自强、守正创新，踔厉奋发、勇毅前行，在甘肃省委、省政府的正确领导和有关部门、单位的大力支持下，倾力打造"甘肃蓝皮书"品牌。

"甘肃蓝皮书"作为甘肃经济社会各领域发展的年度性智库成果，从实证研究的视角记录了甘肃经济社会的巨大变迁和发展历程。2006年《甘肃经济社会发展分析与预测》《甘肃舆情分析与预测》面世，标志着"甘肃蓝皮书"正式诞生。至"十一五"末，《甘肃社会发展分析与预测》《甘肃县域和农村发展报告》《甘肃文化发展分析与预测》相继面世，"甘肃蓝皮书"由原来的2种增加到5种。2011年，我院首倡由陕西、甘肃、宁夏、青海、新疆西北五省区社科院联合编研出版《中国西北发展报告》。从2014年起，我院加强与省直部门和市州合作，先后与省住房和城乡建设厅、省民族事务委员会、省商务厅、省统计局、酒泉市合作编研出版《甘肃住房和城乡建设发展分析与预测》《甘肃民族地区发展报告》《甘肃商贸流通发展报告》《甘肃酒泉经济社会发展报告》。2018年，与省精神文明办、平凉市合作编研出版《甘肃精神文明发展报告》《甘肃平凉经济社会发展报告》。2019年，与省文化和旅游厅、临夏回族自治州合作编研出版《甘肃旅游业发展报告》《临夏回族自治州经济社会发展形势分析与预测》。2020年，与兰州市社会科学院合作编研出版《兰州市经济社会发展形势分析与预测》，与沿黄九省区（青海、四川、甘肃、宁夏、内蒙古、陕西、山西、河南、山东）社科院合作编研出版《黄河流域蓝皮书：黄河流域生态保护和高质量发展报告》。2021年，与省人力资源和社会保障厅合作编研出版《甘肃人力资源和社会保障发展报告》。2022年，与武威市、肃北蒙古族自治县合作编研出版《武威市文化与旅游发展报告》《肃北蒙古族自治县经济社会发展报告》，至此"甘肃蓝皮书"的编研出版规模发展到19种，形成"5+2+N"的格局，涵盖了经济、社会、文化、生态、舆情、住建、商贸、旅游、民族、人力资源和社会保障等领域，地域范围从酒泉、武威、临夏、平凉、兰州等省内市州拓展到"丝绸之路经济带"、黄河流域以及西北五省区等相关区域。

十七年筚路蓝缕，十七年开拓耕耘。如今"甘肃蓝皮书"编研种类不断拓展，社会影响力逐渐扩大，品牌效应日益凸显，已由院内科研平台，发展成为众多省内智库专家学者集聚的学术共享交流平台和省内外智库研究成果传播转化平台，发展成为社会各界全面系统了解甘肃推进"一带一路"建设、西部大开发形成新格局、黄河流域生态保护和高质量发展等国家战略实施，以及甘肃经济发展、生态保护、乡村振兴、文化强省等领域生动实践和发展成就的重要窗口，成为凝结甘肃哲学社会科学最新成果的学术品牌，体现甘肃思想文化创新发展的标志品牌，展示甘肃有关部门、行业和市州崭新成就的工作品牌，在服务省委省政府重大决策和全省经济社会高质量发展中发挥了越来越突出的重要作用。

2022年"甘肃蓝皮书"秉持稳定规模、完善机制，提升质量、扩大影响的编研理念，始终融入大局、服务大局，始终服务党委政府决策，始终坚持目标导向和问题导向，坚定不移走高质量编研之路。在编研过程中遵循原创性、实证性和专业性要求，聚焦省委省政府中心工作和全省经济社会发展中的热点难点问题，充分运用科学方法，深入分析研判全省经济建设、社会建设、生态建设、文化建设总体趋势、进展成效和存在的问题，提出具有前瞻性、针对性的研究结论和政策建议，以便更好地为党委政府决策提供事实依据充分、分析深入准确、结论科学可靠、对策具体可行的参考依据。

2023年，甘肃省社会科学院将认真学习贯彻党的二十大精神和省第十四次党代会精神，全面落实习近平总书记对甘肃重要讲话和指示精神，坚持为人民做学问，以社科之长和智库之为，积极围绕国家发展大局和省委省政府中心工作，进一步厚植"甘肃蓝皮书"沃土，展现陇原特色新型智库新风貌，书写好甘肃高质量发展新篇章，为加快建设幸福美好新甘肃、不断开创富民兴陇新局面贡献社科智慧和力量。

此为序。

李兴文

2022年11月22日

摘　要

2022年，甘肃省落实疫情要防住、经济要稳住、发展要安全的总体要求，全面实施省委第十四次党代会提出的推动构建"一核三带"区域发展格局，加快实施"四强"行动等建设美好幸福新甘肃的新目标和新要求，全省经济运行依然保持着趋稳向暖的发展态势。全书重点研究了甘肃经济总体运行、行业发展和重大专题等，分析和总结了2022年甘肃经济发展现状及存在的问题，预测和展望了2023年甘肃经济发展走势与前景，并针对问题、发展目标提出了理论与实践相结合的应用对策建议。

《甘肃经济发展分析与预测（2023）》分析了2022年甘肃农业、工业、服务业、投资、消费、进出口、财政金融、居民收入等主要指标变化情况，预测了2023年甘肃主要经济指标，提出了相应的对策建议；并就甘肃地区经济综合竞争力进行评价，兰州市经济综合竞争力处于全省绝对领先地位；嘉峪关市和金昌市经济综合竞争力较强，分居全省第2、3位；酒泉、天水、白银、庆阳、张掖、武威等市经济综合竞争力中等偏上，分居全省第4~9位；平凉、定西、陇南3市经济综合竞争力中等偏下，分居全省第10~12位，临夏和甘南两个民族自治州经济综合竞争力偏弱，报告提出区域城市带动力和企业驱动力是增强地区经济综合竞争力的主要抓手。

2022年甘肃省经济高质量发展速度加快，前三季度生产总值同比增长4.1%，十大生态产业增加值同比增长9.4%，加快发展方式绿色转型取得实质性进展，"一核三带"发展格局加快形成；粮食及六大特色农产品稳定增长，"强县域"行动重构农村农业发展新局面；大力实施"强工业"行动，

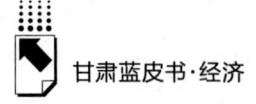

工业转型发展势头强劲；现代服务业加快崛起，物流快递业高速增长；固定资产投资平稳增长，工业投资持续高位运行；国内贸易市场规模不断壮大，对外贸易活力持续增强；财政收支增长加快，金融服务实体经济能力增强；居民收入平稳增长，促进共同富裕的基础趋于改善。但是，甘肃还存在实体经济运行持续承压，战略性新兴技术和高技术产业工业增加值增长乏力；市州投资差异扩大，三次产业投资极不均衡；居民收入增长放缓，扩大内需复苏消费的市场基础不稳固；兰州市主要经济指标增长低迷，"强省会"战略行动还需持续发力等突出问题。2023年，甘肃还要着重牢牢把握在国家发展战略中的总体定位，牢牢遵循自然和经济规律，牢牢把控改革开放根本方向，加快推动形成绿色低碳的发展方式、生产方式和生活方式等。

关键词： 甘肃经济　产业发展　投资消费　国际贸易　绿色转型

Abstract

In 2022, Gansu Province implements the overall requirements of preventing the epidemic, stabilizing the economy and ensuring the safety of development, fully implements the regional development pattern of "one core and three belts" proposed at the 14th Party Congress of the Provincial Party Committee, and accelerates the implementation of the new goals and requirements of building a beautiful and happy new Gansu, such as the "four strong" actions, the economic operation of the province remains stable and warm. This book focuses on the overall operation of Gansu's economy, industry development and major topics, analyzes and summarizes the current situation and problems of Gansu's economic development in 2022, forecasts and prospects the trend and prospects of Gansu's economic development in 2023, and puts forward the application countermeasures and suggestions for the combination of theory and practice based on the current situation, problems and development goals.

The general report of Analysis and Forecast on Economic Development of Gansu (2023) analyzes the changes of the main indicators of agriculture, industry, service industry, investment, consumption, import and export, finance, household income, etc., in 2022, forecasts the growth of the main economic indicators of Gansu in 2023, and puts forward corresponding countermeasures and suggestions. And evaluated the comprehensive economic competitiveness of Gansu, the results show that Lanzhou is in the absolute leading position; Jiayuguan and Jinchang rank second and third; Jiuquan, Tianshui, Baiyin, Qingyang, Zhangye, Wuwei rank the 4th to 9th respectively in the province; Pingliang, Dingxi and Longnan have medium to low comprehensive economic competitiveness, ranking 10-12 in the province, Linxia and Gannan are the two national autonomous prefectures with weak comprehensive economic competitiveness, ranking last in the province. On this basis, it is proposed that city driving and enterprise driving are the main keys to enhance the comprehensive economic competitiveness of the region.

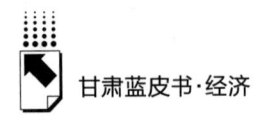

According to the Analysis and Forecast on Economic Development of Gansu (2023), in 2022, the high-quality economic development of Gansu Province will be accelerated. The gross domestic product in the first three quarters will increase by 4.1%, and the added value of the top ten ecological industries will increase by 9.4%. Substantial progress will be made in accelerating the green transformation of the development mode, and the "one core and three belts" development pattern will be accelerated; Food and agricultural products with six characteristics grew steadily, and the "strong county" action reconstructed the new situation of rural agricultural development; Vigorously implement the "strong industry" action, and the development momentum of industrial transformation is strong; The modern service industry has accelerated its rise and the express industry has grown rapidly; Investment in fixed assets grew steadily and industrial investment continued to run at a high level; The scale of domestic trade market continues to grow, and the vitality of foreign trade continues to grow; The growth of fiscal revenue and expenditure was accelerated, and the ability of financial services to the real economy was enhanced; The residents' income grew steadily, and the foundation for promoting common prosperity tended to improve. It points out that the real economy is still under pressure, and the industrial added value of strategic emerging technologies and high-tech industries is weak; The investment difference between cities and prefectures has expanded, and the investment in the three industries is extremely unbalanced; The growth of residents' income slowed down, and the market foundation for expanding domestic demand and recovering consumption was not stable; The growth of Lanzhou's main economic indicators is sluggish, and the strategic action of "strengthening the provincial capital" still needs to be continued. Finally, the book analyzes and forecasts the main economic development indicators of Gansu in 2022 and 2023, and proposes that we should focus on firmly grasping the overall positioning in the national development strategy, firmly follow the natural and economic laws, firmly control the fundamental direction of reform and opening up, and accelerate the formation of green and low-carbon development mode, production mode and lifestyle in 2023.

Keywords: Gansu Economic; Industrial Development; Investment and Consumption; Domestic and Foreign Trade; Green Transformation

目 录

Ⅰ 总报告

B.1 2022~2023年甘肃经济运行分析与预测 …………… 王晓芳 / 001
  一 2022年甘肃经济运行分析………………………………… / 002
  二 甘肃经济发展中存在的突出问题………………………… / 022
  三 2022年及2023年甘肃主要经济指标预测 ……………… / 027
  四 2023年甘肃经济发展的对策建议………………………… / 028

B.2 2021年甘肃地区经济综合竞争力评价 ………………… 关 兵 / 033
  一 甘肃地区经济综合竞争力水平评价指标体系和方法
   ………………………………………………………………… / 034
  二 甘肃地区经济综合竞争力水平比较评估结果和结论
   ………………………………………………………………… / 040
  三 甘肃地区经济综合竞争力的重要抓手——地区中心
   城市带动力和企业驱动力分析 …………………………… / 044

Ⅱ 行业发展篇

B.3 2022~2023年甘肃农业与农村经济发展形势分析与预测
  ………………………………………………………… 潘从银 / 049

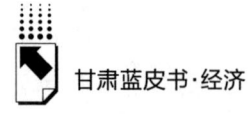

B.4　2022~2023年甘肃工业经济运行分析与预测 …………… 蒋　钦 / 068

B.5　2022~2023年甘肃服务业发展形势分析与预测 ……… 蒋　钦 / 085

B.6　2022~2023年甘肃固定资产投资状况分析与预测 …… 杨春利 / 102

B.7　2022~2023年甘肃消费市场分析与预测 ………………… 王丹宇 / 119

B.8　2022~2023年甘肃对外贸易分析与预测 ………………… 王军锋 / 134

Ⅲ　专题研究篇

B.9　甘肃"四强"行动对策研究 …………………………… 索国勇 / 152

B.10　甘肃碳达峰碳中和对策研究 …………………………… 尹小娟 / 171

B.11　甘肃营商环境升级行动对策研究 ……………………… 吴燕芳 / 186

B.12　甘肃促进共同富裕对策研究 …………………………… 王晓芳 / 201

B.13　甘肃"东数西算"国家算力枢纽节点工程
　　　——庆阳数据中心集群建设研究 ………… 刘伯霞　程　婷 / 225

B.14　甘肃上市公司科技创新能力评价 ……………………… 常红军 / 246

皮书数据库阅读使用指南

CONTENTS

I General Reports

B.1 Analysis and Forecast of the Economic Operation in Gansu
　　　Province from 2022 to 2023　　　　　　　　　*Wang Xiaofang* / 001
　　　1. Analysis of the Economic Operation of Gansu Province in 2022　/ 002
　　　2. Outstanding Problems in the Economic Development of Gansu
　　　　　Province　　　　　　　　　　　　　　　　　　　　　　/ 022
　　　3. Prediction of the Main Economic Indicators of Gansu Province in
　　　　　2022 and 2023　　　　　　　　　　　　　　　　　　　　/ 027
　　　4. Countermeasures and Suggestions for the Economic Development
　　　　　of Gansu Province in 2023　　　　　　　　　　　　　　　/ 028
B.2 Evaluation on the Economic Competitiveness of Gansu Province
　　　　　　　　　　　　　　　　　　　　　　　　　　Guan Bing / 033
　　　1. Evaluation Index System and Method of Regional Economic Comprehensive
　　　　　Competitiveness in Gansu Province　　　　　　　　　　　/ 034

2. The Results and Conclusions of the Comparative Evaluation of the Comprehensive Economic Competitiveness of Gansu Province / 040

3. The Important Method for the Regional Economic Comprehensive Competitiveness of Gansu province -- Analysis of the Driving Forces of the Regional Central Cities and Enterprises / 044

II Industry Development Reports

B.3 Analysis and Forecast of the Situation of Agricultural and Rural Economic Development in Gansu Province from 2022 to 2023
Pan Congyin / 049

B.4 Analysis and Forecast of the Industry in Gansu Province from 2022 to 2023 *Jiang Qin* / 068

B.5 Analysis and Forecast of the Service Industry in Gansu Province from 2022 to 2023 *Jiang Qin* / 085

B.6 Analysis and Forecast of the Fixed Assets Investment in Gansu province from 2022 to 2023 *Yang Chunli* / 102

B.7 Analysis and Forecast of Gansu Consumer Market from 2022 to 2023
Wang Danyu / 119

B.8 Analysis and Forecast of the Foreign Trade in Gansu Province from 2022 to 2023 *Wang Junfeng* / 134

III Special Research Reports

B.9 Study on Countermeasures to "Forth Enhancements" in Gansu Province *Suo Guoyong* / 152

B.10 Study on Countermeasures to Achieve Carbon Peaking and Carbon Neutrality in Gansu Province *Yin Xiaojuan* / 171

CONTENTS

B.11 The Countermeasure Research of Business Environment Upgrading in Gansu Province *Wu Yanfang* / 186

B.12 Study on Countermeasures for Promoting Common Prosperity in Gansu Province *Wang Xiaofang* / 201

B.13 Gansu "East Digital and West Computing" National Computing Power Hub Node Project
—*Research on the Cluster Construction of Qingyang Data Center*
  Liu Boxia, Cheng Ting / 225

B.14 An Evaluation on the Capacity for Scientific and Technical Innovation of Gansu's Listed Companies *Chang Hongjun* / 246

总报告
General Reports

B.1
2022~2023年甘肃经济运行分析与预测

王晓芳*

摘　要： 2022年1~9月，甘肃省经济高质量发展速度加快，地区生产总值同比增长4.1%，十大生态产业增加值同比增长9.4%，加快发展方式绿色转型取得实质性进展，"一核三带"发展格局加快形成；粮食及六大特色农产品稳定增长，"强县域"行动重构农村农业发展新局面；大力实施"强工业"行动，工业转型发展势头强劲；现代服务业加快崛起，物流快递业高速增长；固定资产投资平稳增长，工业投资持续高位运行；国内贸易市场规模不断壮大，对外贸易活力持续增强；财政收支增长加快，金融服务实体经济能力增强；居民收入平稳增长，促进共同富裕的基础趋于改善。但甘肃仍存在实体经济运行持续承压，战略性新兴技术和高技术产业工业增加值增长乏力；市州投资差异扩大，三次产业投资极不均衡；居民收入增长放缓，扩大内需复苏消费的市场

---

* 王晓芳，甘肃省社会科学院区域经济研究所所长、研究员，研究方向为区域经济学、信息经济学、流通经济学。

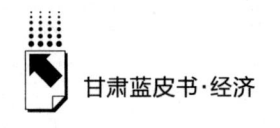

基础不稳固；兰州市主要经济指标增长低迷，"强省会"战略行动还需持续发力等突出问题。2023年还要着重牢牢把握甘肃在国家发展战略中的总体定位，牢牢遵循自然和经济规律，牢牢把控改革开放根本方向，加快推动形成绿色低碳的发展方式、生产方式和生活方式。

关键词： 甘肃经济　绿色转型　"一核三带"　"四强"行动

一　2022年甘肃经济运行分析

2022年，按照党中央、国务院疫情要防住、经济要稳住、发展要安全的总体要求，甘肃省高效统筹疫情防控和经济社会发展，全面落实省委第十四次党代会提出的推动构建"一核三带"区域发展格局，加快实施"四强"行动等建设美好幸福新甘肃的新目标和新要求。1~9月，全省经济运行依然保持着趋稳向暖的发展态势，呈现经济高质量发展速度加快，转型绿色发展取得实质性进展；粮食及六大特色农产品稳定增长，"强县域"行动将重构农村农业发展新局面；大力实施强工业行动，工业转型发展势头强劲；现代服务业加快崛起，物流快递业高速增长；固定资产投资平稳增长，工业投资持续高位运行；国内贸易市场规模不断壮大，对外贸易活力持续增强；财政收支增长加快，金融服务实体经济能力增强；居民收入平稳增长，促进共同富裕的基础趋于改善等重要特点。

（一）经济高质量发展速度加快，转型绿色发展势头强劲

党的十八大以来，甘肃省地区生产总值由2012年的5393.1亿元增长到2021年的10243.3亿元（见图1），首次突破万亿元，年均增长6.9%，比全国年均增速高0.3个百分点。

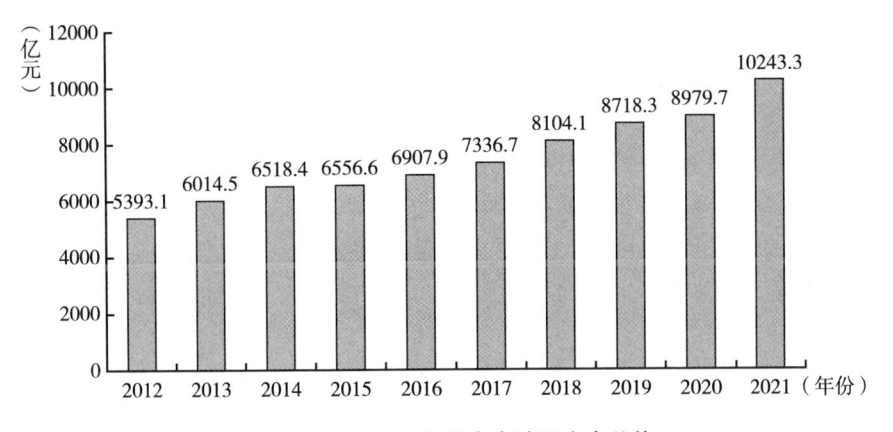

图 1　2012~2021 年甘肃省地区生产总值

资料来源：甘肃省统计局。

1. 经济增长韧性和后劲显现，经济增速高于全国平均水平

2022 年 1~9 月，甘肃省地区生产总值 8124.2 亿元，名义同比增长 9.8%，按不变价格计算，实际同比增长 4.1%，比全国平均实际增速高 1.1 个百分点，在全国 31 个省份中排第 9 位，在西部 12 个省份中位列第 4，仅次于内蒙古 5.0%、宁夏 4.9% 和陕西 4.8%（见表 1）。全年 GDP 有望达到 11000 亿元以上。

表 1　2022 年 1~9 月甘肃省与西部省份地区生产总值增长状况比较

单位：亿元，%

省份	2022 年 1~9 月	2021 年	增量	名义增速	实际增速
全国	870269	823131	47138	5.7	3.0
四川	40432.8	38998.6	1434.1	3.7	1.5
陕西	23502.0	21193.2	2308.8	10.9	4.8
重庆	20835.1	19951.9	883.2	4.4	3.1
云南	20817.9	19607.8	1210.1	6.2	3.8
广西	18865.9	18047.0	818.9	4.5	3.1
内蒙古	16209	14491.5	1717.5	11.9	5.0
贵州	14755.9	13985.5	770.4	5.5	3.2
新疆	13023.8	11396.1	1627.7	14.3	3.9

续表

省份	2022年1~9月	2021年	增量	名义增速	实际增速
甘肃	8124.2	7401.0	723.2	9.8	4.1
宁夏	3599.2	3180.6	418.6	13.2	4.9
青海	2563.8	2401.8	162.0	6.7	2.6
西藏	1460.8	1440.4	20.4	1.4	0.2

资料来源：国家统计局。

2. 产业结构持续优化，绿色低碳转型发展取得实质性进展

从2012年到2021年，甘肃省三次产业结构比由11∶46∶43调整演变为13∶34∶53，第三产业占比显著上升。

2022年1~9月，第一产业增加值1154.6亿元，同比增长5.1%；第二产业增加值2873.9亿元，增长4.2%；第三产业增加值4095.6亿元，增长3.7%（见表2）；三次产业结构比为14∶36∶50，产业结构持续优化，第一、二产业占比上升，第三产业占比回落；十大生态产业增加值2077.8亿元，同比增长9.4%，占全省地区生产总值的25.6%，比上年同期提高1.4个百分点；全省规模以上工业新能源发电量356.6亿千瓦，占规模以上工业发电量的26.6%，比上年同期提高0.5个百分点，表明甘肃省转变经济发展方式已经迈出坚实步伐，绿色低碳转型发展取得实质性进展。

表2　2022年1~9月甘肃省地区生产总值构成

单位：亿元，%

地区生产总值构成		增加值	增长率
分产业	第一产业	1154.6	5.1
	第二产业	2873.9	4.2
	第三产业	4095.6	3.7

资料来源：甘肃省统计局。

3. "强省会"战略行动重要性更加凸显，"一核三带"发展格局加快形成

按照"一核三带"发展格局，实施中心带动、"三带"突破的发展理念,优化空间开发和生产力布局,培育区域发展增长极,推动全省经济协同联动发展,有效缩小地区发展差距,区域发展协调性不断增强。地区人均生产总值差异系数由 2012 年的 0.92 缩小到 2021 年的 0.58,经济总量最大的兰州市与最小的甘南州生产总值之比由 16.17 缩小到 14.05①。

2022 年 1~9 月,"一核"范围内的 4 市州实现地区生产总值 3593.2 亿元,占全省的 44.2%,其中,兰州市以 2421.2 亿元、占全省 GDP 的 29.8% 而居于核心地位,凸显实施"强省会"行动的重要性;陇东南经济带 4 市实现生产总值 2200.2 亿元,占全省的 27.1%,其中庆阳市以 743.4 亿元居于全省 14 个市州 GDP 第二位,增长率 17.3% 也居全省 14 个市州增速第二位;河西走廊经济带五市实现生产总值 2155.6 亿元,占全省的 26.5%,其中酒泉市以 609.8 亿元居于全省 14 个市州 GDP 第三位,金昌市以 22.0% 增长率居全省 14 个市州增速第一位;黄河上游生态功能带中的甘南州实现生产总值 175.2 亿元,名义增长率位列全省倒数第一(见表 3)。

表 3 2022 年 1~9 月甘肃省"一核三带"发展格局下的市州 GDP 增长率及占比

单位:亿元,%

"一核三带"	市州	GDP	名义增速	占全省 GDP 比重
一核	兰州市	2421.2	4.1	29.8
	白银市	475.6	11.2	5.9
	定西市	415.0	9.4	5.1
	临夏州	281.4	9.0	3.5
	合计	3593.2	—	44.2
河西走廊经济带	酒泉市	609.8	12.3	7.5
	武威市	461.8	10.6	5.7
	金昌市	380.6	22.0	4.7
	张掖市	434.3	12.4	5.3
	嘉峪关市	269.1	12.3	3.3
	合计	2155.6	—	26.5

---

① 《践行嘱托开新局 富民兴陇谱新篇——十八大以来甘肃经济社会发展成就》,甘肃省统计局,2022 年 9 月 20 日。

续表

"一核三带"	市州	GDP	名义增速	占全省 GDP 比重
陇东南经济带	庆阳市	743.4	17.3	9.2
	天水市	582.0	9.0	7.2
	平凉市	449.4	16.6	5.5
	陇南市	425.4	12.4	5.2
	合计	2200.2	—	27.1
黄河上游生态功能带	甘南州	175.2	3.5	2.2

资料来源：依据甘肃省统计局发布的2022年9月市级分析整理。

（二）粮食及六大特色农产品产量稳定增长，"强县域" 行动重构农村农业发展新局面

2021年，全省农林牧渔业总产值2439.5亿元，是2012年的2.19倍。2021年粮食产量达到1231.5万吨（见图2），创历史新高，"牛羊菜果薯药"六大特色产业增加值占全省农林牧渔业增加值的比重达到61.2%。其中，蔬菜产量1655.3万吨，园林水果539.1万吨，中药材131.5万吨，肉产量135.3万吨，分别是2012年的1.95倍、2.28倍、2.05倍和1.62倍[1]。

1.种植业产值及粮食产量稳定增长，牧业及蔬菜、园林水果、猪牛羊禽肉产量较快增长

2022年1~9月，全省农林牧副渔业总产值2101.9亿元，增长5.6%，其中种植业1518.2亿元，增长4.7%，占比72.2%；牧业432.5亿元，增长8.4%，占比20.6%；林业5.2亿元，增长1.4%，占比0.2%；渔业1.2亿元，增长0.9%，占比0.1%；农林牧渔服务业144.8亿元，增长6.4%，占比6.9%（见表4）。2022年1~9月，全省粮食总产量1269.7万吨，同比增长3.1%；中药材产量139.2万吨，增长5.0%；蔬菜1534.0万吨，增长

---

[1]《践行嘱托开新局　富民兴陇谱新篇——十八大以来甘肃经济社会发展成就》，甘肃省统计局，2022年9月20日。

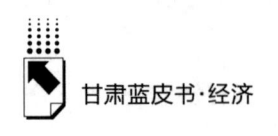

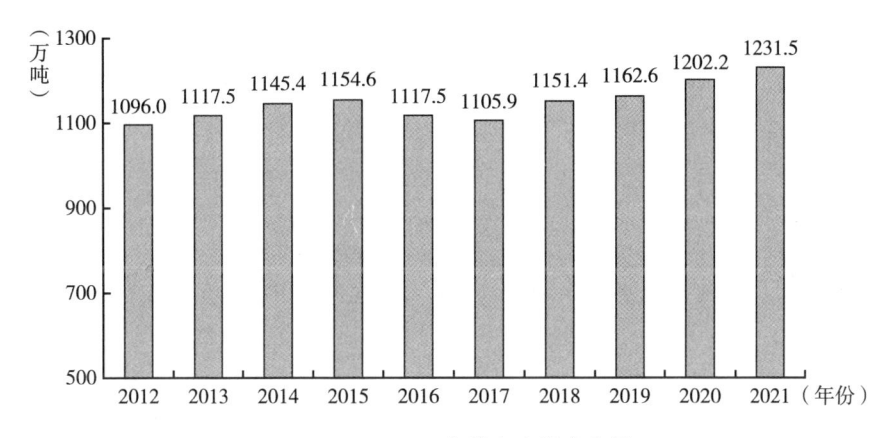

图 2　2012~2021 年甘肃省粮食产量

资料来源：甘肃省统计局。

8.0%；园林水果299.3万吨，增长7.9%；猪牛羊禽肉产量100.3万吨，同比增长6.4%；生猪、牛、羊、家禽存栏同比分别增长3.3%、3.1%、8.0%和4.3%，生猪、牛、羊出栏分别增长8.8%、0.8%、13.4%，家禽出栏下降5.3%。

表4　2022年1~9月甘肃省农林牧副渔业及农林牧渔服务业总产值、增长率

单位：亿元，%

分类	绝对数	增长率	占比
农林牧副渔业总产值	2101.9	5.6	100.0
种植业	1518.2	4.7	72.2
林业	5.2	1.4	0.2
牧业	432.5	8.4	20.6
渔业	1.2	0.9	0.1
农林牧渔服务业	144.8	6.4	6.9

资料来源：依据甘肃省统计局2022年9月统计月报整理。

2. 新型城镇化加速，"强县域"将打造农村农业发展的新局面

新型城镇化进程加快推进，2021年全省常住人口城镇化率为53.33%，比2012年提高14.55个百分点，2012~2021年年均提高1.62个百分点。农村宜

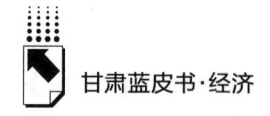

居环境日益改善，2021年，全省乡村自来水受益人口比重达到96.5%，通公路、通汽车、通电话村的比重均达到99.9%，通宽带的比重达到98.4%[①]。

2022年，在全面落实乡村振兴战略的同时，甘肃省政府先后出台了《甘肃省强县域行动实施方案（2022-2025年）》《关于推进以县城为重要载体的城镇化建设大力实施强县域行动的若干措施》，正式拉开了"强县域"战略行动大幕，通过推进以县城为重要载体的城镇化建设，力争到2025年末，全省常住人口城镇化率达到58%；全省县域经济规模达到1.2万亿元以上，生产总值100亿元以上县域增加24个，总数达到46个；城镇新增就业人数累计达到150万人次以上；打造12个地区生产总值超百亿元级的园区；加快57个重点县城城镇化建设，其中包括兰白核心经济圈13个县城、河西走廊经济带11个县城、陇东南经济带19个县城、黄河上游生态功能带14个县城[②]。

（三）大力实施强工业行动，工业转型发展势头强劲

党的十八大以来，围绕"强龙头、补链条、聚集群"，全力实施工业强省、产业兴省，统筹推进工业经济发展，加快构建更具竞争力的产业格局，甘肃工业增加值从2012年的2070亿元提升到2021年的2850亿元，年均增长6.3%。

1. 高端化、智能化、绿色化改造步伐加大，重工业及中小企业增加值较快增长

实施高端化、智能化、绿色化改造重点项目270项，总投资754亿元，2022年计划投资199亿元，有力助推"强工业"战略行动。2022年1~9月，规模以上工业增加值增长5.9%。其中，从工业内部结构看，重工业增长7.2%，轻工业下降1.1%；从工业企业经济类型看，国有及国有控股企业增长5.0%，集体企业增长64.3%，股份合作企业增长280.3%，非公有

---

① 《践行嘱托开新局　富民兴陇谱新篇——十八大以来甘肃经济社会发展成就》，甘肃省统计局，2022年9月20日。
② 《甘肃省强县域行动实施方案（2022-2025年）》，甘肃省人民政府网。

制企业增长10.2%；从工业企业规模看，大型企业增长3.7%，中型企业增长13.5%，小型企业增长10.5%；从工业门类看，采矿业增长12.6%，制造业增长4.0%，电力、热力、燃气及水生产和供应业增长3.7%；从重点行业看，煤炭工业增长29.1%，纺织工业增长18.5%，有色工业增长13.3%，医药工业下降26.1%，建材工业下降5.4%（见表5）。

表5　2022年1~9月甘肃工业增加值增长状况

单位：%

结构	类型	9月增长率	1~9月增长率
轻重结构	轻工业	1.2	-1.1
	重工业	10.1	7.2
经济类型	国有及国有控股企业	8.9	5.0
	股份合作企业	262.4	280.3
	集体企业	22.3	64.3
	非公有制企业	10.3	10.2
三大门类	采矿业	10.3	12.6
	制造业	9.2	4.0
	电力、热力、燃气及水生产和供应业	3.1	3.7
重点行业	煤炭工业	26.7	29.1
	电力工业	2.3	2.5
	冶金工业	-16.1	-0.3
	有色工业	21.1	13.3
	石化工业	12.3	4.5
	机械工业	25.2	7.4
	电子工业	-6.5	0.7
	食品工业	4.6	8.8
	建材工业	-12.0	-5.4
	纺织工业	2.8	18.5
	医药工业	-14.4	-26.1
	其他工业	11.1	4.1

资料来源：甘肃省统计局2022年9月统计月报。

2. 主要工业产品产量稳定增长，清洁能源产量保持快速增长势头

2022年1~9月，主要工业产品产量总体保持稳定增长态势，其中，原煤增长30.3%，光电增长17.4%，风电增长17.0%，有色金属增长9.8%，原油增长6.2%。建材、化工产品产量明显下降，其中，水泥下降12.7%，铁合金下降13.5%，钢材下降4.9%，乙烯下降3.9%，原油加工量下降1.4%（见表6）。

表6 2022年1~9月甘肃主要工业产品产量增长状况

产品	产量	增长率（%）
原煤（万吨）	4027.6	30.3
原油（万吨）	815.4	6.2
原油加工量（万吨）	1074.9	-1.4
水泥（万吨）	3140.3	-12.7
粗钢（万吨）	882.0	-3.3
钢材（万吨）	884.4	-4.9
铁合金（万吨）	68.8	-13.5
生铁（万吨）	652.9	-5.1
有色金属（万吨）	298.2	9.8
铜	63.5	26.8
铝	188.2	5.9
发电量（亿千瓦时）	1338.0	3.3
火电	762.5	2.2
水电	219.0	-10.7
风电	249.8	17.0
光电	106.7	17.4
硫酸（万吨）	211.3	7.9
乙烯（万吨）	53.1	-3.9

资料来源：甘肃省统计局2022年9月统计月报。

3. 工业企业销售产值较快增长，主营经营指标持续改善

2022年1~9月，工业企业销售产值6945.8亿元，同比增长17.3%，其中，轻工业增长3.2%，重工业增长19.0%；工业产品产销率为97.7%，其中，轻工业为94.3%，重工业为98.1%。

2022年1~8月，全省工业企业总数2345家，与2021年同期比增加了351家，增长了17.6%，市场主体持续扩大。企业经营活力进一步体现和放大，62.6%的企业处于盈利状态，营业收入7158.0亿元，同比增长16.6%；利润总额484.3亿元，同比增长16.2%，同比净增67.4亿元，其中，石化工业、煤炭工业、有色工业、建材工业同比分别净增58.1亿元、40.0亿元、27.6亿元、22.2亿元，冶金工业和医药工业同比分别减少41.3亿元和32.0亿元；税金总额456.0亿元，同比增长13.1%（见表7）。资产负债率降低0.2个百分点，每百元营业收入中的成本提高1.2元。

表7　2022年1~8月工业企业经济效益主要指标

单位：亿元，%

指标	营业收入	营业成本	四项费用	利润总额	税金总额
总额	7158.0	6055.1	405.4	484.3	456.0
同比增长率	16.6	18.3	4.3	16.2	13.1

资料来源：甘肃省统计局2022年9月统计月报。

4. 工业用电量减少，重点行业能源消费量下降

2022年1~9月，全社会用电量1106.6亿千瓦时，仅增长0.2%，第一产业增长11.6%，第二产业下降1.5%，其中工业下降1.3%，第三产业增长4.5%。工业中黑色金属冶炼行业下降12.7%，非金属矿物制品行业下降6.1%，电力、热力、燃气及水生产和供应业下降3.7%，有色金属冶炼行业下降0.5%。工业企业能源消费量为4008.1万吨标准煤，增长2.3%，其中化学原料及化学制品制造业下降5.6%，黑色金属冶炼行业下降6.1%，石油、煤炭及燃料加工业下降1.1%，煤炭开采和洗选业、非金属矿物制品业能耗有所提高，分别增长9.2%和10.6%。

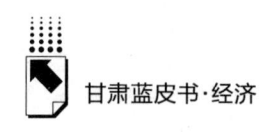

（四）现代服务业加快崛起，物流快递业高速增长

党的十八大以来，现代服务业加快崛起，对全省经济发展的支撑作用不断增强。2021年，第三产业增加值5412.0亿元，是2012年的2.34倍，2012~2021年年均增长8.1%；对经济增长的贡献率达到51.97%，较2012年提高11.6个百分点。

1. 交通运输业加快发展，铁路货运量增长较快

2022年1~9月，货运量56728.9万吨，下降2.0%，其中，铁路货运量6188.6万吨，同比增长29.4%；公路货运量50539.8万吨，下降4.9%。铁路客运量2180.1万人次，同比下降43.7%；公路客运量4919.2万人次，下降45.5%。

2. 邮政电信业务量同步提升，快递业务量持续走高

2022年1~8月，邮政业务量34.2亿元，同比增长5.7%；电信业务量191.7亿元，同比增长22.0%；快递业务量13040.6万件，同比增长16.2%（见表8）。

表8　2022年1~8月甘肃邮政、电信、快递业务量增长状况

类别	业务量	增长率（%）
邮政业务量（亿元）	34.2	5.7
电信业务量（亿元）	191.7	22.0
快递业务量（万件）	13040.6	16.2

资料来源：甘肃省统计局2022年9月统计月报。

（五）固定资产投资平稳增长，工业投资持续高位运行

2022年1~9月，全省固定资产投资同比增长10.9%。其中，工业投资增长57.2%，制造业投资增长46.5%，基础设施投资增长1.8%。

1. 项目投资增长步伐加快，工业投资成为主要拉动力

从投资流向看，项目投资呈现恢复性增长势头，同比增长15.2%；从

产业投资方向看,第一产业投资下降2.1%,第二产业投资增长56.0%,其中工业投资增长56.3%,第三产业投资增长0.3%(见表9)。

表9 2022年1~9月甘肃固定资产投资增长状况

单位:%

分类	构成	增长率
按组成分	项目投资	15.2
	房地产投资	1.1
按产业分	第一产业	-2.1
	第二产业	56.0
	工业	56.3
	第三产业	0.3
	基础设施投资	1.8
按资金来源分	中央投资	22.3
	地方投资	10.1
	民间投资	8.7
按实际到位资金分	国家预算内资金	67.0
	国内贷款	0.0
	利用外资	-19.7
	自筹资金	23.9
	其他资金	0.2
按行业分	农林牧渔业	-2.1
	制造业	46.5
	电力、热力、燃气及水生产和供应业	77.6
	信息传输、软件和信息技术服务业	25.4
	居民服务和其他服务业	40.8
	水利、环境和公共设施管理业	17.4
	建筑业	-37.7
	房地产业	-12.8
	科学研究和技术服务业	-31.4
	住宿和餐饮业	-29.0
	批发和零售业	-10.6
	文化、体育和娱乐业	-24.3
	交通运输、仓储和邮政业	-6.3

资料来源:甘肃省统计局2022年9月统计月报。

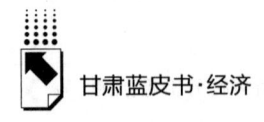

2. 民间投资持续升温，能源生产和居民服务业投资走高

2022年1~9月，全省民间投资同比增长8.7%。其中，项目民间投资增长18.0%，房地产民间投资增长1.7%。电力、热力、燃气及水生产和供应业投资增长77.6%；居民服务和其他服务业投资增长40.8%；信息传输、软件和信息技术服务业投资增长25.4%；水利、环境和公共设施管理业投资增长17.4%。建筑业，科学研究和技术服务业，住宿和餐饮业，文化、体育和娱乐业，批发和零售业，房地产业，农林牧渔业，交通运输、仓储和邮政业投资均呈下降态势，分别下降37.7%、31.4%、29.0%、24.3%、10.6%、12.8%、2.1%、6.3%。

（六）国内贸易市场规模不断壮大，对外贸易活力持续增强

在国内贸易方面，消费市场规模持续扩大，2021年社会消费品零售总额达4037.1亿元，是2012年的2.06倍，年均增长8.4%（见图3）。网络零售、跨境电商、移动支付等新业态、新模式不断涌现，线上线下消费加快融合，新兴消费持续活跃，带动居民消费潜力有序释放。2021年，限额以上单位通过公共网络实现商品销售额29.7亿元，是2015年的4.1倍。在对外贸易方面，2012~2021年全省累计实现外贸进出口总值4086.3亿元，其中，与共建"一带一路"国家累计实现外贸进出口总值1797.7亿元。2021年，与共建"一带一路"国家实现外贸进出口总值224.8亿元，占全省外贸总值的45.7%，比2013年提高了4.6个百分点。

1. 消费市场不断释放活力，国内贸易保持基本稳定

2022年1~9月，甘肃省经历了多轮次疫情冲击，国内贸易总体保持稳定，消费市场规模稳定，全省实现社会消费品零售总额2981.7亿元，同比下降1.4%。其中，城镇消费品零售总额2443.1亿元，下降1.5%；乡村消费品零售总额538.6亿元，下降1.2%。按消费类型分，商品零售总额2672.8亿元，下降1.2%；餐饮收入308.9亿元，下降8.0%。全省限额以上单位14个商品销售类值中有7类商品同比增长，其中，粮油食品类增长15.3%，饮料类增长13.5%，石油及制品类增长8.5%，金银珠宝类增长

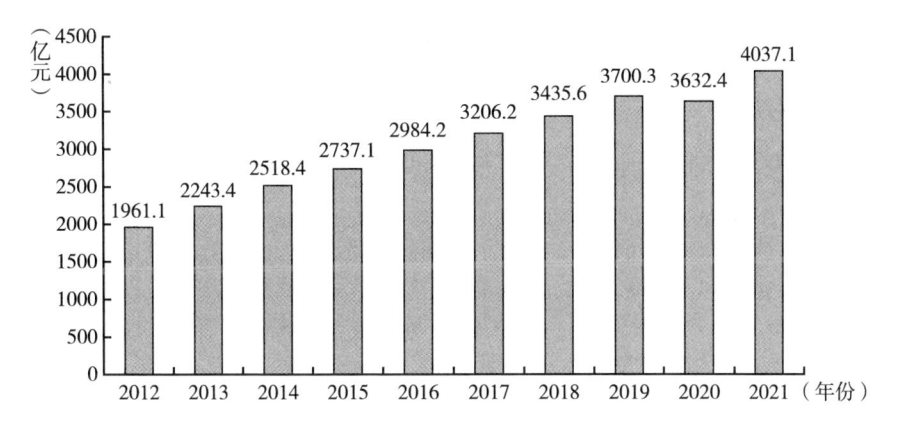

```
        (亿
         元)  4500
              4000                                                          3700.3          4037.1
              3500                                              3435.6              3632.4
              3000                                    3206.2
                                            2984.2
              2500                  2737.1
                          2518.4
              2000  2243.4
                1961.1
              1500
              1000
               500
                 0
                   2012  2013  2014  2015  2016  2017  2018  2019  2020  2021 (年份)
```

图3 2012~2021年甘肃省社会消费品零售总额

资料来源：甘肃省统计局。

7.4%，中西药品增长4.9%，烟酒类增长1.5%，通讯器材类增长1.3%；文化办公用品、服装鞋帽纺织品类、家用电器音像器材类、家具、化妆品、汽车、日用品分别下降19.5%、19.4%、16.5%、15.4%、13.2%、12.3%、10.8%。

2. 消费新业态新模式趋于成熟，网络消费持续高速增长

2022年1~9月，全省限额以上批零住餐业通过公共网络实现零售额25.3亿元，同比增长27.6%。

3. 对外贸易总量持续放大，出口增长率跃居全国第七位

2022年1~9月，全省进出口总值463.3亿元，同比增长21.7%。其中，出口总值94.0亿元，增长49.3%；进口总值369.4亿元，增长16.2%。1~8月，全省进出口总值同比增长25.3%，高于全国平均水平15.2个百分点，比陕西省高21.7个百分点；出口增长50.4%，分别比全国平均水平和陕西省高36.2个和28.5个百分点；进口增长20.4%，分别比全国平均水平和陕西省、青海省、新疆维吾尔自治区高15.2个、16.8个、7.4个、2.4个百分点；贸易逆差255.4亿元，是西北省区唯一逆差省份（见表10）。2022年1~8月，对共建"一带一路"国家进出口204.7亿元，增长27.8%，占全部对外贸易总额的48.6%。

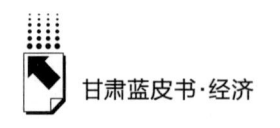

表10 2022年1~8月西北五省区进出口状况

单位：亿元，%

地区	进出口		出口		进口		贸易顺(逆)差
	总额	增长	总额	增长	总额	增长	
全国	273025.5	10.1	154830.9	14.2	118194.6	5.2	36636.3
陕西	3207.7	3.6	1985.1	21.9	1222.6	3.6	762.5
新疆	1455.8	49.6	1209.4	58.2	246.4	18.0	963.0
甘肃	420.8	25.3	82.7	50.4	338.1	20.4	-255.4
宁夏	174.1	66.8	139.3	76.1	34.8	37.7	104.5
青海	28.8	56.8	18.1	103.3	10.7	13.0	7.4

资料来源：据国家统计局网站有关资料整理。

出口新动能增强。2022年1~8月，机电产品、农产品、药材及药品、基本有机化学品、文化产品、铁合金、未锻轧铝及铝材、焦炭及半焦炭、钢材、稀土及制品成为甘肃省十大出口商品。药材及药品出口值6.2亿元，同比增长398.8%，其中，新冠疫苗出口值4.6亿元；农产品出口值14.1亿元，同比增长35.5%，其中，种子、苹果汁出口值分别为2.7亿元、1.6亿元，增幅分别为49.3%、77.5%；机电产品出口值39.3亿元，同比增长27.9%，其中，电器及电子产品（包括集成电路）出口值28.2亿元，同比增长18.3%；电工器材出口值7.5亿元，同比增长31.2%。

原材料进口强劲增长。2022年1~8月，原材料进口值184.0亿元，同比增长17.8%，占全部进口值的54.4%。其中，铜矿砂及其精矿进口值130.7亿元，同比增长13.6%；镍矿砂及其精矿进口值34.5亿元，同比增长41.1%；新材料进口值51.2亿元，同比增长175.7%。

2022年1~8月，哈萨克斯坦、刚果（金）、印度尼西亚既是甘肃前三位贸易伙伴国，也是前三位进口来源国。其中，哈萨克斯坦稳居甘肃第一大贸易伙伴国地位，贸易额100.0亿元，增长47.6%；甘肃与刚果（金）贸易额30.2亿元，增长119.4%；甘肃与印度尼西亚贸易额28.0亿元，增长745.4%。中国香港、美国、阿联酋成为甘肃省三大出口市场，分别占甘肃出口总额的21.8%、9.6%、6.3%。

（七）财政收支增长加快，金融服务实体经济能力增强

全省一般公共预算收入由2012年的520.4亿元增长到2021年的1001.9亿元，年均增长7.5%。财政支出同步增长，一般公共预算支出由2012年的2059.6亿元扩大到2021年的4032.6亿元，年均增长7.8%。

1. 一般公共预算收入平稳增长，非税收入快速增长

2022年1~9月，全省一般公共预算收入667.5亿元，同比增长12.1%。其中，税收收入416.3亿元，同比增长11.0%；非税收入251.2亿元，同比增长14.4%。税收收入与非税收入比从上年同期的70∶30演变为62∶38。

从税收收入构成看，以增值税、企业所得税、契税为主，分别占税收收入的32.0%、16.5%、10.2%；从税收收入增长看，资源税增长52.2%，耕地占用税、城镇土地使用税分别增长35.1%和23.8%；烟叶税、土地增值税、城市维护建设税分别下降了65.0%、9.2%、7.0%（见表11）。

表11　2022年1~9月甘肃财政收入增长状况

单位：亿元，%

财政收入	收入额	增长率
税收收入	416.3	11.0
增值税	133.1	10.9
企业所得税	68.7	12.3
个人所得税	17.9	4.5
资源税	31.1	52.2
城市维护建设税	37.0	-7.0
房产税	16.2	14.9
印花税	11.1	-0.4
城镇土地使用税	13.3	23.8
土地增值税	23.8	-9.2
车船税	13.8	9.0
耕地占用税	5.8	35.1
契税	42.5	19.4

续表

财政收入	收入额	增长率
烟叶税	0	-65.0
环境保护税	1.7	5.9
其他税收收入	0.3	261.4
非税收入	251.2	14.4

资料来源：甘肃省统计局2022年9月统计月报。

2. 公共预算支出增长幅度扩大，民生支出占比及增长速度扩大

2022年1~9月，一般公共预算支出3214.5亿元，同比增长8.5%，比上年同期增加了7.4个百分点。其中民生支出2544.8亿元，占全部公共预算支出的79.2%。从支出额看，农林水支出582.8亿元，占全部公共预算支出的18.1%，教育支出、社会保障和就业支出分别为534.1亿元、510.3亿元，分别占全部公共预算支出的16.6%、15.9%。从支出增长率看，灾害防治及应急管理支出增长最高达69.1%，自然资源海洋气象支出、商业服务支出、节能环保支出、科学技术支出分别增长67.4%、40.9%、36.3%、36.1%。

3. 金融服务实体经济的能力稳步提升，企业中长期贷款较快增长

2022年9月末，本外币存款余额24859.3亿元，同比增长9.0%，其中，住户存款14948.7亿元，增长12.5%；非金融企业存款5104.4亿元，增长2.5%。贷款余额25429.4亿元，增长6.9%，其中住户贷款6627.3亿元，增长0.9%，企事业单位贷款18694.7亿元，增长9.4%。住户短期贷款1693.3亿元，下降6.2%，中长期贷款4934.0亿元，增长3.5%；企事业单位短期贷款3561.5亿元，增长1.3%，中长期贷款13119.6亿元，增长10.4%。

（八）居民人均可支配收入平稳增长，促进共同富裕的基础趋于改善

党的十八大以来，甘肃城乡居民人均可支配收入增速连年高于经济增速，城镇居民人均可支配收入由2012年的17979元增加到2021年的36187

元（见图4），年均增长8.1%；农村居民人均可支配收入由2012年的4931元增加到2021年的11433元（见图5），年均增长9.8%。城镇居民恩格尔系数由2012年的31.1%降到2021年的29.3%，农村居民恩格尔系数由2012年的37.1%降到2021年的30.9%。2016年至2022年1~9月居民人均可支配收入占人均GDP的比重均超过50%（见表12），国内生产总值一半以上用于解决民生问题，居民人均可支配收入增长成为经济发展政策的主要导向。甘肃城乡居民人均可支配收入比值从2010年的3.7缩小到2021年的3.2，促进共同富裕的基础趋于改善。2022年1~9月，全省居民人均可支配收入16732元，同比增长5.8%，其中城镇居民人均可支配收入28100元，同比增长4.3%；农村居民人均可支配收入8114元，同比增长6.2%。从收入来源看，全体居民人均工资性收入、经营净收入、财产净收入、转移净收入分别增长4.7%、3.5%、6.3%、10.5%。

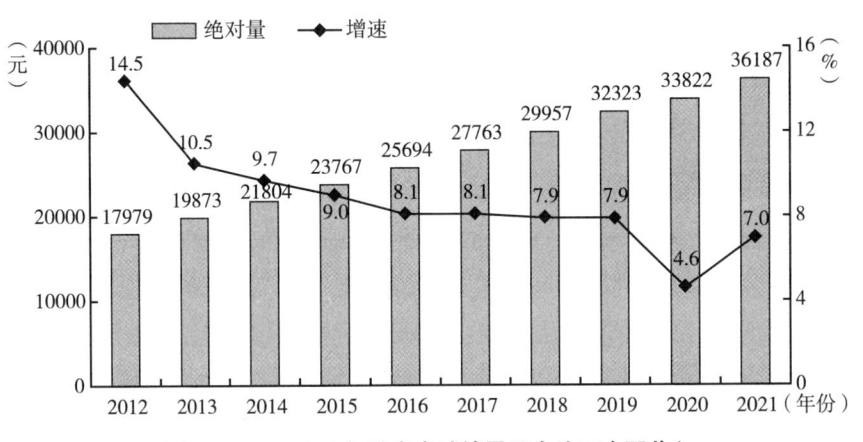

图4 2012~2021年甘肃省城镇居民人均可支配收入

资料来源：甘肃省统计局。

1. 全体居民人均可支配收入平稳增长，转移净收入增长较快

2022年1~9月，全体居民人均可支配收入16732元，同比增长5.8%。从收入构成看，工资性收入、经营净收入、财产净收入、转移净收入分别占57.7%、15.4%、6.1%、20.8%，工资性收入是居民最主要的收入来源。

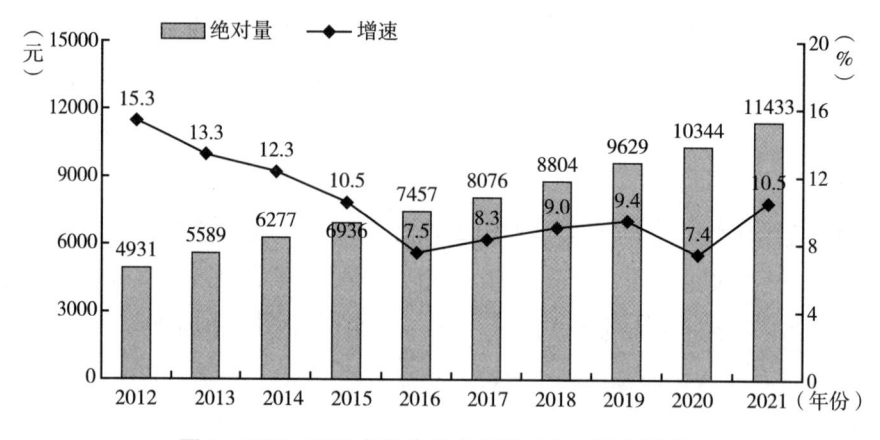

图 5　2012~2021 年甘肃省农村居民人均可支配收入

资料来源：甘肃省统计局。

表 12　2016 年至 2022 年 1~9 月甘肃省居民人均可支配收入占人均 GDP 的比重

单位：元，%

项目	2016 年	2017 年	2018 年	2019 年	2020 年	2021 年	2022 年 1~9 月
人均可支配收入	14670	16011	17488	19139	20335	22066	16732
人均 GDP	27400	29100	32200	34700	35800	40900	32627
人均可支配收入占人均 GDP 的比重	53.5	55.0	54.3	55.2	56.8	54.0	51.3

资料来源：据甘肃省统计局相关年份统计年鉴、统计月报整理。

从增长率看，转移净收入、财产净收入、工资性收入、经营净收入分别增长 10.5%、6.3%、4.7%、3.5%（见表 13），转移净收入增长相对较快，经营净收入增长放缓。

2. 农村居民人均可支配收入增速仍高于城镇居民人均可支配收入增速，城乡居民经营净收入增长放缓

2022 年 1~9 月，城镇居民人均可支配收入 28100 元，增长 4.3%，农村居民人均可支配收入 8144 元，增长 6.2%，农村居民人均可支配收入增速比城镇居民人均可支配收入增速高 1.9 个百分点。从收入来源看，城镇居民转移净收入、财产净收入、工资性收入、经营净收入分别增长 11.4%、4.8%、2.9%、

表13 2022年1~9月城乡居民人均可支配收入构成及增长状况

单位：元，%

收入构成	全体居民		城镇居民		农村居民	
	绝对数	增长率	绝对数	增长率	绝对数	增长率
人均可支配收入	16732	5.8	28100	4.3	8144	6.2
工资性收入	9652	4.7	18807	2.9	2711	5.9
经营净收入	2578	3.5	2307	1.3	2783	5.1
财产净收入	1025	6.3	2187	4.8	144	3.6
转移净收入	3477	10.5	4799	11.4	2475	8.0

资料来源：甘肃省统计局。

1.3%，转移净收入增长较快，经营净收入增长放缓；农村居民工资性收入、财产净收入、转移净收入、经营净收入分别增长5.9%、3.6%、8.0%、5.1%，转移净收入增长较快，财产净收入增长低迷。

3. 居民消费价格总体平稳，工业生产者价格指数上扬

2022年1~8月，全省居民消费价格同比上涨1.8%。分类别看，食品烟酒价格同比上涨1.6%，衣着价格上涨0.4%，居住价格上涨1.4%，生活用品及服务价格上涨0.9%，交通通信价格上涨5.6%，教育文化娱乐价格上涨1.0%，医疗保健价格上涨0.5%，其他用品及服务价格上涨1.0%。8月当月猪肉价格同比上涨25.2%，鲜菜价格上涨9.0%，鲜果价格上涨18.4%，粮食价格上涨6.0%，鸡蛋价格上涨5.0%。1~8月，工业生产者出厂价格同比上涨15.6%，购进价格同比上涨19.6%。

4. 全体居民人均消费支出缓慢增长，居住和食品烟酒支出增长较快

2022年1~9月，全体居民人均消费支出12486元，增长2.6%。从支出额看，食品烟酒支出3825元，占30.6%；居住支出2649元，占21.2%；交通通信支出1651元（见表14），占13.2%。这三项支出占总支出的65.0%。从增长率看，居住支出增长9.7%，食品烟酒支出增长4.0%。

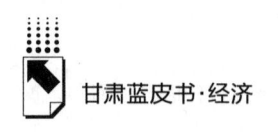

表 14 2022 年 1~9 月城乡居民人均消费支出

单位：元，%

收入构成	全体居民		城镇居民		农村居民	
	支出额	增长率	支出额	增长率	支出额	增长率
人均生活消费支出	12486	2.6	18590	0.4	7858	4.6
食品烟酒	3825	4.0	5785	0.7	2340	8.1
衣着	831	-0.4	1294	-3.5	480	3.7
居住	2649	9.7	4190	8.8	1481	9.0
生活用品及服务	746	-2.8	1132	-4.6	453	-1.3
交通通信	1651	1.8	2346	-1.2	1123	5.2
教育文化娱乐	1229	-3.9	1796	-5.0	800	-3.7
医疗保健	1266	-3.0	1572	-5.9	1035	-0.2
其他用品及服务	288	6.2	475	3.5	146	9.9

资料来源：甘肃省统计局。

5. 城镇居民居住支出增长率较高，农村居民其他用品及服务支出增长率较高

城镇居民居住、其他用品及服务支出增长率分别为8.8%、3.5%，农村居民居住支出增长率高达9.0%，食品烟酒、其他用品及服务、交通通信支出增长率分别为8.1%、9.9%、5.2%。全体居民恩格尔系数为30.6%，城镇居民恩格尔系数为31.1%，农村居民恩格尔系数为29.8%。

二 甘肃经济发展中存在的突出问题

经历了疫情、乌克兰危机等因素带来的内外部环境冲击，中国经济面临着"需求收缩、供给冲击、预期转弱"三重压力，宏观政策作为"稳经济"的首要工具，中共中央、国务院加大宏观政策调节力度，组合式政策的时间效应、集成效应、协同效应、引导效应、创新效应持续显现，地方政府加快落实已经出台的政策，抓紧谋划增量政策工具，加大相机调控力度，对于稳定宏观经济大盘起到了关键作用，保持了经济社会发展大局总体稳定。2022年前三季度受疫情多重冲击，甘肃省投资和消费对经济增长的贡献率降低，经济高质量发展、发展方式绿色转型过程中仍存在一些突出问题。

（一）实体经济运行仍然承压，战略性新兴技术和高技术产业工业增加值增长乏力

2022年1~9月，甘肃省工业增加值增长率仅为5.9%，在西北五省区中垫底，与陕西的6.7%、新疆的7.7%、宁夏的8.8%、青海的14.7%比，还分别相差0.8个、1.8个、2.9个、8.8个百分点；甘肃石化、装备制造、电力、电子工业增加值低位运行，分别只增长了4.5%、4.1%、2.5%、0.7%；医药工业、建材工业增加值分别下降26.1%、5.4%；科学研究和技术服务业投资下降31.4%，战略性新兴技术和高技术产业工业增加值分别下降14.9%和15.1%；9月主要工业品中有一部分出现产量下降态势，乙烯、水电、粗钢、水泥、铁合金、生铁、钢材分别下降2.6%、6.8%、21.7%、16.3%、26.5%、22.9%、28.3%；1~7月，部分行业工业利润同比减少，食品、电子、电力工业分别减少了1.4亿元、3.1亿元、11.1亿元，医药、冶金减少更多，分别减少了27.2亿元、32.7亿元；工业亏损企业亏损总额达100.6亿元，同比上涨64.1%，营业成本上涨20.9%，百元营业收入成本增加了1.2元。

（二）市州投资差异扩大，三次产业投资极不均衡

一是与周边省区比，甘肃固定资产投资增长率并不高，且第一、三产业投资增长率均偏低。2022年1~9月，甘肃省固定资产投资增长率10.9%，比宁夏11.4%、新疆13.4%分别低0.5个和2.5个百分点。其中，第一产业投资降低2.1%，比陕西增长5.1%、宁夏增长0.6%、青海增长48.9%分别低7.2个、2.7个、51.0个百分点；第三产业投资仅增长0.3%，比陕西增长10.1%、宁夏增长9.0%、新疆增长5.2%分别低9.8个、8.7个、4.8个百分点（见表15）。

表15　2022年1~9月甘肃省与西北其他四省区固定资产投资增长率对比

单位：%

省区	固定资产投资增长率	分产业投资增长率		
		第一产业	第二产业	第三产业
陕西省	9.8	5.1	10.2	10.1
新疆维吾尔自治区*	13.4	-5.6	32.7	5.2
甘肃省	10.9	-2.1	56.0	0.3
宁夏回族自治区	11.4	0.6	16.0	9.0
青海省	1.8	48.9	39.4	-14.9

*新疆数据为2022年1~8月。

资料来源：各省区统计局。

二是市州投资差异扩大。2022年1~8月，全省14个市州投资增长率最高的是临夏州25.1%，最低的是兰州市1.3%，两者相差23.8个百分点（见表16）。

表16　2022年1~8月甘肃省14个市州投资增长率及各产业投资增长率

单位：%

市州	总投资	第一产业	第二产业（工业）	第三产业
兰州市	1.3	-52.3	42.3（53.0）	-3.4
嘉峪关市	13.3	-59.2	72.1（71.5）	-7.7
金昌市	14.2	-26.2	46.1（47.3）	-33.9
白银市	14.6	15.5	104.6（105.6）	-1.9
天水市	13.7	-28.0	-8.2（-8.2）	18.9
武威市	15.8	未公布	113.6（113.6）	未公布
张掖市	15.2	-1.3	161.8（189.6）	-19.4
平凉市	9.3	490.7	81.4（81.4）	-4.0
酒泉市	15.7	-12.6	31.8（32.0）	2.7
庆阳市	14.3	-26.8	120.9（123.3）	-6.8
定西市	15.2	90.2	27.5（27.5）	9.0
陇南市	15.4	329.3	171.1（171.2）	1.2
临夏州	25.1	未公布	37.2（37.2）	19.7
甘南州	13.0	21.1	79.2（79.2）	8.4

资料来源：依据甘肃省统计局"市级进度"数据整理。

三是市州三次产业投资增长极不均衡。从第一产业投资增长状况看,有数据的12个市州中,只有平凉市、陇南市、定西市、甘南州、白银市处于正增长,分别增长了490.7%、329.3%、90.2%、21.1%、15.5%,增长率最高的平凉市与负增长最大的嘉峪关市相差549.9个百分点,兰州市、嘉峪关市、金昌市等老工业基地第一产业投资下降尚在情理之中,但天水市、庆阳市、酒泉市均属于主要农业生产大市,第一产业投资负增长应给予高度重视。

从第二产业投资,特别是工业投资增长状况看,13个市州工业投资实现正增长,其中,8个市州工业投资增幅超过全省平均水平,分别为张掖市189.6%、陇南市171.2%、庆阳市123.3%、武威市113.6%、白银市105.6%、平凉市81.4%、甘南州79.2%、嘉峪关市71.5%;5个市州工业投资增幅低于全省平均水平,分别为兰州市53.0%、金昌市47.3%、临夏州37.2%、酒泉市32.0%、定西市27.5%。天水市工业投资负增长,增速为-8.2%(见表16)。与上年同期投资增速相比,有4个市州工业投资增速进一步提高,其中陇南市提高136.5个百分点,庆阳市提高120.3个百分点,白银市提高94.2个百分点,嘉峪关市提高31.9个百分点;有6个市州工业投资增速由负转正,其中张掖市提高192.5个百分点,武威市提高119.6个百分点,平凉市提高92.9个百分点,甘南州提高86.7个百分点,兰州市提高55.0个百分点,临夏州提高49.8个百分点;有3个市州工业投资增速回落,其中酒泉市回落18.3个百分点,金昌市回落37.3个百分点,定西市回落112.6个百分点。天水市工业投资增速由正转负,增速下降75.3个百分点。

从第三产业投资增长看,只有临夏州19.7%、天水市18.9%投资增长率在两位数以上,其他市州均呈低速增长或负增长态势,金昌市和张掖市分别下降了33.9%、19.4%,临夏州与金昌市相差53.6个百分点。

(三)居民人均可支配收入增长放缓,扩大内需复苏消费的市场基础不稳固

2022年1~9月,居民人均可支配收入增速仅为5.8%,与上年同期比减

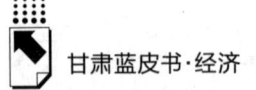

少了3.2个百分点，远不及预期。除转移净收入外，其他三大收入来源增速较上年均呈下降态势，其中，经营净收入增速减少了6.8个百分点，工资性收入增速减少了4.0个百分点，财产净收入增速减少了2.7个百分点。

2022年1~9月，居民人均消费支出增长2.6%，与上年同期增长15.0%比降低了12.4个百分点；城镇居民人均消费支出增长0.4%，与上年同期增长14.7%比降低了14.3个百分点，农村居民人均消费支出增长4.6%，与上年同期增长14.3%比降低了9.7个百分点，城镇居民人均消费支出增速首次低于农村居民人均消费支出增速。

2022年1~8月，服装鞋帽、家用电器、文化办公用品、汽车、家具、化妆品、日用品等升级类消费呈两位数负增长态势，分别下降19.4%、18.7%、15.9%、14.5%、12.5%、12.9%、10.9%。餐饮、住宿业消费受疫情冲击较大，餐饮收入和营业额分别下降13.7%、8.6%；住宿业营业额同比下降24.6%。

（四）兰州市主要经济指标增长低迷，"强省会"战略行动还需持续发力

从GDP增长率看，2022年1~6月，兰州市仅增长1.0%，低于西北其他4个省会（首府）城市，分别比西宁市、西安市、乌鲁木齐市、银川市低1.1个、1.9个、3.1个、3.8个百分点（见表17）。

从经济首位度看，GDP占全省GDP的比重，兰州市仅高于乌鲁木齐市，与西安市、西宁市、银川市分别相差2.3个、16.2个、17.7个百分点。

从工业增加值同比增长率看，兰州市在西北垫底，与乌鲁木齐市、银川市、西安市、西宁市分别相差5.1个、6.5个、10.2个、22.8个百分点。从工业投资增长率看，兰州市比西宁市低31.0个百分点。

从国内外贸易看，西北5个省会（首府）城市国内贸易均表现不佳，兰州市与西安市、西宁市均呈现负增长态势。从出口增长率来看，兰州市出口增长率最高，达111.8%，分别比西宁市、银川市、西安市、乌鲁木齐市高4.2个、25.5个、79.9个、89.4个百分点；从出口总额看，兰州市出口仅比西宁市高，只是银川市的52.6%、乌鲁木齐市的18.1%、西安市的

2.2%；从出口额占所在省区全部出口额的比重看，兰州市为47.6%，除乌鲁木齐市占比过低外，其他3个城市均超过55%。

表17　2022年1~6月西北五省区省会（省府）城市主要经济指标

单位：亿元，%

城市	GDP			工业增加值同比增长率	工业投资同比增长率	消费增长	出口		
	总额	同比增长率	占全省的比重				总额	同比增长率	占全省的比重
兰州市	1716.8	1.0	32.8	0.8	39.3	-7.4	29.3	111.8	47.6
西安市	5319.6	2.9	35.1	11.0	5.1	-9.7	1350.1	31.9	93.6
乌鲁木齐市	2103.7	4.1	25.4	5.9	33.0	0.2	162.0	22.4	3.0
银川市	1189.1	4.8	50.5	7.3	27.8	1.5	55.7	86.3	55.5
西宁市	828.1	2.1	49.0	23.6	70.3	-10.5	8.7	107.6	71.3

资料来源：依据各省统计局有关数据整理。

三　2022年及2023年甘肃主要经济指标预测

习近平总书记在党的二十大报告中提出了一系列重要论断，中心任务以中国式现代化全面推进中华民族伟大复兴，并指出必须完整、准确、全面贯彻新发展理念，坚持社会主义市场经济改革方向，坚持高水平对外开放，加快构建以国内大循环为主体、国内国际双循环相互促进的新发展格局，坚持把发展经济的着力点放在实体经济上，建设现代化产业体系，推进新型工业化，加快建设制造强国、质量强国、航天强国、交通强国、网络强国、数字中国；全面推进乡村振兴，深入实施区域协调发展战略、区域重大战略、主体功能区战略、新型城镇化战略，优化重大生产力布局，构建优势互补、高质量发展的区域经济布局和国土空间体系。这些重大战略部署，将会为全国经济发展注入强大的动力和活力。

一是，受疫情冲击，2022年，甘肃全年GDP增长率会保持在4%左右，略高于全国平均增长水平。2023年，在疫情得到有效控制的前提下，随着

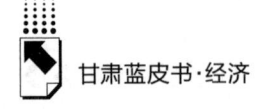

"四强"行动深入实施,甘肃GDP增长率会有所提高,预计能达到6%左右。

二是,不考虑自然灾害因素,乡村振兴战略深入实施,农村和农业生产经营条件进一步改善,粮食等主要农产品有望继续保持稳定增产的势头,2022年全省农林牧渔业总产值增长8%左右,2023年有望提高到9%~10%。

三是,由于市场需求疲软,甘肃工业增加值增长阻力增多,2022年全年会在6%左右运行,受2022年工业投资大幅增长的影响,2023年会释放更多的生产力,工业增加值增长会上扬到7%以上。

四是,如果疫情控制效果显现,服务业迅速回稳趋高可能性很大,若疫情区域性发作、反弹,则对批发零售、餐饮住宿、文化旅游、交通运输等带来全面的影响,服务业回落也在预料之中。2022年全年服务业有可能维持低增长态势,即3%的增长率,基本稳住内需消费大盘;2023年在疫情得到有效控制的情形下,有望出现反弹,服务业及消费领域很大程度上会回升到两位数增长态势。

五是,项目投资及民间投资有可能继续放大,2022年全年固定资产投资增长率仍会出现走高态势,有望达到12%以上,2023年会持续上扬到15%左右,工业投资会回落到20%以下,第一产业投资由负转正,第三产业投资会恢复性增长。

六是,在共同富裕政策的引导下,甘肃居民人均可支配收入依然会维持较快增长的局面,2022年全年全体居民人均可支配收入增长率会达到6%以上,城镇居民人均可支配收入有可能实现5%的增长率,农村居民人均可支配收入增长率有可能达到7%;2023年全年全体居民人均可支配收入增长率有望达到8%,城镇居民人均可支配收入增长率有可能为7%左右,农村居民人均可支配收入增长率有可能达到10%左右。

四 2023年甘肃经济发展的对策建议

为落实党的二十大提出的加快发展方式绿色转型,实施全面节约战略,发展绿色低碳产业，倡导绿色消费，推动形成绿色低碳的生产方式和生活方式，为了实现甘肃省第十四次党代会提出的建设美好幸福新甘肃的新目标和新要求，2023年甘肃在推动构建"一核三带"区域发展格局，加快实施"四强"行动的同时，还要着重牢牢把握国家发展战略中的总体定位，牢牢遵循自然和经济规律，牢牢把控改革开放根本方向。

（一）牢牢把握甘肃省在国家发展战略中的定位，把推动重大区域战略融通作为促进甘肃经济高质量发展的准入点

甘肃作为生态屏障、能源基地、战略通道、开放枢纽的特殊功能定位越来越凸显，甘肃省一切战略部署、战略决策都应遵循在国家发展战略中的定位。

一要紧紧抓住"一带一路"倡议这个最大的发展机遇，加快构筑对外开放平台，坚持向西开放与南向开放，主动融入"一带一路"和"国际陆海新通道"经济体系，以开放促改革。

二要深刻反省和总结甘肃各个时期重点发展政策优劣利弊，从理论与实践逻辑两方面寻找和坚持甘肃对路的发展方略。要深入研究新一轮西部大开发政策、西部五省区藏区发展等民族政策及关中—天水经济带、兰州—西宁城市群建设等宏观政策导向，依托政策导向，确立重大老基建、新基建项目，夯实经济发展基础。

三要持续深耕中亚、东盟、东亚、中东欧、大洋洲出口市场，提升对外贸易水平，增强出口动能，扭转外贸逆差长期化、扩大化问题。

（二）牢牢遵循基本经济规律，把强力补短板作为破解经济增长梗阻的切入点

谋划甘肃发展，一定要深刻了解并遵循自然规律、经济运行规律（经济周期性规律）、产业产品发展规律（产品生命周期），坚持把优化营商环境作为推动经济高质量发展的重要支点，在努力盘活存量、引入增量的同时，将重点放在做大总量、增强能量、提高质量、提升动能等方面上。

一要强补经济总量不足的短板，做大总量。甘肃人均GDP从2016年的2.7万元增长到2021年的4.1万元，增长了50%左右。但与全国其他各省份比，人均GDP依然处于垫底位置，与相邻的陕西、新疆、青海、宁夏比分别相差3.5万元、2.1万元、1.6万元、1.2万元，即使与贵州比还有近万元的差距。

二要强补工业增加值占比过低的短板，增强能量。2021年甘肃工业增加值占GDP的比重仅为27.8%，分别比周边的内蒙古38.6%、陕西37.8%、宁夏37.1%、新疆29.3%、青海28.5%低10.8个、10.0个、9.3个、1.5个、0.7个百分点。2021年中国500强企业中甘肃有5家企业入围，制造业只有金川集团、酒钢、白银有色3家企业，分别位列第100位、217位和323位。强工业是个系统工程，要落实强龙头、补链条、聚集群的工业发展思路，需要坚定不移、持之以恒地做。

三要强补民营企业不强不大的短板，提高质量。2021年中国制造业民营企业500强中，甘肃仅有华天集团1家入围，位列第457位，与内蒙古有8家、宁夏有3家比，差距还很大。陕西隆基股份年营收809亿元，相当于华天集团年营收的5倍。近年来，甘肃民营企业融资难尤为严重。国有银行及股份制银行只对进入国家级或省级"专精特新"名单的民营企业办理贷款准入。到目前为止，甘肃国家级和省级"专精特新"企业分别为41家和271家，两者共312家，仅为全部工业企业总数的0.4%，占规上工业企业总数的10%。

四要强补居民人均可支配收入全国垫底的短板，提升动能。人是所有生产要素中最具创造力的，没有人才聚集，何谈强工业？强科技？强县城？收入低，何以引入人才、留住人才？甘肃居民人均可支配收入从2016年的14670元跃升到2021年的22066元，增长率达50.42%，年均增长8.40%。2021年甘肃居民人均可支配收入与全国平均水平35128元比，相差13062元，仅为全国平均水平的62.82%；与陕西、宁夏、新疆、青海等周边省份比，分别相差6502元、5093元、4009元、3853元，存在不小差距。健全增加城乡居民收入的各项制度，依法保护劳动者合法收入；加快完善基本分配体制，形成合理的充满活力的初次收入分配秩序和规则；在国有企业混合所有制改革中，依照相关规定支持有条件的混合所有制企业实行员工持股，坚持同股同权、同股同利，建立员工利益和企业利益、国家利益激励相容机制。同时，要深化农村土地制度改革，落实承包地、宅基地、集体经营性建设用地的用益物权，赋予农民更多财产权利，增加农民财产性收益。最后，还要着力完善城乡一体化的社会保障体系，注重加强基础性、普惠性、兜底性等民生项目建设、制度建设，更务实地促进共同富裕。

（三）要牢牢把控改革开放大方向，把推进重点领域改革作为提高经济发展效率的支撑点

一要充分发挥市场在资源配置中的决定性作用，加快完善现代产权制度。现代产权制度是社会主义市场经济体制的基石，是实现经济高质量发展的重要制度保障。要加快事业单位企业化改革步伐，要真真切切地加快混合所有制改革步伐，要实实在在地加快构建现代企业治理制度，要大张旗鼓地发挥企业家敢于创新和勇于承担风险的精神。

二要围绕落实建设全国统一大市场部署要求，加快建设要素市场化配置的高标准市场体系。当前，甘肃同全国一样，商品市场发育较为充分，市场决定商品价格基本实现全覆盖，但要素市场发育不充分，存在市场决定要素配置范围有限、要素流动存在体制机制障碍等问题，要推进要素市场制度建设，重点是在劳动力、土地、金融等领域健全制度规则，深化市场化改革，实现要素价格市场决定、流动自主有序、配置高效公平。重点是突出以高质量就业为目标，深化劳动力市场改革；加快建设城乡统一的用地市场，深化土地市场改革；不断完善建设用地使用权转让、出租、抵押二级市场，稳步推进农村集体经营性建设用地入市，建立公共利益征地相关制度；以建设全国统一的多层次资本市场为导向，深化金融资本市场改革。

三要行动起来破除行政壁垒，加快兰白一体化、酒嘉一体化步伐。优先拓展省会兰州发展空间，壮大省会经济规模，并在河西走廊培育规模较大经

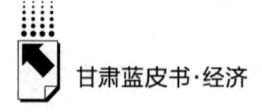

济体，作为兰州与乌鲁木齐经济联结枢纽，畅通甘肃与新疆、甘肃与中亚国家深化合作的路径，打造甘肃与欧洲国家陆上经济文化深入交流合作的平台。

参考文献

尹弘：《继往开来奋进伟大新时代　富民兴陇谱写发展新篇章　为全面建设社会主义现代化幸福美好新甘肃努力奋斗——在中国共产党甘肃省第十四次代表大会上的报告》。

《践行嘱托开新局　富民兴陇谱新篇——十八大以来甘肃经济社会发展成就》，甘肃省统计局，2022年9月20日。

王晓芳：《着力三大需求促增长》，《甘肃日报》2022年1月21日。

王晓芳：《加快增强甘肃经济"稳中求进"的基础动力》，《甘肃日报》2022年3月16日。

王晓芳：《"四强"行动是实现"五个提升"的战略基点》，《甘肃日报》2022年5月28日。

王晓芳：《推动共同富裕取得实质性进展》，《甘肃日报》2022年7月15日。

王晓芳：《加快发展方式绿色转型　促进人与自然和谐共生》，《甘肃日报》2022年11月8日。

B.2
2021年甘肃地区经济综合竞争力评价

关 兵*

摘　要： "十四五"以来，甘肃省各地区发展经济面临的重要现实困难是地区经济社会发展在不充分基础上的不均衡，为助力各地区不断提升经济实力，在协同发展的大格局下充分发展、发挥自身竞争优势，本文对2021年甘肃省14个地州市的经济综合竞争力发展水平和竞争格局进行了实证评估分析。评估表明，目前兰州市以绝对优势位列省内各地区经济综合竞争力水平第1位，嘉峪关、金昌位居第2、3位，处于第二层级；酒泉、天水、白银、庆阳、张掖、武威分别位居第4~9位，处于第三层级；平凉、定西、陇南分别位居第10~12位，处于第四层级；临夏和甘南两个民族自治州分别位居第13、14位，处于第五层级。从评估结果和甘肃省情实际出发，提出以强化地区中心城市带动力和强化地区企业驱动力作为当前推进提升地区经济综合竞争力水平的两个现实抓手。

关键词： 区域经济　经济综合竞争力　甘肃

"十四五"以来，甘肃步入全面推进社会主义现代化建设新时期，各地区面临的主要发展任务是进一步补短弥弱、强化竞争优势、夯实发展基础、全面提升经济实力和发展质量、实现地区经济稳定健康的可持续发

---

* 关兵，甘肃省社会科学院助理研究员，主要研究方向为产业经济学、计量经济学。

展。要实现这一宏观战略任务，甘肃省面临的一个重要现实困难是省内各地区经济社会发展在不充分基础上的不均衡，突破这一困局，需要省内各地区在依托自身优势禀赋的基础上，不断提升经济实力；同时在协同发展的大格局下实现良性竞争，努力缩小地区经济发展差距。为此，对当前省内各地区（14个市州）的经济综合竞争力水平进行科学审视和准确评估，具有重要的理论和现实意义。本文立足于甘肃省情，在充分考察研究区域经济综合竞争力基本理论和相关评价指标体系设计思路的基础上，科学设计了适用于甘肃地区级综合竞争力评价的指标体系，指标设计较传统方法合理优化添加了对地区经济综合竞争力两个重要现实抓手——中心城市带动力和企业发展驱动力的考评，对甘肃各地区2021年的区域经济综合竞争力发展水平进行了实证评估分析，力求准确反映甘肃各地区经济综合竞争力水平的现状和竞争格局，深入分析甘肃地区经济综合竞争力发展的相对优劣和问题、差距，为相关部门和各地区提供地区竞争力发展水平的量化标杆，为促进各地区全面提升地区经济综合竞争力、实现全省各地区经济可持续和均衡发展服务。

一 甘肃地区经济综合竞争力水平评价指标体系和方法

（一）甘肃地区经济综合竞争力水平评价指标体系

1. 地区经济综合竞争力的内涵和评价要素

本文甘肃地区经济综合竞争力水平评价指标体系的设计思路是从区域竞争力的相关理论和本文研究视角出发，首先明确评估目标——省内地区级经济综合竞争力的内涵，再根据指明的经济综合竞争力的内涵，按照定性分析和系统论的原则将地区经济综合竞争力的主要内容分解为几大类基本子系统，构成地区经济综合竞争力的Ⅰ级评价要素，以下对各子系统层层分解至研究要求的层级，对最低层级子系统的评价要素赋予合理的表征量化指标，这样的评价体系系统全面，易于从具体量化指标上溯分析各级经济竞争力评价要素的水平、优劣。

考察分析本文研究视角下地区经济综合竞争力的相关经济理论和研究成果，本文提出地区经济综合竞争力的内涵为：地区经济综合竞争力是地区现实经济竞争力和潜在经济竞争力的有机结合，是地区当前经济实力结合基础设施、资源环境等发展条件，在各项有助于促进区域经济发展相关因素加持下形成的地区中长期可持续经济综合竞争能力，这种可持续的竞争能力是区域系统整合调控资源、实现经济成效、形成未来良性发展的趋向力等多方面功能的综合体现。

根据上文对地区经济综合竞争力内涵的认识，可总结提炼出地区经济综合竞争力的基本评价构成要素主要体现为地区核心竞争力、地区基础条件竞争力、地区环境条件竞争力以及地区中心城市带动力、地区企业驱动力五大模块子系统。其中前三个方面的评价要素构成一个地区经济综合竞争力的基本内容，后两个方面的评价要素是本文根据甘肃省情和研究视角（省内地市州）提出的优化创新评价要素：提升各地区中心城市聚合、承载能力和作为增长极的传导、辐射效应对于促进地区经济综合竞争力水平提高具有重要作用，企业是驱动地区经济综合竞争力水平提高的最重要经济实体，而这两方面也是当前省、各地州市各项规划和发展政策实际可及的着力点，可以说是当前提升甘肃省地区经济综合竞争力的两大现实抓手，对其准确合理评价具有重要的决策参考意义。

2. 甘肃地区经济综合竞争力水平评价指标体系

从区域经济综合竞争力的内涵及要素构成出发，本文建立了由五大模块（地区核心竞争力、地区基础竞争力、地区环境竞争力、地区中心城市带动力、地区企业驱动力）14项二级要素63项指标构成的（见表1），涵盖了竞争实力、竞争潜力和竞争环境三项地区经济综合竞争力的基本内容及中心城市带动力、企业驱动力两大提升地区经济综合竞争力现实抓手的系统性的甘肃地区经济综合竞争力水平评价指标体系。

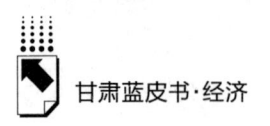

表1 甘肃地区经济综合竞争力水平评价指标体系

Ⅰ级要素	Ⅱ级要素	Ⅲ级要素	指标
地区核心竞争力(0.4500)	经济实力竞争力(0.2700)	经济发展(0.1890)	GDP(0.0785)
			人均GDP(0.0466)
			GDP增长率(0.0319)
			社会消费品零售总额(0.0319)
		固定资产(0.0270)	全社会固定资产投资额(0.0090)
			人均投资额(0.0090)
			项目建成投产率(0.0090)
		金融资本(0.0270)	城乡居民储蓄存款余额(0.0090)
			人均储蓄额(0.0090)
			城乡居民储蓄额占GDP比重(0.0090)
		人民生活(0.0270)	城镇居民人均可支配收入(0.0135)
			农村居民人均可支配收入(0.0135)
	产业竞争力(0.1125)	产业结构(0.0286)	第一产业增加值比重(-0.0114)
			第三产业增加值比重(0.0172)
		工业化率(0.0184)	工业化率(0.0184)
		城镇化率(0.0184)	城镇化率(0.0184)
		产业规模(0.0286)	规模以上工业企业主营收入占全省比重(0.0286)
		产业绩效(0.0184)	规模以上工业企业营业收入利润率(0.0184)
	对外开放竞争力(0.0675)	外贸规模(0.0225)	进出口总额(0.0225)
		对外依存(0.0225)	进出口总额占GDP比重(0.0225)
		利用外资(0.0225)	外商直接投资实际利用额(0.0225)

续表

Ⅰ级要素	Ⅱ级要素	Ⅲ级要素	指标
地区基础竞争力（0.1800）	人力资本基础竞争力（0.0540）	人口数量（0.0180）	总人口（0.0126）
			人口自然增长率（0.0054）
		人口素质（0.0180）	每十万人拥有大专以上人口（0.0090）
			平均受教育年限（0.0090）
		教育水平（0.0180）	每万人拥有在校大学生数（0.0180）
	基础设施竞争力（0.0720）	能源设施（0.0216）	人均供水量（0.0108）
			人均发电量（0.0108）
		通讯设施（0.0216）	邮电业务总量（0.0072）
			人均邮电业务总量（0.0072）
			每万人互联网用户接入数（0.0072）
		交通设施（0.0288）	等级公路比重（0.0096）
			等级公路网密度（0.0096）
			全社会货运周转量（0.0096）
	科技基础竞争力（0.0540）	科技投入（0.0180）	R&D 经费支出（0.0074）
			R&D 经费支出占 CDP 比重（0.0032）
			R&D 人员折合全时人员（0.0074）
		科技成果（0.0180）	专利授权量（0.0090）
			每万人发明专利拥有量（0.0090）
		科技转化（0.0180）	技术市场成交合同金额（0.0090）
			技术市场成交合同金额占 GDP 比重（0.0090）

续表

Ⅰ级要素	Ⅱ级要素	Ⅲ级要素	指标
地区环境竞争力（0.1500）	区域管理竞争力（0.0825）	社会保障（0.0188）	城乡居民基本养老保险覆盖率（0.0094）
			城乡居民基本医疗保险覆盖率（0.0094）
		政府效率（0.0225）	地方财政收入（0.0075）
			财政自给率（0.0075）
			行政事业经费占财政支出比重（-0.0075）
		经济调控（0.0188）	地方财政支出（0.0094）
			地方财政支出占GDP比重（-0.0094）
		市场发育（0.0225）	非国有工业主营业务收入比重（0.0113）
			城镇非国有从业人员比重（0.0113）
	资源环境竞争力（0.0300）	资源条件（0.0300）	人均耕地面积（0.0150）
			人均水资源（0.0150）
	生态环境竞争力（0.0375）	环境保护（0.0150）	人均城市绿地面积（0.0075）
			森林覆盖率（0.0075）
		环境治理（0.0225）	万元GDP化学需氧量排放量（-0.0075）
			万元GDP二氧化硫排放量（-0.0075）
			工业固体废物综合利用率（0.0075）
地区中心城市带动力（0.1200）	中心城市综合规模（0.0500）	中心城市人口规模（0.0250）	年末城市户籍人口（0.0250）
		中心城市经济规模（0.0250）	城市GDP总量（0.0250）
	中心城市增长极效应（0.0700）	中心城市网络流强度（0.0700）	城市网络流强度（0.0700）
地区企业驱动力（0.1000）	企业发展（0.0500）	企业发展（0.0500）	规模以上工业企业主营收入占地区GDP比重（0.0500）
	上市公司发展（0.0250）	上市公司发展（0.0250）	地区上市公司主营收入占地区GDP比重（0.0250）
	企业总量（0.0250）	企业总量（0.0250）	地区产业活动单位数（0.0250）

注：括号内为各指标权重，带"-"者为反向指标。

（二）甘肃地区经济综合竞争力水平评估方法

1. 指标权重的确定

指标权重反映各指标影响最终地区经济综合竞争力的重要程度，指标权重确定的科学合理性对地区经济综合竞争力的准确测度评估具有关键作用。目前，理论界对地区经济综合竞争力评价的权重赋值主要采用多指标综合评价法中的客观赋值法和主观赋值法。其中的客观赋值法（如主成分分析法）主要将原始指标经统计变换后生成权重，优点在于能较客观地反映指标间的现实关系，缺点在于指标变换中可能丢失信息或忽略指标与某些评价要素的联系，中间层级评价要素的分值水平难以取得；主观赋值法（如层次分析法）指标权重由专家赋予，缺点在于权重赋值可能会失之主观随意，优点在于指标与各级评价要素的隶属关系明确、易于上溯分析各级评价要素的水平、优劣。基于主观赋值法的层次分析法符合本文评价指标设计思想由定性分析逐级系统性展开的原则，可由基础指标清晰明白地上溯至各级评价要素进行深入分析，本文甘肃地区经济综合竞争力水平评估方法主选层次分析法，即以层次分析法对指标进行初次权重赋值，而与主成分分析法的权重赋值结果对照进行二次修正，修正后的层次分析法指标赋值权重作为最终权重结果。

按层次分析法，本文甘肃地区经济综合竞争力各级评价要素评估值由下级评价要素得分加权加总得到，最终地区经济竞争力综合评估分值由Ⅰ级评价要素得分加权加总而得。

2. 数据处理

原始指标数据首先采用标准化无量纲处理后再进行加权加总计算；个别缺失数据按适用情况分别取最小值、平均值或按趋势推算。

二 甘肃地区经济综合竞争力水平比较评估结果和结论

（一）甘肃地区经济综合竞争力水平比较评估结果（见表2～表4）

表2 2021年甘肃地区经济综合竞争力水平比较评估

地区	地区经济综合竞争力水平总得分及排名		地区核心竞争力水平得分及排名			地区基础竞争力水平得分及排名			地区环境竞争力水平得分及排名			地区中心城市带动力得分及排名			地区企业驱动力得分及排名		
	得分（分）	排名	地区	得分（分）	排名	地区	得分（分）	排名	地区	得分（分）	排名	城市	得分（分）	排名	地区	得分（分）	排名
兰州	78.28	1	兰州	35.53	1	兰州	15.62	1	兰州	10.83	1	兰州	12.00	1	白银	5.50	1
嘉峪关	43.57	2	金昌	22.24	2	嘉峪关	13.51	2	嘉峪关	4.21	2	天水	3.39	2	嘉峪关	5.41	2
金昌	40.88	3	嘉峪关	19.80	3	金昌	10.17	3	庆阳	3.92	3	武威	3.31	3	金昌	4.74	3
酒泉	35.94	4	酒泉	18.04	4	天水	9.47	4	张掖	3.86	4	庆阳	2.93	4	兰州	4.31	4
天水	33.49	5	白银	14.75	5	张掖	9.26	5	酒泉	3.55	5	张掖	2.28	5	酒泉	3.28	5
白银	33.46	6	天水	14.61	6	酒泉	8.80	6	定西	3.40	6	酒泉	2.27	6	天水	2.66	6
庆阳	31.30	7	庆阳	14.29	7	白银	7.87	7	天水	3.36	7	平凉	2.19	7	庆阳	2.64	7

续表

地区	地区经济综合竞争力水平总得分及排名		地区核心竞争力水平得分及排名			地区基础竞争力水平得分及排名			地区环境竞争力水平得分及排名			地区中心城市带动力得分及排名			地区企业驱动力得分及排名		
	得分（分）	排名	地区	得分（分）	排名	地区	得分（分）	排名	地区	得分（分）	排名	城市	得分（分）	排名	地区	得分（分）	排名
张掖	31.06	8	武威	14.17	8	武威	7.73	8	白银	3.31	8	白银	2.03	8	陇南	2.03	8
武威	29.85	9	张掖	13.77	9	庆阳	7.52	9	武威	2.96	9	陇南	1.96	9	定西	1.99	9
平凉	26.61	10	平凉	13.33	10	定西	7.34	10	金昌	2.90	10	定西	1.83	10	张掖	1.89	10
定西	26.28	11	陇南	13.01	11	临夏州	7.21	11	临夏州	2.56	11	金昌	0.83	11	武威	1.69	11
陇南	26.20	12	定西	11.71	12	甘南州	7.17	12	平凉	2.44	12	嘉峪关	0.64	12	临夏州	1.67	12
临夏州	22.38	13	甘南州	11.28	13	陇南	7.12	13	陇南	2.08	13	临夏	0.56	13	平凉	1.62	13
甘南州	21.00	14	临夏州	10.37	14	平凉	7.03	14	甘南州	1.54	14	合作	0.21	14	甘南州	0.80	14

资料来源：甘肃省统计局编《甘肃发展年鉴 2022》，2021 年甘肃省各地区国民经济和社会发展统计公报。

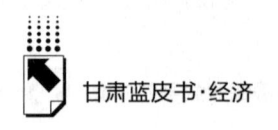

表3 2021年甘肃地区经济综合竞争力水平分类层级

单位：个

类别	分值区间	地区	个数
第一层级	78.28~100.00分	兰州	1
第二层级	40.88~43.57分	嘉峪关、金昌	2
第三层级	29.85~35.94分	酒泉、天水、白银、庆阳、张掖、武威	6
第四层级	26.20~26.61分	平凉、定西、陇南	3
第五层级	21.00~22.38分	临夏州、甘南州	2

表4 2021年甘肃地区经济综合竞争力Ⅰ级构成要素相对优势示意

地区	地区经济综合竞争力水平	地区核心竞争力水平	地区基础竞争力水平	地区环境竞争力水平	地区中心城市带动力水平	地区企业驱动力水平
兰州	☆☆☆☆☆	☆☆☆☆☆	☆☆☆☆☆	☆☆☆☆☆	☆☆☆☆☆	☆☆☆
嘉峪关	☆☆☆☆	☆☆☆☆	☆☆☆☆	☆☆☆☆	☆☆	☆☆☆☆
金昌	☆☆☆☆	☆☆☆☆	☆☆☆	☆☆☆	☆☆	☆☆☆☆☆
酒泉	☆☆	☆☆☆	☆☆	☆☆☆	☆☆☆	☆☆☆
天水	☆☆	☆☆	☆☆	☆☆	☆☆☆	☆☆
白银	☆☆	☆☆	☆☆	☆☆	☆☆	☆☆☆
庆阳	☆☆	☆☆	☆☆	☆☆☆	☆	☆☆☆
张掖	☆☆	☆☆	☆☆	☆☆☆	☆☆	☆
武威	☆☆	☆☆	☆	☆☆	☆☆	☆
平凉	☆	☆☆	☆	☆☆	☆	☆
定西	☆	☆	☆	☆☆	☆	☆
陇南	☆	☆	☆	☆☆	☆	☆
临夏州	☆	☆	☆	☆	☆	☆
甘南州	☆	☆	☆	☆	☆	☆

注：相对优势从高到低按5~1星示意。

（二）评估结论

本文对当前甘肃地区经济综合竞争力的评估表明：2021年以来甘肃省各地区经济综合竞争力得分第1的为兰州市，经济综合竞争力水平得分为78.28分，各项要素指标均位居前列，呈现省内"一城独大"的绝对领先态势；经济综合竞争力位居第 2、3 位的是嘉峪关市、金昌市，经济综合竞争力水平得分分别是 43.57 分、40.88 分，位于当前省内经济综合竞争力的中等偏高层次；酒泉、天水、白银、庆阳、张掖、武威分别位居第 4~9 位，经济综合竞争力水平得分在 29.85~35.94 分，属于当前省内地区经济综合竞争力的中间层次；平凉、定西、陇南 3 个地区经济综合竞争力水平得分分别为 26.61 分、26.28 分、26.20 分，分别位居第 10~12 位，属于当前省内地区经济综合竞争力的中等偏下层级；临夏州、甘南州目前地区经济综合竞争力较弱。

从当前甘肃地区经济综合竞争力的发展态势特征来看：一是省会中心城市兰州市的经济竞争实力与省内其他地区的差距过大，不平衡的发展格局不利于全省经济的层级式协同发展；二是近年来甘肃省内的传统资源型工业城市实力稳步提升，目前这类城市多以较高增速发展并位居地区经济综合竞争力榜单前列，一定程度上体现出省内这些城市在供给侧结构性改革叠加有利于资源周期环境下转型发展取得新成效；三是目前经济增速较高、经济综合竞争力提升较快的资源型工业城市多依托强势企业助力发展，城市本身的增长极辐射带动功能不强，而另一些城市承载带动能力强的地区如天水、庆阳等近年来发展速度趋于放缓，这一趋势应引起关注重视。

从甘肃地区经济综合竞争力的评估结果可以看出，除兰州外没有哪个地区经济综合竞争力能保持全面优势，各地区均至少存在某一方面的不足，各地区在提升竞争力的进程中均需进一步补短弥弱、强化竞争优势、夯实发展基础、全面提升经济实力和发展质量、实现地区经济稳定健康的可持续发展，推动全省各地区间的进一步均衡发展。为此本文在表 4 中依据评估结果列出各地区经济综合竞争力构成要素的相对优、劣势示意，由此可以清楚地观察到当前甘肃各地区经济综合竞争力的优势、不足或缺陷，以为有关地区、部门提升地区经济综合竞争力的相关政策提供思路参考，此外，下文进一步对当前甘肃各地区提升地区经济综合竞争力的两个现实抓手进行了一定分析，以为相关规划、政策找到现实着力点服务。

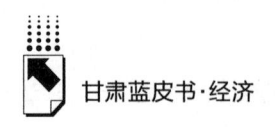

三 甘肃地区经济综合竞争力的重要抓手——地区中心城市带动力和企业驱动力分析

甘肃省各地区的中心城市是地区人流、财流、物流汇聚扩散的中心，是地区实现经济发展传导辐射作用的核心增长极，也是实现城市圈战略、组团发展、协同发展等宏观战略的关键节点，在"十四五"规划提升城市质量、强化城市支撑承载能力有关战略指引下，相关规划和发展政策也易于在这方面找到着力点，可以说，提升地区中心城市带动力是当前各地区增进经济综合竞争力的重要现实抓手，而提升地区中心城市带动力的关键要素一是着力提升城市规模，二是着力强化城市增长极效应。

（一）甘肃地区中心城市综合规模分析

由表 5 可以看出，目前甘肃省各地区的中心城市综合规模水平呈现如下特征：兰州市一城独大，人口规模和经济规模远超其他地区城市；中间层级规模的地区数量偏少，只有天水市、武威市两个城市，且与第一层级的兰州市综合规模水平差距偏大；大多数地区中心城市综合规模水平较低。白银市、庆阳市、张掖市、酒泉市、陇南市、平凉市、嘉峪关市、金昌市、临夏市、定西市 10 座地区城市依次位于较低层级，且这一较低层级的城市与第一层级城市兰州市的人口、经济规模差距较大；作为省内独大的甘肃省会中心城市兰州市，与邻省的西安、乌鲁木齐等省会中心城市在人口、经济规模和综合竞争力水平上也存在相当差距，可见，甘肃省各地区提升地区经济综合竞争力，亟待提升各地区城市发展质量和承载力、提升地区城市带动力、缩小全省各地区城市发展水平差距。

（二）甘肃地区中心城市增长极效应——网络流强度分析

地区中心城市作为本地区核心增长极，其对全地区经济发展的传导辐射效应对提升地区经济综合竞争力发挥着重要作用，本文首次将地区城市的增长极效应纳入地区城市对提升地区经济综合竞争力带动作用进行考评，有助于各地区明晰本地区城市的增长极效应强弱及在全省战略布局中的功能定位，制定相关政策强化本地区城市增长极效应，进而有效提升本地区经济综合竞争力。

表5 甘肃地区中心城市综合规模分析

城市	人口规模得分（分）	经济规模得分（分）	综合规模得分（分）	综合规模排序位次
兰州市	2.50	2.50	5.00	1
天水市	0.94	0.41	1.35	2
武威市	0.69	0.37	1.06	3
白银市	0.42	0.32	0.74	4
庆阳市	0.40	0.27	0.67	5
张掖市	0.41	0.22	0.63	6
酒泉市	0.36	0.22	0.58	7
陇南市	0.42	0.15	0.57	8
平凉市	0.39	0.17	0.56	9
嘉峪关市	0.24	0.31	0.55	10
金昌市	0.20	0.30	0.50	11
临夏市	0.36	0.12	0.48	12
定西市	0.33	0.13	0.46	13
合作市	0.08	0.06	0.14	14

资料来源：甘肃省统计局编《甘肃发展年鉴2022》。

借鉴相关理论研究成果，本文用网络流强度这一指标来分析甘肃省各地区中心城市作为区域增长极的辐射带动效应，网络流强度是指城市作为增长极，其功能对辐射范围内地域及网络层级内其他增长极或城市体系范围内其他城市的影响强度，其公式为：

$$F = N \times E$$

式中，F 为城市的网络流强度。N 为城市增长极的功能效益，即城市外向功能量产生的实际影响，具体用某城市所有从业人员的人均 GDP 来度量。E 为城市增长极的外向功能量，测度时选择增长极从业人员作为度量指标，即如该城市增长极总从业人员中分配给某部门的比例超过部门占全甘肃省的比例，即可认为该城市这一部门相对全省是专业化部门，可以为城市外界区域提供服务，具有外向功能，所有这些具有外向功能的部门外向功能量的加总构成该城市的外向功能量。本文对甘肃14个地州市的12个地级以上城市进行了网络流强度的实证分析，由于城市增长极的外向功能主要体现在对外交往部门和外向服务部门，因此测度城市外向功能量的具体行业部门选择了以上部门行业范围内的：交通运输、仓储和邮政业，金融业，房地产业，居民服务、修理和其他服务业，租赁和商务服务业，科学研究和技术服务业，文化、体育和娱乐业，批发和零售业，住宿和餐饮业。

可以看出，兰州市作为省会中心城市，其作为全省核心增长极的带动辐射效应远高于全省其他城市，网络流强度指标得分最高，为7分；庆阳、天水、武威的城市增长极带动辐射效应位居全省第二层次，网络流强度指标得分分别为2.26分、2.25分、2.03分；酒泉、张掖、平凉、定西、陇南、白银各城市增长极带动辐射效应位居全省第三层次，网络流强度指标得分分别为1.70分、1.66分、1.63分、1.38分、1.37分、1.30分；金昌、嘉峪关等其他城市的增长极传导辐射效应较弱（见图1）。其中庆阳的城市增长极带动辐射效应与其城市综合规模出现明显不匹配，这对庆阳发展经济、提升地区经济综合竞争力既是问题也是契机。

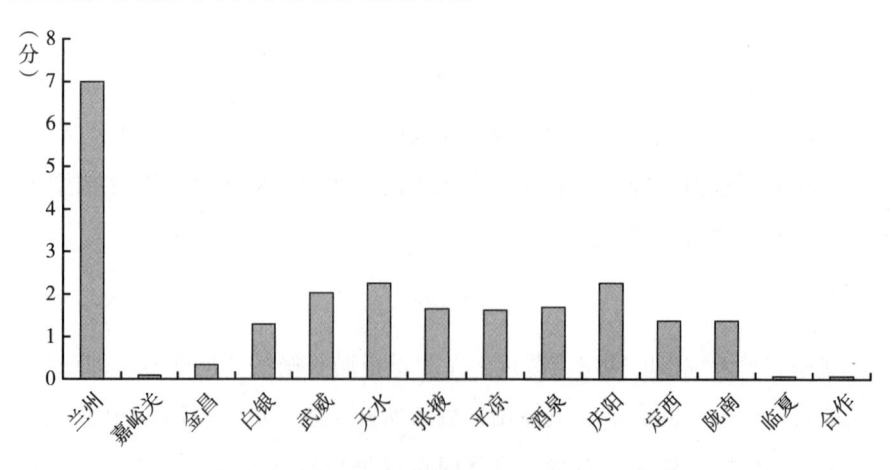

图1　2021年甘肃地区中心城市网络流强度

注：临夏、合作两个县级市按最低分值90%取值。
资料来源：国家统计局编《中国城市统计年鉴2021》。

（三）甘肃地区中心城市带动力分析

综合地区中心城市的规模效应和增长极传导辐射效应的影响，由表2可见，目前，甘肃省各地区中心城市对提升地区经济综合竞争力的带动力效果体现为：兰州最强，得分最高，为12.00分；天水、武威、庆阳的相应指标得分分别为3.39分、3.31分、2.93分，位居全省第二层次；张掖、酒泉、平凉、白银、陇南、定西各城市相应得分分别为2.28分、2.27分、2.19分、2.03分、1.96分、1.83分，位居全省第三层次；金昌、嘉峪关等其他城市的带动力作用偏弱。

（四）甘肃地区经济综合竞争力的重要抓手——地区企业驱动力分析

企业是提升地区竞争力的最重要经济实体，也是各地区出台相关政策提升地区经济竞争力的直接着力点，可以说，增强企业对地区经济发展的驱动作用是当前甘肃省各地区提升地区经济综合竞争力的又一重要抓手。本指标体系也评测了甘肃省地州市企业对地区经济综合竞争力的驱动作用。

评估表明（见表6）：白银、嘉峪关、金昌、兰州、酒泉等地区依托支持本地区企业做大做强、注重借力资本市场发展上市公司、致力提升地区企业活力和质量数量，目前在企业驱动经济发展、提升地区综合竞争力方面取得较好成效，企业驱动力指标得分分别为5.49分、5.41分、4.73分、4.31分、3.28分，位居省内前5位。其他地区在企业发展、上市公司发展、企业总量发展等方面各自存在不足，需要努力补齐短板，从企业发展这一现实抓手出发着力提升地区经济综合竞争力；特别需重视借力资本市场发展并做大做强区内有条件的企业，目前甘肃省各地区尚有金昌、庆阳、定西、张掖、临夏、平凉、甘南7个地市州没有上市企业，亟待得到重视并加快筹谋准备。

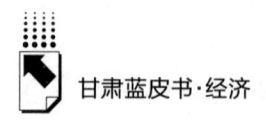

表6 2021年甘肃各地区企业驱动力

地区	企业发展（分）	上市公司发展（分）	企业总量发展（分）	企业驱动力得分（分）	企业驱动力位次
白银	2.01	2.50	0.99	5.49	1
嘉峪关	5.00	0.19	0.22	5.41	2
金昌	4.48	0.00	0.25	4.73	3
兰州	1.45	0.36	2.50	4.31	4
酒泉	1.17	1.32	0.79	3.28	5
天水	1.15	0.22	1.29	2.66	6
庆阳	1.62	0.00	1.02	2.64	7
陇南	0.69	0.20	1.13	2.03	8
定西	0.86	0.00	1.13	1.99	9
张掖	0.87	0.00	1.02	1.89	10
武威	0.88	0.01	0.80	1.68	11
临夏州	0.73	0.00	0.94	1.67	12
平凉	0.84	0.00	0.78	1.62	13
甘南州	0.37	0.00	0.43	0.80	14

资料来源：甘肃省统计局编《甘肃发展年鉴2022》，2021年甘肃省各上市公司年报。

参考文献

董锁成、李泽红等：《西部地级城市竞争力评价与"十四五"国家级新区布局》，《自然资源学报》2022年第7期。

关兵：《甘肃省区域综合竞争力评价》，载安文华、罗哲主编《甘肃经济发展分析与预测》（2017），社会科学文献出版社，2017。

行业发展篇
Industry Development Reports

B.3

2022~2023年甘肃农业与农村经济发展形势分析与预测

潘从银[*]

摘 要： 通过对2022年甘肃农业和农村经济发展面临的新形势和2010~2021年及2022年前三季度甘肃农业与农村经济发展数据进行形势分析与预测，得出2022~2023年甘肃农业与农村经济将呈现如下发展形势：一是将面临诸多政策机遇；二是主要仍是量的增长，质的提升尚有待加快；三是农业发展水平、效率、质量相对有所提升但不明显，产业结构有所优化；四是粮食产量稳步增长，粮食安全得到有效保障；五是农产品生产与市场对接不充分，个别农产品价格波动幅度较大；六是农村居民收入稳定增长，但收入增长率有下降趋势，农村居民净收入增长难度较大；七是第一产业固定投资增长率降幅较大，尚需进一步稳定在一定规模和水平。

---

[*] 潘从银，甘肃省社会科学院助理研究员，主要研究方向为农村区域经济发展。

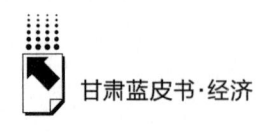

关键词： 农业经济　农村经济　甘肃

2022年作为脱贫攻坚后乡村振兴战略与精准扶贫政策有效衔接的第二个年头，全面实施乡村振兴战略的诸多措施更为具体和细化，在全球新冠肺炎疫情仍在持续、国际局部社会动荡因素加剧、全球经济出现严重下滑的严峻态势下，甘肃省农业和农村经济发展稳中有升，成为甘肃经济发展的"压舱石"。2022年乡村振兴战略的全面实施以及国际、国内市场变化，对甘肃省农业和农村经济发展提出了新要求和新目标。

一　2022年甘肃农业与农村经济发展面临的新形势

2022年甘肃农业与农村经济发展面临的新形势主要是：政策环境变化，脱贫攻坚后乡村振兴战略与精准扶贫政策的有效衔接；产业环境变化，新冠肺炎疫情期间及疫情后世界产业发展开始深度调整，我国乡村振兴战略也要求农业产业进行结构调整，走确保粮食安全、高质量、绿色发展之路；市场环境变化，受新冠肺炎疫情及贸易保护主义抬头等因素影响，国际农产品市场正发生改变，同时国内消费市场由于受新冠肺炎疫情影响也正悄然发生改变。这几方面的新形势要求甘肃农业与农村经济发展面临新的形势做出新的调整。

（一）政策环境变化

自2021年全面实施乡村振兴战略，在2022年巩固拓展脱贫攻坚成果同乡村振兴有效衔接的5年巩固拓展期内，全面实施乡村振兴战略的具体政策措施更为明确和细化；甘肃省第十四次党代会提出"四强"行动等中央到地方的政策调整，对甘肃省农业和农村发展形成一个政策密集窗口期。

1. 全面实施乡村振兴战略

民族要复兴，乡村必振兴，全面实施乡村振兴战略，开启农业与农村经济发展新征程，是我国实现第一个百年奋斗目标开启向第二个百年奋斗目标迈进时的必然选择。一是全面实施乡村振兴战略的深度、广度、难度都不亚于脱贫攻坚。二是全面实施乡村振兴战略，要坚持全面振兴，抓重点、补短板、强弱项，实现乡村产业振兴、人才振兴、文化振兴、生态振兴、组织振兴，推动农业全面升级、农村全面进步、农民全面发展。三是全面实施乡村振兴战略，促进农业稳定发展和农民增收。

2. 乡村振兴战略与精准扶贫政策的有效衔接

相对精准扶贫政策，乡村振兴战略对农业和农村经济发展提出了更高的目标要求，考虑到脱贫攻坚后贫困地区经济社会发展基础相对不稳固、发展条件仍需进一步提升，国家给出5年的巩固拓展期，在这期间要求：一是有效巩固拓展脱贫攻坚成果，防止规模化返贫和贫困发生；二是为全面实施乡村振兴战略打基础、筑根基、转理念，在脱贫攻坚成果有效巩固拓展的基础上筹划乡村振兴蓝图。

3. "一县一策"因地制宜"强县域"

甘肃将突出重点城镇建设规划布局，以兰州都市经济圈为核心、以省内其他县城为支点，打造覆盖黄河沿岸、河西走廊和陇东南三个区域板块的城镇带发展格局；突出因地制宜，引导县城按城市服务型、工业主导型、农业优先型、文旅赋能型、生态功能型五大类型发展。甘肃省"强县域"行动实施，对甘肃农业和农村发展同样提出更高的发展目标和发展要求，一是省域内的功能互补；二是一、二、三产业融合发展；三是城乡融合发展；四是农业和农村创新和创业发展。

4. 贯彻新发展理念及高质量发展要求

全面实施乡村振兴战略，意味着农业与农村经济发展步入新阶段，乡村振兴战略对农业与农村经济发展提出高质量发展要求，因此，要实现乡村振兴战略对农业与农村经济发展提出的目标要求，甘肃农业与农村经济发展必须深入贯彻创新、协调、绿色、开放、共享的新发展理念。

（二）产业环境变化

自2021年全面实施乡村振兴战略，在巩固拓展脱贫攻坚成果同乡村振兴有效衔接的巩固拓展期内，产业发展成为乡村振兴的首要任务。同时，粮食安全、高质量发展、中国式现代化对甘肃农业发展提出了更高的发展要求。但精准扶贫阶段甘肃省贫困地区农产品生产主要集中在量的发展上，而乡村振兴战略主要要求质的提升，确保农业与农村经济高质量、绿色、安全发展。

1. 粮食安全

2021年是我国第二个百年奋斗目标开启之年，也是乡村振兴战略全面实施之年、农业与农村发展踏上新征程之年，在这关键的历史节点，对农业与农村发展的要求也发生了巨大变化，从量的积累到质的突变，总体要求高质量、绿色、安全、现代化等。相对于农业发展而言，安全主要指粮食安全、食品安全及生态环境安全等。根据习近平总书记对粮食安全的系统论述和乡村振兴要求，在新时代新征程开启之时，甘肃需要着手构建粮食安全新格局。甘肃就省域而言，粮食安全主要存在的问题是饲用豆粕进口依赖度过高，2022年甘肃省按照国家粮食安全政策部署要求，适度增加蚕豆种植面积。在确保粮食安全与农业发展效益问题上，甘肃仍需要积极探索相互协调机制。

2. 高质量发展

在精准扶贫阶段，甘肃省贫困地区农业产业发展主要解决了从无到有的制约，但大部分贫困地区产业发展仍处在传统生产模式，发展质量、发展速度、发展效率相对较低，相对乡村振兴战略目标要求差距较大；在乡村振兴阶段，甘肃农业产业更需要高质量发展。一是结合资源禀赋、环境阈值优化产业结构；二是加快产业优化升级，逐步实现农业产业发展的现代化；三是绿色安全发展，确保农产品的安全性，不断提升农产品质量。

3. 绿色发展

相对于农业产业发展而言，绿色发展理念主要强调农业生产与自然环境协调统一发展。一是生态优先、绿色发展；二是"绿水青山就是金山银山"，甘肃农业产业发展既要产业生态化又要生态产业化；三是甘肃农业产业绿色发展过程中还需注重碳汇储备，搭建碳汇交易平台，实现农业产业绿色发展过程中的碳汇交易，增加绿色发展效益。

（三）市场环境变化

受新冠肺炎疫情、国际贸易保护主义抬头、我国"一带一路"倡议深入推进等因素影响，甘肃农业与农村经济发展市场环境也发生了深刻变化，对甘肃农业与农村经济发展既是挑战也是机遇。

1. 农产品进出口贸易

一是受新冠肺炎疫情影响，世界经济下滑，国际消费能力不足，农产品进出口贸易受限，如何扩大"内循环"成为甘肃农产品销售面临的新问题；二是由于国际贸易保护主义抬头及贸易制裁加剧，大国之间的贸易存在很大不确定性，成为甘肃农产品生产和销售面临的新挑战；三是随着"一带一路"倡议深入推进，甘肃加大与共建"一带一路"国家的农产品贸易、农业生产技术和资源合作，以甘肃省中药材、种业、蔬菜、水果、节水技术等优势产业展开多渠道、多方位合作，构建共建"一带一路"国家以农产品贸易、农业生产技术、农业生产资源等为基础的自由贸易区，这将是市场环境变化为甘肃农业与农村经济发展提供的新机遇。从2021年、2022年甘肃省农产品出口贸易情况来看，甘肃省农产品出口发展形势较好。

2. 农产品价格

由于国际消费能力不足、世界贸易存在很大不确定性，在今后的一段时间内，农产品价格将会存在很大的不确定性，甚至出现较大幅度的波动，这将是甘肃农业与农村经济发展的又一新挑战。为确保农产品价格稳定、农民增收，则需要：一是加快建立健全农产品销售的应急保障机制；二是扩大"内循环"，实现国际国内"双循环"。从2021年、2022年农产品价格来看，农产品价格处于上涨趋势。

二 2022~2023年甘肃农业与农村经济发展形势分析与预测

2021年底2022年初，甘肃省委省政府综合考虑了宏观环境影响，衔接了"十四五"规划和上年发展情况，充分估计了各方面机遇条件和有利因素，坚持把发展作为解决一切问题的基础和关键，强化政策供给、精准调度和激励考核，及时出台、实施稳住经济一揽子政策举措，扎实推进"四强"行动，统筹疫情防控和经济社会发展取得显著成效。截至目前，全省经济运行稳中有进，呈现结构改善、韧性增强、速效兼具、量质齐升的积极特征。

（一）第一产业固定资产投资增长

1.2022年前三季度基本运行状况

2020年，由于脱贫攻坚任务处于关键时期，甘肃省第一产业固定资产投资增长幅度较大，之后自2021年出现相对较大幅度下降，2022年前三季度，第一产业固定资产投资增长率呈逐步缩减态势，截至2022年9月，第一产业固定资产投资增长率为-2.1%，较2021年降幅收窄，同时相对于第二产业及第三产业固定资产投资增长率56.0%、0.3%，第一产业固定资产投资在2020年大幅增长后继2021年下降后出现连续下降（见表1）。

表1 2021年至2022年9月甘肃固定资产投资增长率

单位：%

时间	第一产业 固定资产投资增长率	第二产业 固定资产投资增长率	第三产业 固定资产投资增长率
2021年	-3.1	39.9	6.1
2022年1~2月	-7.2	46.1	4.1
2022年1~3月	15.1	57.5	0.4
2022年1~4月	11.6	58.7	0.9
2022年1~5月	2.0	59.4	-0.2
2022年1~6月	-0.7	51.3	1.3
2022年1~7月	-6.3	56.9	-0.2
2022年1~8月	-7.1	56.9	0.4
2022年1~9月	-2.1	56.0	0.3

资料来源：甘肃省统计局，2022年1~9月统计月报。

2. 2022~2023年第一产业固定资产投资增长率预测

2022年第一产业固定资产投资增长率趋势预测为20.5%，置信下限为-56.8%，置信上限为97.9%；2023年第一产业固定资产投资增长率趋势预测为-15.2%，置信下限为-92.6%，置信上限为62.2%；相对于2010~2021年，2022~2023年由于第二产业固定资产投资增速较大，对第一产业固定资产投资形成一定的资本制约影响，从而造成第一产业固定资产投资增长率减缓或为负；从政策层面看，5年巩固拓展期内主要围绕产业振兴及新一轮农村基础设施建设的启动，政策层面呈现积极影响。但受甘肃省地方财政规模限制，甘肃省吸引外资能力不强，同时存在客观不利因素影响。因此，2022~2023年第一产业固定资产投资增长率应低于趋势预测值（见图1）。

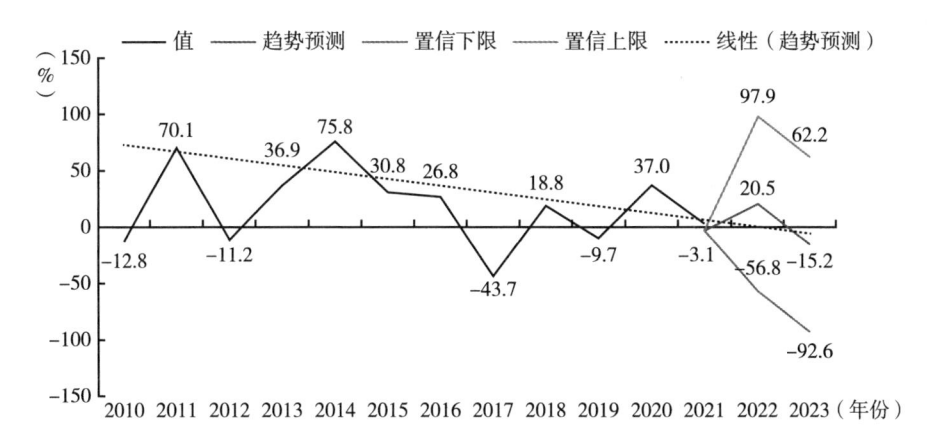

图1 2010~2023年甘肃第一产业固定资产投资增长率及预测

资料来源：甘肃省统计局，2010~2021年《甘肃年鉴》，《甘肃统计提要2022》。

3. 第一产业固定资产投资分析

从2010~2021年第一产业固定资产投资增长率曲线可以看出，一是甘肃省第一产业固定资产投资增长率变化幅度较大，而从产业发展的经济学角度来看，特别是产业处于快速发展阶段，需要持续稳定的固定资产投资增长，固定资产投资增长变化幅度较大，往往会引起产出量、产品价格、规模调整等不断变化，不利于产业快速稳定发展；二是甘肃省第一产业固定资

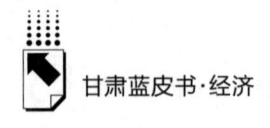

投资增长率曲线线性趋势预测中长期处于下降趋势，及第一产业固定资产投资增速放缓，从长远来看有利于一、二、三产业结构调整，短期内不利于第一产业快速发展。

（二）第一产业生产总值

1. 2022年前三季度基本运行状况

相对于2021年第一产业生产总值增长率10.1%，2022年第一季度甘肃省第一产业生产总值增长率为7.5%，上半年为7.6%，前三季度为5.1%，呈现良好的增长态势，但增速减缓（见表2）；同时第一产业生产总值占总产值比重相对于2021年的13.3%，第一季度为7.1%，上半年为6.8%，前三季度为14.2%，三次产业占比相对2021年而言更为合理。

表2 2021年至2022年前三季度甘肃第一产业生产总值、增长率及比重

单位：亿元，%

时间	第一产业生产总值	第一产业生产总值增长率	第一产业生产总值占总产值比重
2021年	1364.7	10.1	13.3
2022年第一季度	176.0	7.5	7.1
2022年上半年	355.0	7.6	6.8
2022年前三季度	1154.6	5.1	14.2

资料来源：甘肃省统计局，2022年1~9月统计月报。

2. 2022~2023年第一产业生产总值增长率预测

2022年第一产业生产总值增长率趋势预测为7.1%，置信下限为4.4%，置信上限为9.8%；2023年第一产业生产总值增长率趋势预测为7.2%，置信下限为4.4%，置信上限为10.0%；相对于2010~2021年，2022~2023年影响第一产业生产总值增长率因素变化较大，其中较为积极的影响因素有：一是政策层面呈现积极影响；二是农业科技支撑力度加大；三是农业产业结构进一步优化；四是受国际不稳定因素影响，农产品价格上涨。结合以上因

素综合测算，2022~2023年第一产业生产总值增长率应介于趋势预测与置信上限均值附近，即2022年与2023年分别在9.8%和10.0%左右（见图2）。

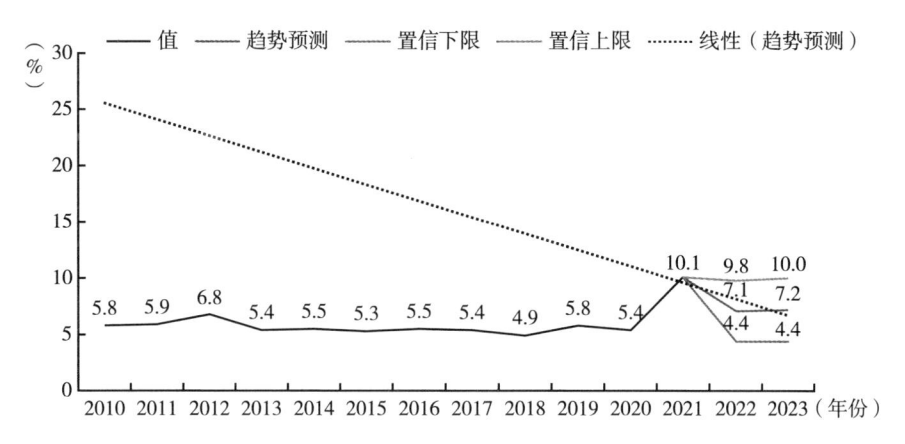

图2　2010~2023年甘肃第一产业生产总值增长率及预测

资料来源：甘肃省统计局，2010~2021年《甘肃年鉴》，《甘肃统计提要2022》。

3. 第一产业生产总值分析

从2010~2021年甘肃省第一产业生产总值增长率曲线可以看出，从2010年到2018年，总体呈现下行趋势，2019年出现向上趋势，2020年及2021年相对上涨趋势确立2019年上涨拐点成立，近几年，甘肃省第一产业生产总值增长率应呈现上涨趋势。但就目前甘肃省第一产业生产总值增长率曲线趋势所反映出的问题主要为甘肃省第一产业发展仍处在相对低水平、低效率、低质量发展阶段，第一产业生产总值增长率上涨主要取决于农产品价格上涨。

（三）主要农产品产量

1. 2022年第一季度、上半年基本运行状况

从2022年第一季度和上半年现有统计数据的主要农产品来看，均低于2021年产量增长率，但均处于相对快速增长状态，发展形势相对较好，猪肉产量出现增长放缓趋势。2022年第一季度，蔬菜产量增长率为6.9%，猪牛羊禽肉产量增长率为14.1%，猪肉产量增长率为23.0%；2022年上半年，蔬菜产量增长率为10.0%，猪牛羊禽肉产量增长率为8.5%，猪肉产量增长率为10.1%；2022年前三季度，蔬菜产量增长率为8.0%，猪牛羊禽肉产量增长率为6.4%，猪肉产量增长率为5.6%（见表3）。

表3 2021年至2022年前三季度甘肃主要农产品产量及增长率

单位：万吨，%

时间	蔬菜		猪牛羊禽肉		猪肉	
	产量	增长率	产量	增长率	产量	增长率
2021年	1655.3	12.0	134.0	23.1	64.1	30.4
2022年第一季度	122.0	6.9	38.5	14.1	23.0	23.0
2022年上半年	490.3	10.0	74.2	8.5	41.0	10.1
2022年前三季度	1534.0	8.0	100.3	6.4	51.2	5.6

资料来源：甘肃省统计局，2022年1~9月统计月报。

2. 2022~2023年粮食产量预测

2022年粮食产量增长率趋势预测为1248.9万吨，置信下限为1184.7万吨，置信上限为1313.2万吨；2023年粮食产量增长率趋势预测为1267.7万吨，置信下限为1181.1万吨，置信上限为1354.2万吨；相对于2010~2021年，2022~2023年影响粮食产量增长因素变化不大，但受新冠肺炎疫情和国际贸易影响，中央政策层面更注重粮食安全和粮食自给率，政策利好。因此，2022~2023年粮食产量增长率应略高于趋势预测值（见图3）。同时粮食产量曲线向上变化趋势明显，若没有其他突发因素干扰，甘肃省粮食产量在之后几年内均可以保持稳定增长。

3. 2022~2023年蔬菜产量预测

2022年蔬菜产量增长率趋势预测为1814.4万吨，置信下限为1724.2万吨，置信上限为1904.6万吨；2023年蔬菜产量增长率趋势预测为1982.1万吨，置信下限为1796.4万吨，置信上限为2167.7万吨；相对于2010~2021年，2022~2023年影响蔬菜产量增长因素变化不大，但随着近几年甘肃同共

图 3　2010~2023 年甘肃粮食产量及预测

资料来源：甘肃省统计局，2010~2021 年《甘肃年鉴》，《甘肃统计提要 2022》。

建"一带一路"国家经贸合作的深化，蔬菜出口量增加较快，甘肃蔬菜产量呈现快速增长趋势。因此，2022~2023 年蔬菜产量增长率应符合趋势预测值（见图4）。同时蔬菜产量曲线向上变化趋势明显，若没有其他突发因素干扰，甘肃省蔬菜产量在之后几年内均可以保持稳定增长。

图 4　2010~2023 年甘肃蔬菜产量及预测

资料来源：甘肃省统计局，2010~2021 年《甘肃年鉴》，《甘肃统计提要 2022》。

4. 2022~2023年园林水果产量预测

2022年园林水果产量增长率趋势预测为560.6万吨，置信下限为515.7万吨，置信上限为605.6万吨；2023年园林水果产量增长率趋势预测为590.4万吨，置信下限为534.2万吨，置信上限为646.6万吨；相对于2010~2021年，2022~2023年影响园林水果产量增长突发因素主要为自然灾害，同时中长期影响因素主要为市场价格。由于自然灾害的突发性存在很大的不确定性，2022~2023年园林水果产量增长率趋势预测值（见图5）只能作为理论上的参考，但同样，甘肃省园林水果出口量将持续增长，总体呈现快速增长趋势。

图5 2010~2023年园林水果产量及预测

资料来源：甘肃省统计局，2010~2021年《甘肃年鉴》，《甘肃统计提要2022》。

5. 2022~2023年中药材产量预测

2022年中药材产量增长率趋势预测为135.1万吨，置信下限为128.9万吨，置信上限为141.2万吨；2023年中药材产量增长率趋势预测为142.3万吨，置信下限为136.1万吨，置信上限为148.5万吨；相对于2010~2021年，2022~2023年影响中药材产量增长因素主要是中药材对防治新冠病毒疗效显著，从而激发了中药材产业快速发展，但由于中药材生产具有周期性，2022年中药材产量应该略高于趋势预测值，2023年将接近置信上限值（见图6）。

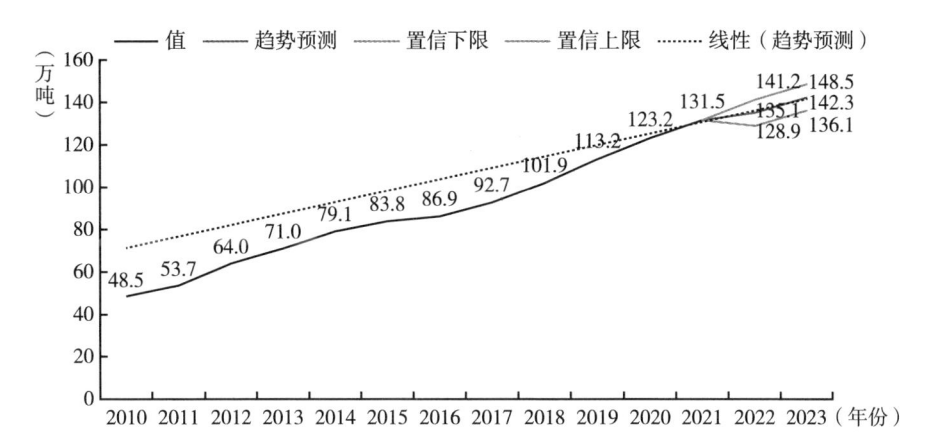

```
（万吨）
160 ── 值 ── 趋势预测 ── 置信下限 ── 置信上限 ……线性（趋势预测）
                                                        141.2  148.5
140                                              131.5  135.1  142.3
                                          123.2         128.9  136.1
120                                 113.2
                              101.9
100                     92.7
                  86.9
              83.8
80        79.1
       71.0
    64.0
60  53.7
  48.5
40
20
 0
  2010 2011 2012 2013 2014 2015 2016 2017 2018 2019 2020 2021 2022 2023（年份）
```

图6　2010~2023年甘肃中药材产量及预测

资料来源：甘肃省统计局，2010~2021年《甘肃年鉴》，《甘肃统计提要2022》。

6. 2022~2023年猪牛羊禽肉及猪肉产量预测

2022年猪牛羊禽肉产量增长率趋势预测为137.7万吨，置信下限为124.4万吨，置信上限为151.1万吨；2023年猪牛羊禽肉产量增长率趋势预测为141.5万吨，置信下限为124.1万吨，置信上限为158.9万吨；从猪牛羊禽肉产量曲线来看，其变化呈现稳定上升趋势（见图7），结合2022年前三季度猪牛羊禽肉产量，2022年甘肃省猪牛羊禽肉产量将接近置信上限。但从猪肉产量预测曲线（见图8）来看，结合2022年前三季度猪肉产量，甘肃省猪肉产量将出现回落，但仍存在较大的不可预测性。

7. 主要农产品产量分析

通过对2010~2021年甘肃省主要农产品产量曲线分析，粮食产量稳步上升，其主要源于播种面积持续增加，因此，处于低水平稳定增长态势；蔬菜和中药材产量保持稳定快速增长态势，其增长源于多要素的综合作用，蔬菜产业和中药材产业发展呈现相对较好发展形势；园林水果产量在2018年出现较大幅度波动，主要是由霜冻、冰雹等自然灾害所致，说明甘肃省园林水果业抵御自然灾害风险能力较弱；猪牛羊禽肉产量增长相对稳定且呈现快

图 7　2010~2023 年甘肃猪牛羊禽肉产量及预测

资料来源：甘肃省统计局，2010~2021 年《甘肃年鉴》，《甘肃统计提要 2022》。

图 8　2010~2023 年甘肃猪肉产量及预测

资料来源：甘肃省统计局，2010~2021 年《甘肃年鉴》，《甘肃统计提要 2022》。

速增长趋势，但猪肉产量存在很大程度的不可预见性，需要相应政策调控措施稳定猪肉产量、优化市场供给。

（四）农产品整体及主要农产品生产者价格指数

从农产品整体生产者价格指数来看（见表4），农产品生产者价格指数波动相对平缓，但仍有一定幅度的周期性波动，而且出现 2015~2017 年连续 3 年农产品生产者价格指数小于 100 的情况；从主要农产品生产者价格指数来看，则呈现更大幅度的波动状态；从 2010~2020 年甘肃省农产品整体及主要农产品生产者价格指数均值来看，中长期内农业生产处于微利状态；从农产品整体及主要农产品生产者价格指数极差、方差及标准差来看，其农业生产内在不稳定性特征明显，其中，薯类、中药材、生猪存在极度的内在不稳定性；水果存在较大的不稳定性；饲养动物及其产品、小麦、玉米呈现一般不稳定性；只有蔬菜生产者价格指数相对稳定，优于其他农产品，呈现较好的市场适应能力和较好的发展形势。

究其原因：一是农产品生产的周期性与生产过程中的信息不对称；二是政府部门的宏观调控作用不明显，导致农业生产仍带有一定的盲目性。

表 4 2010~2021 年甘肃农产品整体及主要农产品生产者价格指数（上年=100）

类别	农产品	小麦	玉米	薯类	蔬菜	水果	中药材	饲养动物及其产品	生猪
2010 年	113.8	106.8	119.4	185.0	114.2	127.6	124.1	101.6	92.1
2011 年	112.9	116.9	109.9	99.5	103.3	109.3	145.3	117.8	122.2
2012 年	106.4	102.3	105.3	97.8	115.1	119.5	113.1	102.7	95.0
2013 年	105.6	104.4	101.3	117.8	111.1	106.9	99.2	106.0	101.7
2014 年	102.8	109.9	101.7	92.7	108.4	110.8	76.3	98.1	93.5
2015 年	98.5	99.6	97.2	94.0	104.5	100.5	96.3	98.1	104.3
2016 年	99.2	89.6	84.9	110.5	108.0	82.3	128.0	103.2	112.4
2017 年	99.1	107.3	103.2	96.4	97.5	103.0	93.5	95.4	84.9
2018 年	101.7	102.7	102.7	77.6	103.4	105.8	95.7	102.2	85.9
2019 年	109.9	99.8	100.5	141.2	108.4	93.3	107.6	121.1	139.3
2020 年	102.3	98.0	107.5	96.7	110.1	100.1	114.0	116.2	150.5
2021 年	101.9	107.7	116.0	84.2	106.0	113.7	—	93.2	—
2010~2022 年均值	104.5	103.8	104.2	107.8	107.5	106.1	108.5	104.7	107.4
极差	15.3	27.3	34.5	107.4	17.6	45.3	69.0	27.9	65.6
方差	27.9	47.2	78.6	862.9	24.5	140.0	369.1	81.9	471.1
标准差	5.3	6.9	8.9	29.4	5.0	11.8	19.2	9.1	21.7

资料来源：甘肃省统计局，2010~2021 年《甘肃年鉴》，《甘肃统计提要 2022》。

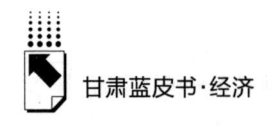

（五）农村居民收入与消费

1. 2022年前三季度基本运行状况

相对于2021年人均可支配收入增长率10.5%而言，2022年第一季度、上半年和前三季度甘肃省农村居民人均可支配收入增长率分别为6.0%、5.4%和6.2%，2022年由于受疫情影响，农民务工收入相对减少明显，农村居民人均可支配收入增速放缓；同时相对于2021年人均生活消费支出增长率12.9%而言，2022年第一季度、上半年和前三季度甘肃省农村居民人均生活消费支出增长率分别为8.2%、4.5%和4.6%，亦呈现增速放缓趋势，且增速均逐步低于人均可支配收入增速，同时人均可支配收入绝对值仍略大于人均生活消费支出绝对值，虽然相差甚微，但从中长期来看显现了较好的发展形势。

表5 2021年至2022年前三季度甘肃农村居民人均可支配收入及人均生活消费支出

单位：元，%

时间	人均可支配收入	人均可支配收入增长率	人均生活消费支出	人均生活消费支出增长率
2021年	11433	10.5	11206	12.9
2022年第一季度	3302	6.0	3096	8.2
2022年上半年	5283	5.4	5234	4.5
2022年前三季度	8114	6.2	7858	4.6

资料来源：甘肃省统计局，2022年1~9月统计月报。

2. 农村居民收入与消费中长期发展状况

通过2010~2021年农村居民人均可支配收入和人均生活消费支出绝对值及增长率可以看出（见表6），从2016年开始出现人均可支配收入（7457元）小于人均生活消费支出（7487元），2018年和2019年连续两年人均可支配收入绝对值均小于人均生活消费支出绝对值，而且人均生活消费支出增长率呈现不稳定状态；2020年再次出现人均可支配收入绝对值大于人均生活消费支出绝对值的情况,且人均可支配收入增长率远大于人均生活消费支出增长率,但2021年再次出现人均生活消费支出增长率大于人均可支配收入增长率的情况,结合2022年前三季度情况,农村居民净收入呈现几乎接近零的态势。

表6 甘肃农村居民人均可支配收入及人均生活消费支出

单位:元,%

年份	人均可支配收入	人均可支配收入增长率	人均生活消费支出	人均生活消费支出增长率
2010	3425	14.9	2942	6.4
2011	3909	14.1	3665	24.6
2012	4507	15.3	4146	13.1
2013	5108	13.3	4850	17.0
2014	5736	12.3	5272	8.7
2015	6936	20.9	6830	29.6
2016	7457	7.5	7487	9.6
2017	8076	8.3	8030	7.3
2018	8804	9.0	9065	12.9
2019	9629	9.4	9694	6.9
2020	10344	7.4	9923	2.4
2021	11433	10.5	11206	12.9

资料来源:甘肃省统计局,2010~2021年《甘肃年鉴》,《甘肃统计提要2022》。

3. 2022~2023年农村居民人均可支配收入预测分析

从2022~2023年农村居民人均可支配收入绝对值来看,2022年农村居民人均可支配收入绝对值趋势预测为11972.1元,置信下限为11560.4元,置信上限为12383.8元;2023年农村居民人均可支配收入绝对值趋势预测为12698.6元,置信下限为12238.1元,置信上限为13159.1元(见图9)。

从2022~2023年农村居民人均可支配收入增长率来看,2022年农村居民人均可支配收入增长率趋势预测为6.7%,置信下限为0.6%,置信上限为12.8%；2023年农村居民人均可支配收入增长率趋势预测为6.0%，置信下限为-0.1%，置信上限为12.2%（见图10）。

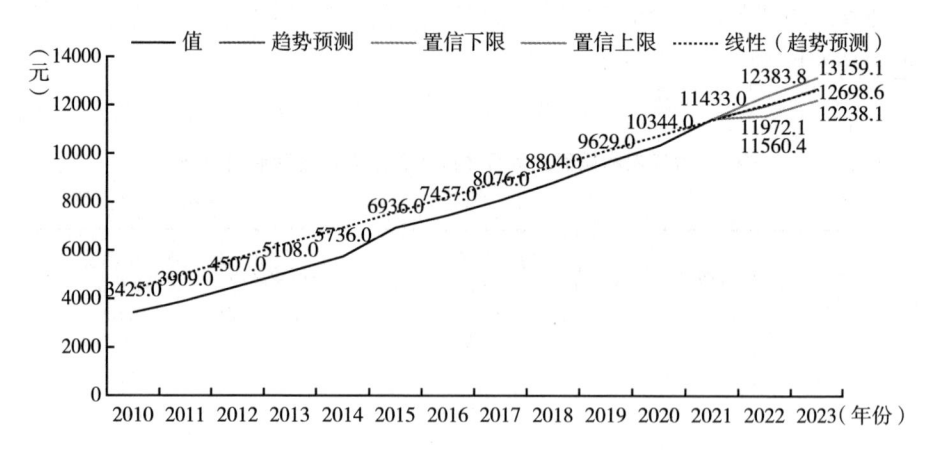

图9 2010~2023年甘肃农村居民人均可支配收入绝对值及预测

资料来源：甘肃省统计局，2010~2021年《甘肃年鉴》，《甘肃统计提要2022》。

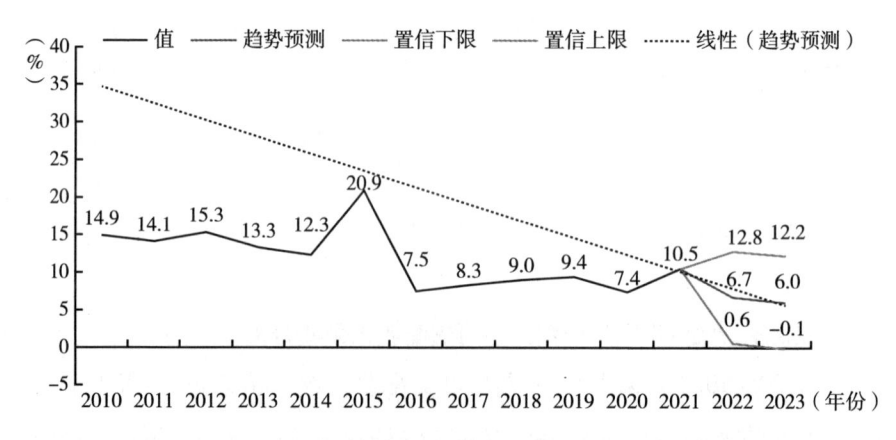

图10 2010~2023年甘肃农村居民人均可支配收入增长率及预测

资料来源：甘肃省统计局，2010~2021年《甘肃年鉴》，《甘肃统计提要2022》。

其增长值延续2021年发展态势，增长率相对2021年呈现趋缓趋势，但受新冠肺炎疫情持续反复影响，2022年、2023年甘肃省农村居民人均可支配收入绝对值和增长率均会出现略低于预测趋势值的态势。

三 小结

通过对2022年甘肃农业与农村经济发展面临的新形势和2022~2023年甘肃农业与农村经济发展形势进行分析与预测，2022~2023年甘肃农业与农村经济将呈现如下发展趋势。

一是将面临诸多政策机遇；二是主要仍是量的增长，质的提升尚有待加快；三是农业发展水平、效率、质量相对有所提升但不明显，产业结构有所优化；四是粮食产量稳步增长，粮食安全得到有效保障；五是农产品生产与市场对接不充分，个别农产品价格波动幅度较大；六是农村居民人均可支配收入稳定增长，但收入增长率有下降趋势，农村居民净收入增长难度较大；七是第一产业固定资产投资增长率降幅较大，第一产业固定资产投资尚需进一步稳定在一定规模和水平。

B.4
2022~2023年甘肃工业经济运行分析与预测

蒋 钦*

摘 要： 2022年1~8月，甘肃省工业经济总体保持平稳增长态势。与全国工业运行平均水平相比，2022年甘肃工业经济运行亮点颇多，工业增加值在地区GDP中的比重较上年稳步提高，其中制造业占比为近十年最高；工业增加值增速、工业固定资产投资和工业企业效益等主要经济指标均高于全国同期均值；在国家能源原材料保供稳价要求下，甘肃工业产业结构和工业所有制结构优势凸显，开采业、重工业和国有工业企业有力地支撑了甘肃工业平稳发展；在"双碳"目标任务下，工业能耗大幅下降。但在经济下行压力持续加大的大环境背景下，甘肃工业面临增加值增速放缓、市场需求疲软、部分企业经营困难等突出问题。未来随着两级政府稳经济一揽子政策措施、接继政策措施和甘肃"强工业"行动等政策红利的持续释放，甘肃工业在合理区间运行的态势不会改变，预计年底工业增加值增速将有小幅提升。当前稳工业是稳甘肃经济的重中之重，应进一步落实落细惠企政策措施，加大"强工业"行动力度，深挖国有企业稳产保供潜力，继续工业绿色低碳转型。

关键词： 工业经济 平稳增长 "强工业"行动 甘肃

---

* 蒋钦，甘肃省社会科学院区域经济研究所助理研究员，主要研究方向为产业经济。

2022年,甘肃省在坚决落实中央"疫情要防住、经济要稳住、发展要安全"重要要求、全面落实国家稳经济一揽子政策措施和接续政策措施、配套出台甘肃省稳经济53条落实举措和24条接续举措、积极实施"强工业"行动下,1~8月,工业经济扩容增效,工业增加值增速、工业固定资产投资增速和规模以上工业企业效益等主要经济指标均高出全国平均水平,开采业和原材料产业增加值增长较快,国有工业企业压舱石作用凸显。但在日益严峻的国内外经济发展大环境下,甘肃工业经济面临下行压力加大、增加值增长有放缓迹象、市场需求整体偏弱、部分企业生产困难等问题。随着国家和甘肃多项稳经济政策红利的持续释放,甘肃工业运行将更加稳健,长期向好的基本态势不会变,预计短期内工业增加值增速将有小幅提升。

一 2022年1~8月甘肃工业经济运行态势分析

(一)工业生产总体保持平稳,工业经济总量不断壮大

2022年,面对更加复杂严峻的国内外发展环境和疫情影响等诸多风险挑战,甘肃稳经济、强工业,工业经济总体保持住平稳增长态势。1~8月,规模以上工业增加值累计增速均高于全国平均水平(见图1),为全省经济稳定发展提供了强有力的支撑。1~8月规模以上工业增加值累计增速5.5%,高出全国工业增加值增速均值1.9个百分点,居全国第16位,较上年同期前移6位。

2022年,甘肃省工业经济规模扩大、总量增长。上半年,新增工业企业1867家,较上年末增长5.4%,新认定省级"专精特新"中小企业60家,工业增加值占GDP比重为32.0%,较上年同期扩大3.6个百分点,其中,制造业增加值在GDP中的占比突破20%(20.2%),为近10年之最,居全国第一位[①]。

---

① 《挺起高质量发展的"脊梁"——甘肃工业经济十年发展综述》,兰州市工业和信息化局,2022年9月6日。

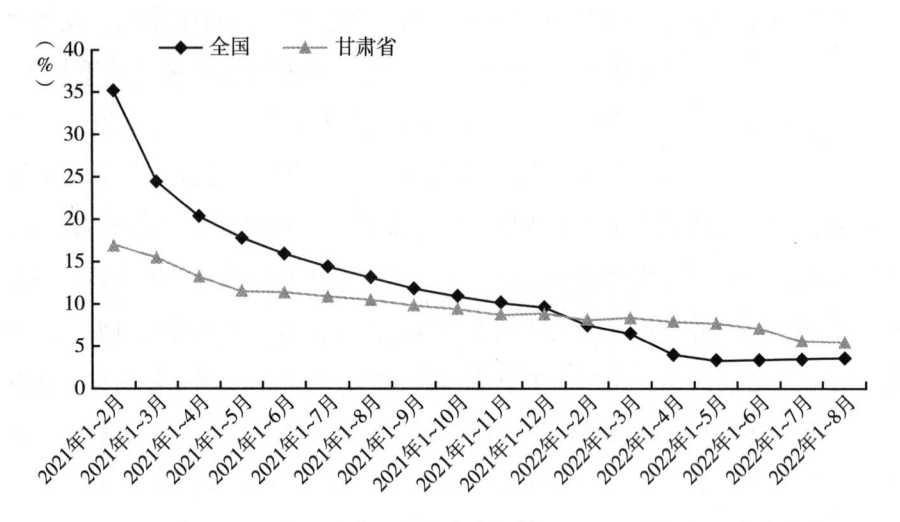

图1　2021年至2022年8月全国、甘肃省规模以上工业增加值累计增速对比

资料来源：国家统计局。

（二）工业固定资产投资逆势提速，增速远超全国平均水平

2022年，甘肃工业固定资产投资增势强劲。1~8月，甘肃工业固定资产投资累计增速57.2%，增幅较上年同期提高28.8个百分点，高出年度预期目标47.2个百分点，高出全国工业固定资产投资增速46.7个百分点（见图2），其中，1~8月制造业投资增长42.7%，较上年同期提高33.0个百分点，高出全国制造业投资增速32.7个百分点。重点项目建设进展顺利，2022年甘肃计划实施500万元以上工业和信息化项目1039项，总投资3486亿元，当年计划716亿元，截至8月末，862个项目已开工建设，完成投资436.5亿元，完成计划总金额的61.0%，其中，石油化工、有色冶金、新材料、生物制药、电子、装备制造和信息产业链等7个重点产业链项目334项，297个已开工建设，投资金额已完成年度计划的65.1%，高端化、智能化、绿色化"三化"改造项目270项，229个已开工建设，投资金额已完成年度计划的67.3%，先进制造、清洁生产和数据信息等3个生态产业项目370项，315个已开工建设，投资金额已完成年度计划的60.7%。

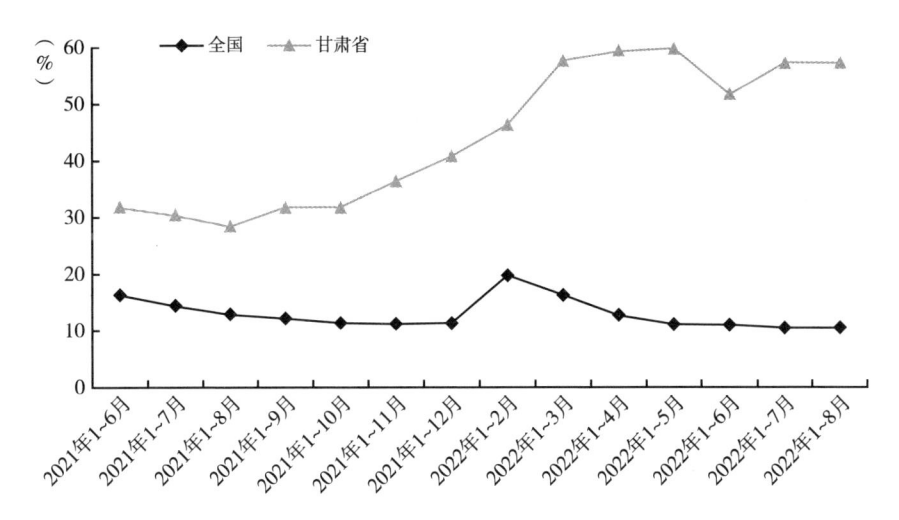

图 2　2021 年至 2022 年 8 月全国、甘肃省工业固定资产投资累计增速对比

资料来源：国家统计局。

（三）工业企业利润保持较快增长，效益指标优于全国均值

2022 年，甘肃工业企业主要经济指标明显优于全国整体水平。1~8 月，甘肃规模以上工业企业营业收入、营业利润和利润总额分别增长 16.6%、17.7% 和 16.2%，高于全国均值 8.2 个、19.7 个和 18.3 个百分点（同期全国工业企业营业利润和利润总额呈同比下降态势）；1~8 月甘肃工业企业投资收益累计增速 159.4%，远超全国 13.9% 的平均增速（见表1）。同时，反映企业盈利能力的销售毛利率（用营业收入代替营业净收入估算）和反映企业偿债能力的资产负债率指标，甘肃分别高出全国 0.5 个和 1.0 个百分点，工业亏损企业数量增长幅度也低于全国 11.1 个百分点，但亏损企业亏损总额增长高于全国平均水平，说明甘肃工业亏损企业稳定恢复仍需付出艰苦努力。总体来说，在全国工业企业经营压力持续加大形势下，甘肃工业企业效益成绩斐然。

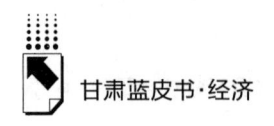

表1 2022年1~8月全国、甘肃省工业企业效益主要指标对比

单位：%

指标	全国	甘肃
营业收入累计增长	8.4	16.6
营业利润累计增长	-2.0	17.7
利润总额累计增长	-2.1	16.2
销售毛利率	15.2	15.7
资产负债率	56.8	57.8
投资收益累计增长	13.9	159.4
亏损企业数量增减	19.3	8.2
亏损企业亏损总额累计增长	48.4	65.8

资料来源：国家统计局。

（四）传统产业优势凸显，支柱行业和骨干企业支撑作用显著

甘肃工业结构的显著特征是产业倚重重工业、企业倚重大型国有企业，有色、冶金、石化等重工业在工业总产值中的占比长期在70%以上，"三线"建设时期迁入、新建的大型工业企业是甘肃工业发展的主力军，这些企业大多属于采掘工业和能源、原材料初加工工业。2022年，在国家初级产品供给保障、能源供给保障要求下，甘肃采掘业、重工业和大型国有工业企业集团优势尽显，服务了全国经济发展的同时也有力地支撑了甘肃工业的稳定发展。从工业三大门类看，2022年1~8月，采矿业增加值累计增速12.5%，高出规模以上工业增加值增速7.0个百分点，高出制造业增加值增速9.1个百分点，高出全国采矿业平均增速3.8个百分点，其中，1~8月煤炭开采、洗选业高位运行，原煤产量3576.1万吨，累计增长30.7%，高出全国原煤产量增速均值19.7个百分点；从轻重工业看，1~8月甘肃轻工业增加值累计增速由正转负，重工业增加值同比增长6.7%，高出规模以上工业增加值增速1.2个百分点（见表2），其中，煤炭工业增加值累计增速高达28.7%，领跑甘肃工业生产；从企业类型上看，央企压舱石和省属企业拉动作用突出。上半年，央企工业增加值增速略有下降，但绝对值在甘肃省

规模以上工业增加值中的比重超过一半（51.7%），省属企业工业增加值增长 11.7%，拉动规模以上工业增长 2.7 个百分点①。金川集团、酒钢集团、白银集团、窑煤集团等重点企业工业总产值均实现两位数增长。

表2 2022 年 1~8 月甘肃省分类别工业增加值增速对比

单位：%

指标	全国	甘肃
规模以上工业增加值	3.6	5.5
其中：采矿业	8.7	12.5
制造业	2.7	3.4
电力、热力、燃气及水生产和供应业	6.0	3.5
其中：轻工业	—	-1.6
重工业	—	6.7
其中：中央企业	—	0.5
省属企业	—	11.7
地方企业	—	9.7

资料来源：国家统计局、甘肃省统计局。

（五）工业绿色低碳转型持续推进，能源消耗降幅较大

2022 年，甘肃抢抓"双碳"机遇和大力发展新能源的窗口期，将新能源资源开发、技术开发和新能源装备制造业培育有机结合，壮大新能源产业链，工业经济持续向绿色低碳转变。上半年，新能源建设项目 188 个，较上年同期增加 134 个，完成投资增长 1.2 倍，截至 6 月底，新能源在建项目 26000 万千瓦，并网装机 3200 万千瓦，同比增长 30.4%；全省新能源装机占全省电力总装机的 49.5%，在全国排名第三；风、光电发电量 260 亿千瓦时，占规模以上工业发电量的 26.1%，较上年同期提高 3.5 个百分点；新能源外送电量 114.5 亿千瓦时，占比 48.7%，高于上年 40.1%的平均水平；兰石集团新能源核心装备技术取得新突破，实现了光伏多晶硅领域核心设备制

---

① 《今年上半年甘肃省工业经济总量、效益双提升》，中国甘肃网，2022 年 8 月 1 日。

造的完全国产化，兰州大学和方大炭素联合研发的石墨烯储能材料应用技术获得国家发明专利授权；同时，甘肃着力引进重大新能源装备制造产业，酒泉市正泰、阿特斯光伏组件、中复碳芯电缆、西安中车、东方电机风电发电机、江苏华纳机舱罩、武威重通成飞大兆瓦级风电叶片等一批新能源装备制造产业项目已建成投产。甘肃工业能源消费量得到有效控制，2022年1~8月规模以上能源消费量较上年同期减少115.2万吨标准煤，增速较上年同期下降5.1个百分点；8个重点耗能行业中有3个行业能源消费量增速同比下降（见表3）。

表3　2021年、2022年1~8月甘肃工业能源消费量增长对比

单位：%

指标	2021年1~8月	2022年1~8月
规模以上工业企业能源消费量增长	7.2	2.1
其中：煤炭开采和洗选业	-7.7	9.9
石油和天然气开采业	9.1	3.0
石油、煤炭及其他燃料加工业	-0.8	-1.6
化学原料及化学制品制造业	20.8	-6.2
非金属矿物制品业	8.4	9.4
黑色金属冶炼及压延加工业	19.3	-4.4
有色金属冶炼及压延加工业	1.3	5.5
电力、热力、燃气及水生产和供应业	3.3	6.9

资料来源：甘肃省统计局。

二　2022年甘肃工业经济运行主要问题分析

（一）增加值增速持续小幅下滑，工业稳增长难度加大

2022年1~8月，甘肃工业增加值累计增速均低于上年同期数值且年内呈现逐月走低势头。1~3月规模以上工业增加值同比增长8.4%，1~6月增

速下降至7.1%，经过7月疫情叠加企业停产检修，8月累计增速再次下滑至5.5%；与上年同期相比，2022年第一季度、上半年及1~8月规模以上工业增加值累计增速分别下降7.1个、4.3个和5.0个百分点。从当月增速看，规模以上工业增加值增速在波动中下降，尤其是7月遭受疫情年内第2次反复影响，增速由增长转为下降2.8%（见图3）。与西部和西北其他省（区、市）相比，甘肃稳工业增长压力更加明显，1~8月甘肃规模以上工业增加值累计增速在西部12省（区、市）中排名第9，较年初后退3位，在西北5省区中排名末位，较年初后退2位，被宁夏、新疆赶超。

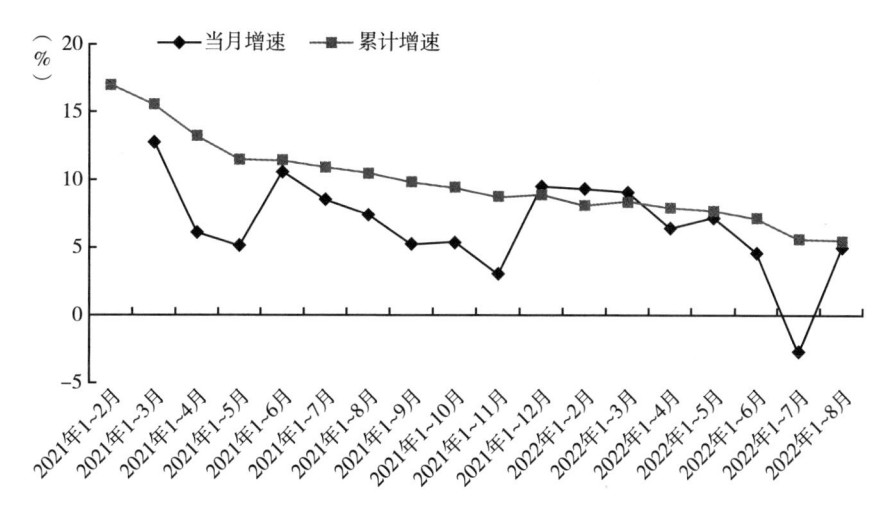

图3　2021年至2022年8月甘肃规模以上工业增加值当月、累计增速变化趋势

资料来源：甘肃省统计局。

（二）工业品市场需求偏弱，产销衔接有所下降

2022年，国内外工业品市场需求不足矛盾较突出，甘肃工业生产与销售衔接程度较上年变差，1~8月工业产品销售率当月值和累计值均低于上年同期数据，产销率增速由正转负。产销率下降直接导致企业产成品存货积压，从数据佐证看，2022年8月末，甘肃工业企业产成品存货较上年同期增加92.8亿元，同比增长25.0%，较上年高出10.2个百分点（见表4）。

产销率下降和产成品存货增加反映出企业投入的成本无法转变为企业的收入和盈利，企业将缩减生产，如严重会导致企业现金流的断裂和短期偿债能力下降，造成企业运营困难，不利于全省工业生产的持续恢复。

表4 2021年、2022年1~8月甘肃工业品产销率、产成品存货增减对比

指标	2021年			2022年		
	1~3月	1~6月	1~8月	1~3月	1~6月	1~8月
产品销售率累计值（%）	99.0	99.9	99.7	97.2	97.6	97.8
产品销售率累计增长（百分点）	2.4	1.2	0.7	-1.8	-2.3	-1.9
产成品（亿元）	309.5	296.3	300.2	365.9	385.4	393.0
产成品存货增减（%）	7.0	11.3	14.8	13.3	25.0	25.0

资料来源：国家统计局。

（三）新动能成长速度放缓，新兴产业增加值增速下滑

2022年甘肃工业新动能成长速度放缓，战略性新兴产业、高技术产业和医药工业增加值累计增速由正转负且降幅持续扩大、当月增速也均呈现整体下降态势（上半年降幅扩大，8月略有收窄）。从累计增速看，1~8月，战略性新兴产业、高技术产业和医药工业增加值增速分别为-15.9%、-15.9%和-28.1%，较第一季度分别下降17.5个、26.7个和31.1个百分点，较上半年降幅分别扩大7.6个、12.1个和12.1个百分点。当月增速前8个月均为负值，8月当月增速分别为同比下降24.1%、25.9%和33.1%；较3月降幅分别高达23.3个、24.7个和16.2个百分点；较6月战略性新兴产业持续扩大0.7个百分点，高技术产业和医药工业分别收窄9.3个和15.0个百分点。医药行业获利相应减少，1~7月实现利润总额18.1亿元，同比净减27.2亿元。

（四）中小型企业经营困难，下拉全省工业增加值增长率

2022年甘肃中小型工业企业和部分重点工业企业运营困难。1~8月全

国中小企业发展指数均低于景气临界值且低于上年同期水平,说明全国中小企业普遍存在生产经营状况下降问题,主要存在企业信心不足、市场需求偏弱、原材料成本压力和资金紧张等4方面的问题;分行业看,全国工业中小企业发展指数低于建筑业、房地产业和信息传输软件业;分地区看,西部中小企业发展尚在恢复中[①]。甘肃规模以上中小微工业企业增加值增速变化印证了前述研判。2022年2~8月甘肃中小型工业企业生产减速,当月增加值增速与累计增速总体上呈现下降态势,其中,8月中型工业企业当月增速由2月的18.2%下降至14.9%,小型工业企业当月增速由2月的19.7%下降至8月的3.6%(见表5)。7月甘肃省印发《关于贯彻落实加大帮扶中小微企业纾困解难若干措施的通知》,提出加强资金支持、实施新的税费支持、加大普惠小微贷款支持力度等20条措施以缓解中小微企业资金周转困难,助力中小微企业平稳健康发展,从政策层面也反映出当前中小企业经营困难。

表5 2022年2~8月甘肃规模以上中小微工业企业增加值增减变化

单位:%

时间	当月增速			累计增速		
	中型企业	小型企业	微型企业	中型企业	小型企业	微型企业
2月	18.2	19.7	13.3	13.7	11.0	20.0
3月	16.1	12.4	31.5	14.1	12.1	26.3
4月	8.8	8.5	23.7	12.8	10.5	25.2
5月	14.8	9.1	17.4	13.5	9.3	21.9
6月	15.4	14.7	26.3	14.1	10.7	19.5
7月	9.3	-0.2	-1.2	12.6	12.2	-4.1
8月	14.9	3.6	2.8	12.8	10.9	-3.5

资料来源:甘肃省统计局。

① 《8月中国中小企业发展指数为88.3》,中国中小企业协会,2022年9月9日。

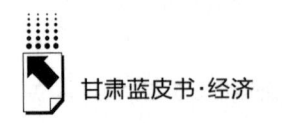

三 甘肃工业持续稳定增长的影响因素和发展趋势

(一)宏观经济环境分析

当前,世界进入新的动荡变革期,全球化回调,通胀压力居高不下,全球经济复苏动力不足。主要表现在如下方面。一是乌克兰危机不仅使欧洲面临能源短缺、制造业发展面临挑战,其溢出效应已导致全球面临能源供应链危机,世界各国原油价格持续飙升,石油需求量接近纪录水平。二是新冠肺炎疫情反复使新兴国家债务风险压力增大,疫情增加了政府公共支出,政府扩张财政政策实施空间缩小,同时美、欧加息政策使新兴国家的融资成本增加,外部需求下降又使新兴国家外汇收入降低,多方因素使新兴国家债务危机爆发的可能性增加。三是中美贸易摩擦持续,对世界经济造成严重损害。四是在供应链危机、新冠肺炎疫情和中美贸易摩擦影响下,全球通胀形势陡然升温并将继续处于较高水平,主要发达经济体通胀率居高不下,美国7月通胀率为8.5%,创40年来新高,欧元区为8.9%,欧盟高达9.8%,为了应对高通胀压力,这些国家加快收紧货币政策。总体来说,2022年全球各类危机同时爆发、相互交织,因此,世界各国经济学家主流观点认为,世界经济下行压力加大。2022年5月召开的世界经济论坛年会上,多数经济学家警告称,2022年世界经济活动将减少,世界经济衰退风险加大。2022年以来,联合国、世界银行、经济合作与发展组织(OECD)、国际货币基金组织(IMF)等也多次下调对全球经济增长的预期。5月联合国发布的《2022年世界经济形势与展望》预计2022年世界经济增速为3.1%,6月世界银行发布的《全球经济展望》报告将预期下调至2.9%,OECD将预期从4.5%下调至3.0%,7月IMF发布的《世界经济展望》则预计为3.2%。

从国内看,2022年,我国在世界经济大环境下,经济发展面临需求收缩、供给冲击和预期转弱三重压力,叠加疫情多发散发、极端天气等超预期因素,经济稳定恢复受到严重制约。面对复杂局面,国务院连续部署了稳经济的一揽子政策举措和接续政策措施,加快释放政策效能,国民经济承压趋稳,主要指标出现积极变化，经济发展韧性不断彰显。主要表现在如下方面。一是生产供给稳中有升，稳定产业链、供应链，支持重点行业生产的政策效果较明显，工业生产和服务业运行边际改善，8月，工业增加值同比增长4.2%，已扭转4月下降态势；服务业纾困发展政策措施显效，服务业生产指数同比增长1.8%，连续3个月由负转正。二是促消费政策持续发力，国内市场需求不断改善，8月社会消费品零售总额同比增长5.4%，增速已连续3个月呈正值。三是援企稳岗、就业帮扶政策和市场保供稳价成效明显，城镇调查失业率持续下降，居民消费价格低于全年预期目标。四是经济转型升级态势持续，新动能继续成长，新产业新产品增势较好，1~8月规模以上高技术制造业增加值（同比增长8.4%）和高技术产业投资（同比增长20.2%）增长较快，新业态较为活跃，新消费驱动力较强，1~8月实物商品网上零售额同比增长5.8%，占社会消费品零售总额的比重达到25.6%。

（二）宏观经济先行指标走势

制造业采购经理指数（PMI）：国内制造业景气水平开始环比回升。2022年8月，国内PMI为49.4%，处于收缩区间，但较7月回升0.4个百分点（见图4）。从分类指数看，新订单指数、生产指数、从业人员指数、原材料指数和供应商配送时间指数等5个分类指数均低于临界点，但新订单、原材料、从业人员3个分类指数8月呈现上升迹象，生产指数与上月持平，供应商配送时间指数下降，表明制造业市场需求开始回升、企业生产有所恢复，但原材料和产品的流通环节还存在堵点，短期内预计总体向好转变。

工业生产者出厂价格指数（PPI）：工业品价格呈整体下行走势。PPI通常是度量通货膨胀水平的重要指标，同时研究表明GDP累计同比增长率变化与PPI同比数据的波动呈正相关关系[1]。2022年，在主要受上年同期对比基数走高及国际原油、有色金属等大宗商品价格波动下行传导和国内钢材、水泥等部分行业市场需求偏弱等三层因素影响下，全国PPI同比涨幅持

---

[1] 何跃、侯婧：《生产价格指数对宏观经济预警与实证》，《统计与决策》2016年第20期。

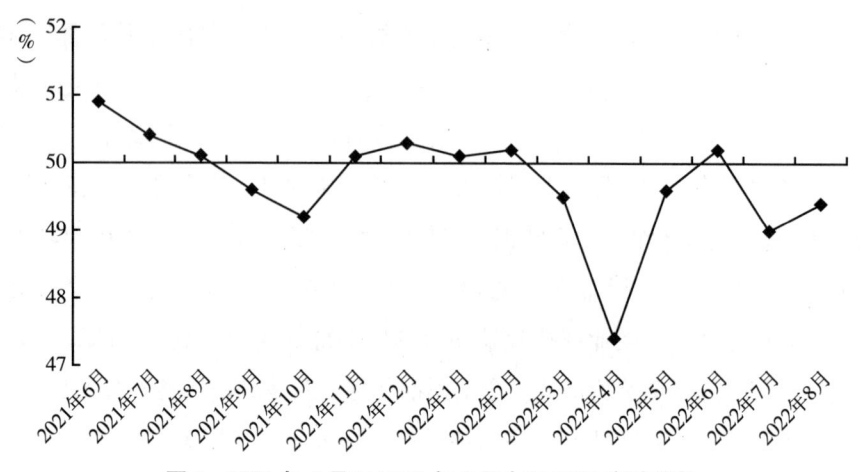

图4　2021年6月至2022年8月中国PMI变动趋势

资料来源：国家统计局。

续回落（见图5）。对于短期内PPI的走势，预计在基数效应、翘尾因素和大宗商品价格继续承压三重作用下，PPI大概率会继续大幅下行。

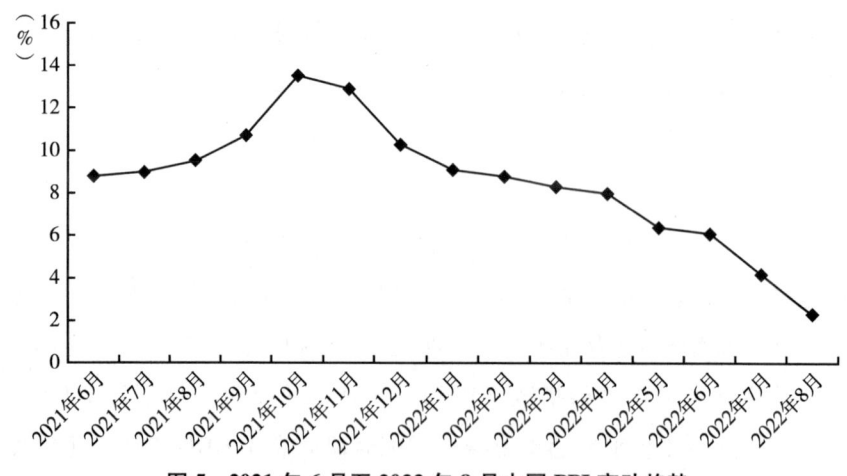

图5　2021年6月至2022年8月中国PPI变动趋势

资料来源：国家统计局网站。

从国际经济大环境、国内国民经济运行现状和宏观经济先行指数可以看出，甘肃工业经济稳定发展面临着更大的下行压力，国内外多重不利影响因素叠加，宏观经济先行指标短期内稳定上扬迹象未显现，但也应看到我国政策红利正在加快释放，甘肃工业处于产业链上游，矿产资源开采、原材料初加工和风光电资源优势在国家初级产品保障、能源保供政策下对拉动甘肃工业稳定增长具有积极作用。

（三）甘肃工业发展趋势预测

综合甘肃省2022年1~7月工业经济运行现状和当前国内国际宏观经济发展环境变化、先行指标变化态势，可以得出，更加复杂严峻的国际经济环境和国内局部地区疫情反复致使甘肃工业经济整体上面临很大的不稳定性和下行压力，预测甘肃工业经济运行难度加大。用工业用电量、本外币企事业中长期贷款余额和铁路货运量3个经济指标大致预测甘肃工业经济具有一定适用性，工业用电量可以反映工业生产的活跃度以及工厂的开工运转情况，铁路货运量可以反映工业品运转现状和效率，本外币企事业中长期贷款余额可以反映出企业对当前经济的信心并判断未来经济的风险度。从3项指标的走势看，2022年3项指标走势分化，本外币企事业中长期贷款余额增速总体上保持平稳，铁路货运量累计增速持续大幅上升（见图6），说明全国稳

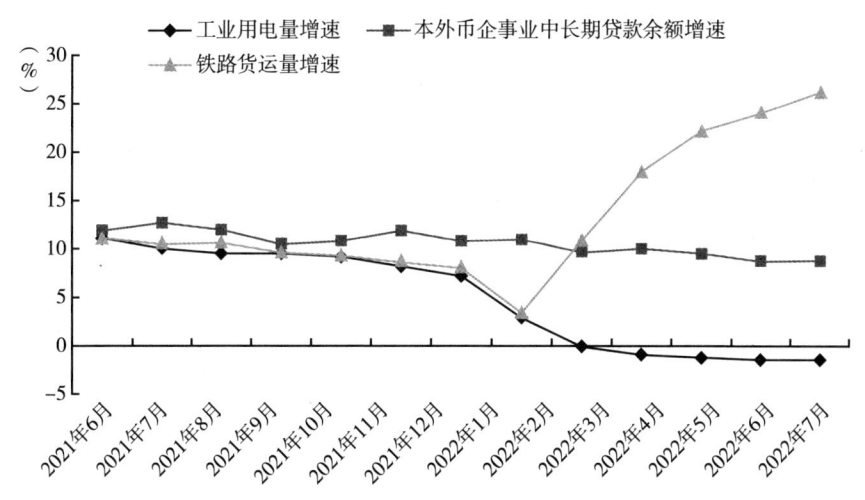

图6 2021年6月至2022年7月甘肃工业先行指标变动趋势

资料来源：甘肃省统计局。

经济政策措施效果显著，国内市场经济循环不断畅通，工业用电量累计增速低于上年同期水平但7月增速与上月持平，反映出甘肃工业企业生产运转有好转迹象，再结合甘肃贯彻落实稳经济和强工业一系列政策措施，预测政策红利进一步显现，甘肃工业长期稳定增长的态势不会变，工业经济将持续运行在合理区间，短期内工业增加值增速将会小幅提升。

四 促进甘肃工业稳健发展的对策建议

（一）确保惠企政策落地见实效，巩固好工业经济稳发展基础

工业是甘肃经济的主导产业，是实体经济的主体，甘肃经济要稳定发展，必须要把促进工业稳定增长摆在更加突出的位置，切实保证工业经济持续运行在合理区间。甘肃省在贯彻国家稳住经济33条政策措施、19条接续政策和促进工业经济平稳增长的若干措施基础上，出台了《甘肃省贯彻落实稳住经济一揽子政策实施方案》53条具体措施和24条接续措施、《甘肃省进一步强化金融支持中小微企业纾困发展实施方案》等多项政策来加力巩固经济恢复基础。为了进一步巩固好经济恢复基础盘，力争全省全年经济发展预期目标和工业经济发展预期目标实现，应加强推动惠企政策落实落细。一是开展送政策行动，确保企业主体对政策内容清楚明白，确保政策受益主体能享即享、应享尽享。二是对生产困难重点企业制定"一企一策""一事一议"帮扶计划，开展定期走访，对政策措施落实成效进行分析研究，及时调整工作方案，确保政策措施具有较强的可操作性和化解问题的效能，能切实帮助企业纾困解难。三是在国资委出台的《中央企业助力中小企业纾困解难促进协同发展有关事项的通知》27条举措的基础上，引导国有企业在不影响自身现金流的前提下加大对中小企业的减免让利力度，以巩固好甘肃工业稳定发展大局。

（二）加大力度实施"强工业"行动，促进甘肃工业迭代升级

立足甘肃省情和现有工业基础，甘肃省第十四次党代会系统部署了实施

强工业行动，工信厅牵头制定了《甘肃省强工业行动实施方案（2022-2025年）》，这是继2002年甘肃第十次党代会上提出工业强省战略以来"强工业"再次上升到战略层面。而甘肃作为西部老工业基地，强工业面临的是传统产业处于产业链前端、产品附加值低，新兴产业尚处于起步阶段的突出问题。长期以来，甘肃省坚持传统产业和新兴产业两手抓，取得显著成效，但工业经济格局未发生突破性转变。要实现2025年强工业目标，应加大"两只手"行动力度。第一，以延链补链强链为导向，补齐补强石油化工、煤化工、有色冶金等甘肃有良好基础的传统产业的短板，进一步做大优势传统产业总量，提升在国民经济中的占比，加快实施传统产业高端化智能化绿色化改造，盘活存量；第二，进一步释放新能源、新能源装备制造、新材料、生物医药和电子信息等有优势的新兴产业发展空间，通过企业间融通发展，促进新兴行业龙头企业和专精特新"小巨人"企业培育进度加快；第三，进一步完善产业园区基础设施，深化园区"放管服"改革，提升园区公共服务水平，增强产业园区承载能力，发挥好产业集群培育空间的领航和带动作用。

（三）深挖国有企业稳产保供潜力，持续发挥稳工业压舱石作用

我国国有企业具有服务国家战略、弥补市场失灵的天然属性，2022年，甘肃国有工业企业为支撑全省工业和全省经济稳定增长作出了巨大贡献。在下行压力持续增大的经济环境下，国有企业要继续发挥压舱石作用，以市场为导向，科学调度，挖潜增产，层层靠实责任，对标第四季度及年度扛指标、扛任务、扛责任等"三扛"目标，倒推深挖稳产、保供潜力，实现企业运行稳中加固、稳中提质，以继续强有力地支撑住甘肃工业稳定增长。对于部分生产困难的国有企业，要聚焦企业反映的成本、用工、产销衔接等重点问题和材料采购、市场拓展等重点环境，积极落实相关政策到位，帮助企业优化生产运营、渡过难关。

（四）以"双碳"目标任务为导向，引领工业绿色低碳转型

工业是全国如期实现碳达峰、碳中和目标的重点领域，工业和信息化

部、国家发改委和生态环境部三部门联合印发《工业领域碳达峰实施方案》。甘肃工业因产业结构和能源结构导致碳排放下降，尤其是去煤难度更大，要如期实现甘肃"十四五"期间单位 GDP 能源消耗年均下降 2.6%、2025 年末比 2020 年末累积下降 12.5% 的目标任务，应以该目标任务为总导向引领甘肃工业绿色转型。具体措施如下：一是以大型国有工业企业龙头单位为领头雁，加快工业共用性低碳技术装备的研发和关键环节技术的突破，加大财政资金支持力度，采用补贴、税收减免等手段减轻工业企业因研发、采用低碳技术和装备而导致的生产成本上升压力，促进共用性低碳技术的推广与普及；二是大力拓展风电、光伏发电等清洁能源在本省的消耗总量与强度，对高耗能行业和产能过剩行业实施能效对标行动，将清洁能源的利用进一步延伸到公共、交通、商业和居民生活领域；三是进一步调整清洁能源和传统化石能源的互补匹配，合理调控工业领域油、气用量，在电煤保底量的基础上加快推进工业用煤减量行动。

参考文献

《国务院关于印发扎实稳住经济一揽子政策措施的通知》，中华人民共和国中央人民政府网，2022 年 5 月 31 日。

《8 月份国民经济持续恢复　主要指标总体改善》，国家统计局网，2022 年 9 月 16 日。

《〈甘肃省强工业行动实施方案（2022-2025 年）〉政策解读新闻发布会实录（文+图）》，每日甘肃网，2022 年 6 月 14 日。

《2022 年 1~8 月全省经济运行情况》，甘肃省统计局，2022 年 9 月 21 日。

《强工业行动助推经济高质量发展——上半年全省工业经济运行综述》，甘肃社会科学在线，2022 年 8 月 8 日。

何跃、侯婧：《生产价格指数对宏观经济预警与实证》，《统计与决策》2016 年第 20 期。

B.5
2022~2023年甘肃服务业发展形势分析与预测

蒋 钦*

摘 要： 2022年1~8月，甘肃省服务业运行呈现"总体增长趋缓、主要行业普遍回落"的显著特征。从主要指标看，增加值增速延续上年放缓态势，增加值在地区生产总值中的占比略有下降，固定资产投资在低位波动，服务业企业效益下滑，服务业吸纳就业规模缩小。从主要服务行业运行情况看，市场消费低迷，接触性、聚集性服务行业运行艰难，金融业存贷增速首次出现逆转，房地产业进入萧条期。同时，接触性较少的线上零售、快递业和铁路货运等保持较快增长。在疫情反复冲击下，甘肃服务业恢复性增长受阻，但仍占据着甘肃经济的半壁江山，当前甘肃服务业恢复发展的最大利好因素是国家、甘肃两级政府的一系列稳经济、稳消费政策，随着这些政策措施效应的持续释放，甘肃服务业及主要服务行业运行将趋向稳健。为了加快其恢复增长步伐，应切实保证相关政策落实落细，进一步培育壮大线上化服务业，引导过剩从业人员向第一、二产业回流，多渠道提高以低收入人群为主体的居民可支配收入水平。

关键词： 服务业 经济发展 甘肃

---

* 蒋钦，甘肃省社会科学院区域经济研究所助理研究员，主要研究方向为产业经济。

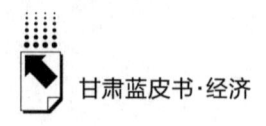

2022年，甘肃省服务业在疫情冲击下呈现"总体增长趋缓、主要行业普遍回落"的显著特点。从服务业总体指标看，增加值延续上年增速放缓态势，固定资产投资止住下滑态势但在低位波动，服务业企业效益下滑，服务业增加值在地区生产总值中的占比下降，但仍超过甘肃地区生产总值的50%。从主要服务行业看，消费市场萎缩，零售、餐饮、住宿、交通运输等接触性、聚集性服务行业运行艰难，金融业存款增速首次超过贷款增速，房地产业低迷，但同时也应看到，线上零售、快递业和铁路货运等保持较高增长速度。当前，在经济下行叠加疫情不确定性因素影响下，促进服务业发展的最大利好因素是国家和甘肃两级政府出台的一系列稳经济、促进服务业恢复性增长相关政策措施，随着政策红利的持续释放，预计甘肃服务业及主要服务行业运行将趋向稳健。

一 2022年1~8月甘肃服务业总体运行状况

（一）服务业增加值同比降幅收窄，呈现缓慢恢复增长态势

面对疫情影响，甘肃服务业呈现强大的发展韧性。2022年上半年，甘肃服务业增加值增速延续上年逐季放缓趋势但降幅持续收窄。1~6月，甘肃服务业实现增加值2926.3亿元，同比增长3.8%，居全国第四位，拉动全省地区生产总值增长2.3个百分点。与上年同期相比，2022年甘肃服务业呈现缓慢恢复性增长态势，2021年上半年甘肃服务业增加值增速较第一季度下降1.9个百分点，2022年上半年甘肃服务业增加值增速较第一季度下降0.8个百分点，降幅较上年同期收窄1.1个百分点；与全国服务业整体发展状况相比，甘肃服务业恢复程度好于全国平均水平，2022年第一季度和上半年全国服务业增加值增速分别为4.0%和1.8%，甘肃分别高出全国均值0.6个和2.0个百分点（见图1）。

（二）服务业增加值占比下降，仍擎起甘肃经济半壁江山

自2016年以来，服务业增加值在甘肃地区生产总值中的份额超过50%，

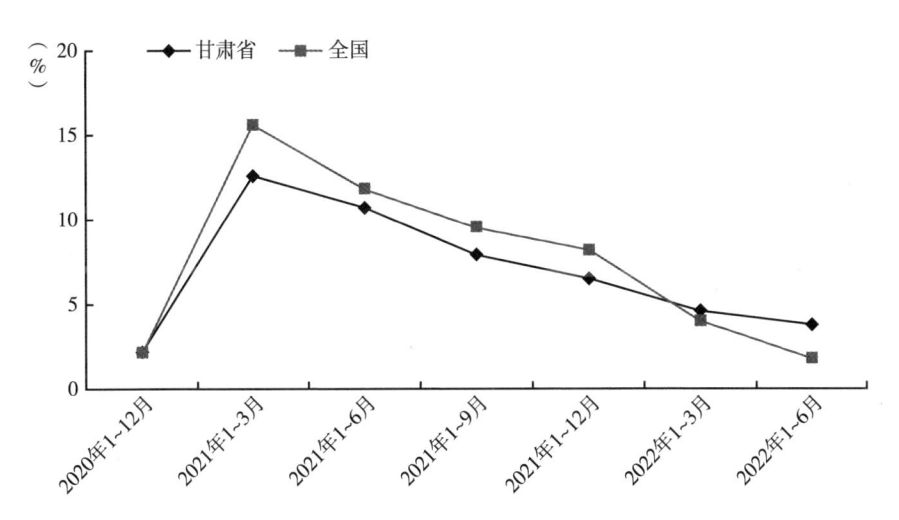

图 1 2020 年至 2022 年 6 月全国、甘肃省服务业增加值累计增速对比

资料来源：国家统计局、甘肃省统计局。

成为擎起地区经济的第一大产业，但 2021 年以来受疫情影响，主要服务行业增加值增长持续放慢，最终导致服务业增加值占甘肃 GDP 比重下降。2022 年上半年，服务业增加值占甘肃 GDP 的比重为 55.9%（见图 2），较上年同期下降 3.0 个百分点，较第一季度下降 2.4 个百分点。分行业看，批零住餐和交通运输、仓储及邮政等传统服务业增加值占 GDP 比重由 2021 年上半年的 14.9% 下降至 2022 年上半年的 14.3%；金融和房地产业增加值占 GDP 比重由 2021 年上半年的 16.7% 下降至 2022 年上半年的 15.5%，以社会公共服务为主要构成部分的其他服务业增加值占 GDP 比重也由 2021 年上半年的 16.7% 下降至 2022 年上半年的 15.5%。2022 年上半年虽然服务业增加值占甘肃 GDP 比重有所下降，但占比仍高出第一产业和第二产业 49.1个、18.6 个百分点，在甘肃地区经济中的半壁江山地位未变。

（三）服务业投资止滑，主要行业项目投资增速下降

2022 年，甘肃省服务业固定资产投资与全国同频共振（见图 3）。与上年相比，服务业固定资产投资增速在波动中保持低位平稳，持续下降趋势得

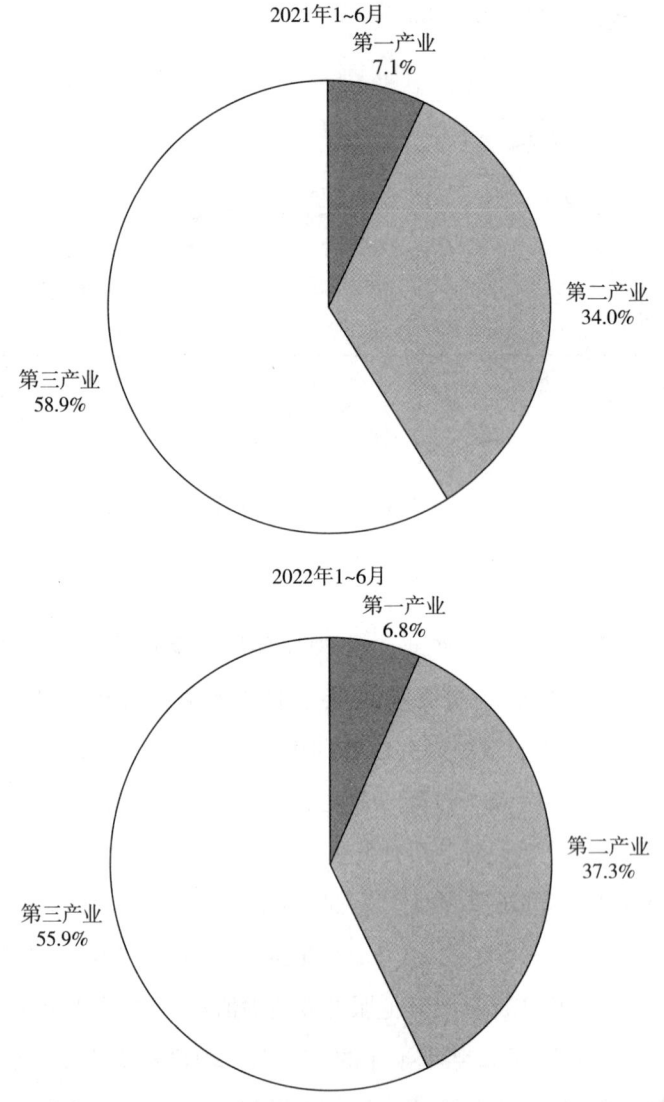

图 2 2021 年 1~6 月和 2022 年 1~6 月甘肃三次产业占 GDP 比重对照

资料来源：甘肃省统计局。

到有效遏制。1~8 月服务业固定资产投资增速转正，累计同比增长 0.4%；与全国服务业固定资产投资增速相比，2022 年 1~8 月，甘肃服务业固定资产投资累计增速均不及全国平均水平。

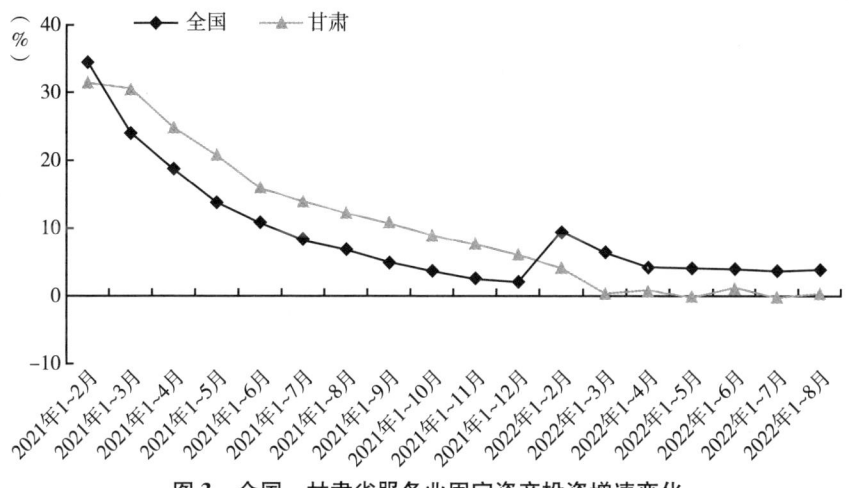

图3 全国、甘肃省服务业固定资产投资增速变化

资料来源：甘肃省统计局。

从项目投资情况看，2022年1~8月服务业14个行业项目投资增速7增7降。与上年同期相比，交通运输、仓储和邮政业，金融业，房地产业3个服务行业投资增速由正转负，住宿和餐饮业，科学研究和技术服务业，文化、教育和娱乐业3个行业投资降幅扩大，信息传输、软件和信息技术服务业，租赁和商务服务业，水利、环境和公共设施管理业，教育，卫生和社会工作等5个行业投资增长放缓，批发和零售业投资降幅收窄，居民服务和其他服务业、公共管理和社会组织项目投资增速实现了由负转正，总体上，由于上年同期基数较高，14个行业中，仅3个行业项目投资提速或降幅收窄，其他11个行业项目投资增速较上年下降，其中，金融业项目投资增速较上年同期降幅高达456.3个百分点（见表1）。

表1 2021年1~8月和2022年1~8月服务业分行业项目投资增长情况

单位：%，百分点

行业	2021年1~8月	2022年1~8月	增减变化
批发和零售业	-32.6	-16.3	16.3
交通运输、仓储和邮政业	0.9	-6.6	-7.5

续表

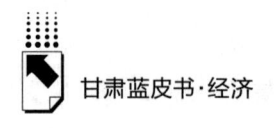

行业	2021年1~8月	2022年1~8月	增减变化
住宿和餐饮业	-22.5	-35.4	-12.9
信息传输、软件和信息技术服务业	124.3	22.0	-102.3
金融业	448.2	-8.1	-456.3
房地产业	8.9	-11.8	-20.7
租赁和商务服务业	7.5	1.4	-6.1
科学研究和技术服务业	-20.1	-39.6	-19.5
水利、环境和公共设施管理业	27.7	16.1	-11.6
居民服务和其他服务业	-27.2	47.4	74.6
教育	31.1	13.0	-18.1
卫生和社会工作	59.1	12.9	-46.2
文化、教育和娱乐业	-11.8	-26.4	-14.6
公共管理和社会组织	-45.7	6.8	52.5

资料来源：甘肃省统计局。

（四）规模以上服务业企业开工不足，整体效益同比下降

2022年1~7月，甘肃规模以上服务业企业营业利润同比下降0.4%，利润总额同比下降7.1%。与上年同期效益指标相比，可以发现，两期毛利率均在18.5%左右，营业收入利润率在2.3%左右，每百元营业收入中的成本在81.5元左右，三项指标均未发生较大幅度的变化，说明服务业企业经营中成本在收入中所占份额、企业每百元利润率变化不大，企业获取利润的能力未发生大的改变；而同期服务业企业营业收入和营业成本增速大幅下降，2022年1~7月营业收入增速为4.3%，仅为上年同期增速的21.4%，销售费用和管理费用增速为负（见表2），反映出2022年1~7月甘肃服务业企业利润下降的主要原因是疫情反复导致的开工不足。

表2 2021年1~7月和2022年1~7月甘肃规模以上服务业企业主要效益指标对比

指标	2021年1~7月		2022年1~7月	
	绝对数	增长(%)	绝对数	增长(%)
营业收入(亿元)	791.9	20.1	859.9	4.3
营业成本(亿元)	646.4	13.4	699.7	3.6
税金及附加(亿元)	3.9	30.9	4.8	16.2
销售费用(亿元)	23.1	16.7	23.1	-3.1
管理费用(亿元)	57.0	21.9	56.9	-2.5
财务费用(亿元)	64.1	8.8	77.0	19.2
营业利润(亿元)	13.9		14.9	-0.4
利润总额(亿元)	19.4		19.1	-7.1
毛利率(%)	18.4		18.6	
营业收入利润率(%)	2.5		2.2	
每百元营业收入中的成本(元)	81.6		81.4	

资料来源：甘肃省统计局。

二 2022年1~8月甘肃主要服务行业运行情况

从地区生产总值构成看，2022年上半年，批发和零售业、住宿和餐饮业和交通运输、仓储及邮政业等传统服务业增加值占甘肃GDP的14.3%，金融业和房地产业两个现代服务行业增加值占甘肃GDP的15.5%，5个行业占甘肃GDP的近三成；从服务业内部构成看，上述5个服务行业增加值占服务业增加值的55.3%，其中3个传统服务行业共占25.6%，2个现代服务行业占27.7%。在经营性服务业中，前述5个行业构成了甘肃服务业的主体，通过具体分析5个行业的运行态势，发现1~8月各主要服务行业增长均放缓，同时存在较大的行业差异。

（一）消费品市场持续萎缩，线上零售保持高速增长

2022年甘肃社会消费品零售总额延续上年总体收缩态势（见图4）。从

不同行业和不同类型消费品销售额（营业额）增长情况看，2022年甘肃消费品市场持续收缩的主要原因是疫情的反复。从往年数据看，第一季度正值春节假期，批零住餐业增加值较快增长，但2022年3~4月因疫情省内各地多数商场、餐馆、酒店等消费场所停业，消费品零售总额持续下降，4月累计增速由正转负，同比下降1.0%，经过7~8月疫情反复，8月累计增速降幅扩大至1.7%，较上年同期下降22.0个百分点。分行业看，住宿和餐饮业营业额受影响程度比批发和零售业严重，尤其是限额以上住宿业营业额同比下降24.6%；从零售商品类别看，居民基本生活消费类商品因刚性需求保持增长态势，1~8月粮油食品类、饮料类、烟酒类、通讯器材类、石油及制品类和中西药品类零售商品分别同比增长15.9%、14.5%、3.1%、3.8%、9.3%和4.7%，而需求弹性较大的非生活必需品类商品零售规模收缩，其中因居家封控频次较多，居民对服装类、化妆品类、家用电器家具类和汽车类消费需求下降，此类商品零售额同比下降均在10%以上，其中服装鞋帽、针、纺织品类商品零售额同比下降19.4%。线上批零住餐业零售额增速较上年大幅下降，但与接触类商品相比仍保持较高增速，1~8月，限额以上批零住餐业通过公共网络实现了21.8亿元的零售额，同比增长30.2%，增速较上年同期下降71.8个百分点，但高出全省社会消费品零售总额增速31.9个百分点。

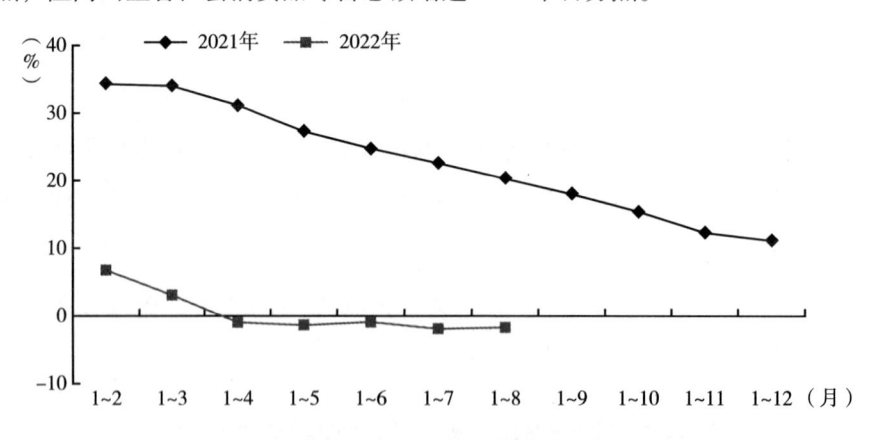

图4　2021~2022年甘肃社会消费品零售总额增长对比

资料来源：甘肃省统计局。

（二）交通运输业主要经营指标一增三降，快递业务规模继续扩张

2022年，疫情多次反复对人员接触类交通运输造成严重影响，铁路、公路客运量均大幅度下降，公路货运量也呈下降态势，但降幅较小，而人员接触较少的铁路货运量与上年相比增长较快。1~8月，全省营运客车累计完成公路客运量4511.0万人次，旅客周转量26.7亿人公里，同比分别下降44.3%、46.8%；营运货车累计完成公路货运量44703.5万吨，货物周转量1042.5亿吨公里，同比下降2.2%和增长36.2%；铁路客运量和客运周转量分别为1989.3万人次和142.4亿人公里，同比分别下降42.0%、29.9%；铁路货运增势较好，货运量和货运周转量分别为5446.0万吨、1272.9亿吨公里，同比分别增长27.6%、15.2%，分别高出上年同期17.0个百分点和3.3个百分点（见图5）。2022年，甘肃快递业务总量保持扩张态势，相较上年增速虽有所下降，但仍保持在20.0%以上。1~7月，全省快递服务企业业务量累计完成11303.8万件，同比增长20.2%。

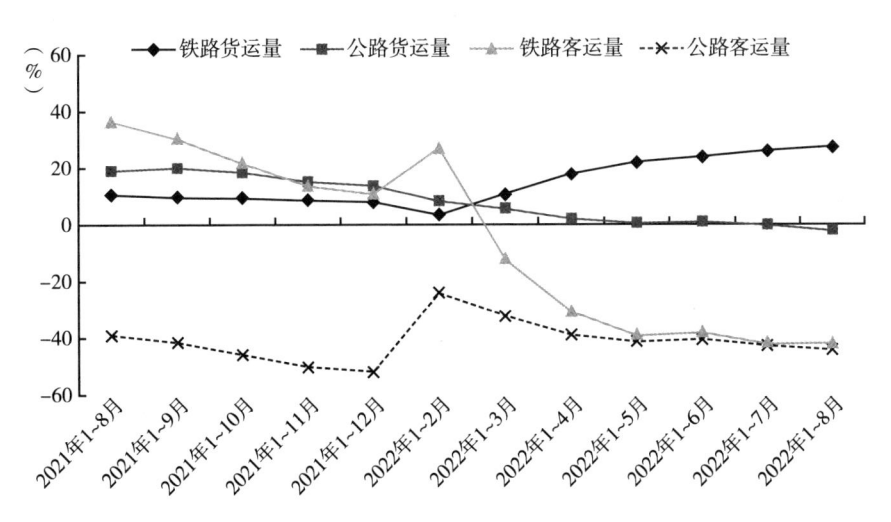

图5 2021年至2022年8月甘肃省铁路、公路客、货运量增长对比

资料来源：甘肃省统计局。

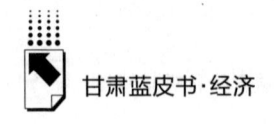

（三）金融机构存贷增速逆转，居民与企业贷款意愿不强

2022年甘肃省金融业表现出与往年显著不同的运行特征。具体表现在：一是存款增速首次超过贷款增速，8月底全省本外币存款余额和贷款余额分别增长10.0%、6.1%，上年同期增速分别为6.6%和7.8%，存贷增长变化导致金融机构存贷比由上年8月末的105.8%下降至2022年8月末的102.0%；二是住户活期和定期存款加速增长、短期和中长期贷款加速下滑；三是非金融企业存款增长速度快于贷款增长速度，8月底非金融企业存款增速较上年同期提高3.4个百分点，贷款增速提高1.3个百分点，其中，企（事）业单位中长期贷款减速增长（见表3）。上述特征一方面反映出甘肃金融业运行失信风险下降；另一方面也反映出居民和企业对未来经济预期转弱，在当前全国严峻经济形势下，居民更愿意减少支出增加储蓄，企业战略性投资意愿下降。

表3 2021年8月至2022年1~8月甘肃金融业主要指标变化对比

单位：%

指标	2022年8月	2022年6月	2022年3月	2021年8月
本外币存款余额同比增长	10.0	8.5	9.2	6.6
其中：住户存款	12.8	11.7	9.9	8.5
活期存款	9.6	7.4	4.4	4.4
定期及其他存款	14.3	13.7	12.7	10.5
非金融企业存款	1.1	-3.6	-3.3	-2.3
活期存款	5.2	-4.3	-5.0	-7.3
定期及其他存款	-5.9	-2.2	-0.2	7.6
本外币贷款余额同比增长	6.1	6.1	7.4	7.8
其中：住户贷款	0.6	1.7	5.2	10.3
短期贷款	-7.1	-6.8	-1.1	3.7
中长期贷款	3.5	4.9	7.7	13.1
企（事）业单位贷款	8.3	80.0	8.3	7.0
短期贷款	0.2	-0.2	-1.3	-7.8
中长期贷款	9.2	8.7	9.6	12.0

资料来源：甘肃省统计局。

（四）房地产业延续萧条态势，投资减速销售进入衰退期

近两年，"房住不炒"长效机制陆续推出，从房地产企业"三道红线"收紧房企融资到银行"两道红线"直接限制银行贷款流向房地产市场的上限，房地产企业开发投资和施工面积大幅减少，同时叠加经济下行导致居民购买意愿下降，商品房销售面积与销售额也呈现大幅下降态势。总体上，与上年同期相比，2022年1~8月甘肃房地产主要指标中，投资增速大幅下降，施工面积、销售面积和销售额3个指标的增速由增转降且降幅较大（见图6）。2022年1~8月，甘肃省房地产开发投资986.7亿元，同比增长2.6%，增速较上年同期降低15.6个百分点，其中住宅投资增速6.2%，较上年同期降低了14.5个百分点。房地产施工面积同比下降2.2%，较上年同期降低了25.6个百分点，其中新开工施工面积同比下降32.6%，较上年同期下降40个百分点；商品住宅施工面积同比增长1.1%，较上年同期下降25.9个百分点，其中，新开工施工面积同比下降28.7%，较上年同期下降39.3个百分点；商业营业用房施工面积同比下降21.1%，较上年同期降低27.1个百分

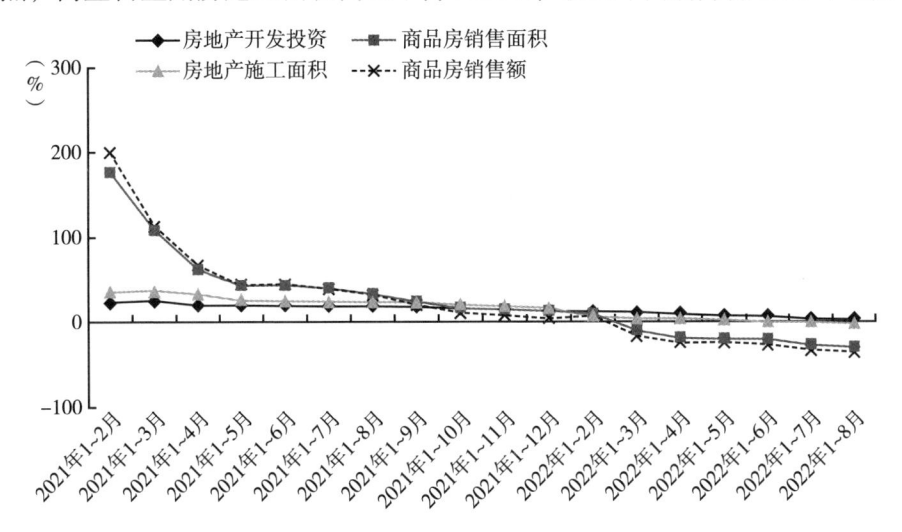

图6 2021年至2022年8月甘肃房地产业主要指标增速变化趋势

资料来源：甘肃省统计局。

点，其中新开工施工面积同比下降45.8%，较上年同期降幅扩大20.9个百分点。商品房销售面积同比下降29.8%，较上年同期降低62.7个百分点，商品住宅销售面积同比下降30.6%。商品房销售额569.8亿元，同比下降35.7%，商品住宅销售额535.1亿元，比上年下降36.8%。

三 2022年1~8月甘肃服务业存在的主要问题

（一）主要行业增速普遍回落

与上年同期、2022年第一季度相比，2022年上半年全省服务业和主要服务行业增加值增速呈现普遍回落态势。与上年同期相比，全省服务业增加值增速回落6.9个百分点，在6个大类中，除金融业增速同比提高0.2个百分点外，批发和零售业，交通运输、仓储和邮政业，住宿和餐饮业，房地产业，其他服务业增速分别回落15.2个、7.6个、37.5个、9.5个、5.5个百分点；与2022年第一季度相比，全省服务业增加值增速回落1.7个百分点，6个大类中，除交通运输、仓储和邮政业增速提高5.0个百分点外，批发和零售业、住宿和餐饮业、金融业、房地产业和其他服务业增速分别回落1.7个、0.5个、0.5个、1.6个和1.9个百分点。

（二）服务业吸纳就业规模缩小

服务业具有劳动密集型特点，可吸纳多层次就业劳动力，但近年新冠肺炎疫情对甘肃服务业吸纳就业带来的不利影响巨大，尤其是2022年，许多服务业企业停工停产，就业岗位减少。就业压力增大成为疫情防控常态化下甘肃服务业面临的挑战之一。从规模以上服务业企业期末用工人数看，自2021年10月全省规模以上服务业企业期末用工人数零增长后，服务业企业用工人数呈现绝对值减少、增速同比下降态势，至2022年7月，全省规模以上服务业企业期末用工人数累计值为29.2万人，较上年同期减少2.9万人，同比下降1.5%，增速较上年同期下降2.6个百分点（见表4）。

表 4　2021 年 1~7 月和 2022 年 1~7 月甘肃规模以上服务业企业用工人数对比

单位：万人，%

指标	2021 年 1~3 月	2021 年 1~7 月	2022 年 1~3 月	2022 年 1~7 月
绝对值	30.9	32.1	29.0	29.2
同比增长	0.6	1.1	-1.5	-1.5

资料来源：甘肃省统计局。

（三）现代服务业引领作用不足

"十四五"期间，甘肃省服务业立足资源优势着力发展现代物流业、金融业、商务服务业、服务外包等现代生产性服务业和文化旅游业，但当前上述现代服务业尚处于加快建设阶段，全省服务业增加值仍主要依靠批零住餐、交通运输、教育、公共管理等传统服务业支撑，物流业、信息技术、商务服务等新兴服务业虽近年增长较快，但规模较小，现代服务行业比传统服务业受到疫情不利影响更为严重，1~8 月物流业景气指数有 4 个月处于枯荣线以下，金融业贷款减速、商业银行运营成本增高，文旅、商务、会展业处于基本停摆状态，现代服务业对全省服务业增加值的引领作用仍比较弱。

（四）居民消费需求下降

城镇和农村居民人均可支配收入提高有利于扩大消费并改善消费结构，进而有利于促进经济增长。2022 年上半年，甘肃省全体居民人均可支配收入增长减速，导致消费意愿下降，消费支出占收入的比重减小。2022 年上半年，甘肃全体居民人均可支配收入 10672.0 元，同比增长 5.2%，较 2021 年上半年增速下滑 5.0 个百分点，其中，城镇居民人均可支配收入增速下降 4.5 个百分点，农村居民下降 7.9 个百分点；上半年全体居民人均生活消费支出 8261.0 元，同比增长 3.8%，较上年同期下降 11.2 个百分点，支出降幅高出收入降幅 6.0 个百分点；全体居民人均生活消费支出占人均可支配收入的比重也由 2021 年上半年的 78.4%下降至 2022 年上半年的 77.4%，其

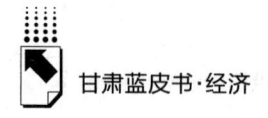

中，城镇居民下降0.9个百分点，农村居民下降0.8个百分点。城镇和农村均显露出需求下降问题。

四 2022年第四季度至2023年甘肃服务业发展形势预测

2022年1~8月甘肃服务业和主要服务行业运行不畅，最主要原因是疫情扰动和经济下行。未来甘肃服务业恢复性增长的前景如何，其决定性因素还是全国经济发展大环境和疫情防控情况。

从国家统计局公布的数据看，当前国民经济多个指标出现积极变化，整体上呈现缓慢恢复发展态势。服务业领域主要体现在如下方面：一是促进服务业纾困发展的政策措施逐步显效，服务业生产供给指标改善，8月全国服务业生产指数当月同比增长1.8%，连续3个月呈增长态势，累计同比增速降幅已持续3个月收窄，正处于由负转正的拐点时刻；二是促消费政策持续发力下国内消费需求指标改善，8月全国社会消费品零售总额当月同比增长5.4%，增速较6~7月加快回升，带动累计增速转正，累计同比增长0.5%，说明国内消费潜力巨大，在促消费政策下，未来消费持续恢复有条件有基础；三是市场保供稳价成效明显，CPI保持温和上涨，8月CPI同比上涨2.5%，涨幅比上月回落0.2个百分点，核心CPI同比上涨0.8%，仍处于2022年以来的较低水平，但随着一系列稳经济政策和接续政策效应的逐步显现，需求对生产的带动力增强，核心CPI低位状况将得到改善；四是网上零售驱动力较强，1~8月全国实物商品网上零售额同比增长5.8%，占全社会消费品零售总额的比重超过四成。

总体上，影响甘肃服务业未来发展大环境中不利因素主要是经济下行压力加大，同时疫情防控难度较大，统筹疫情防控和经济社会发展难度增加；最大的有利因素是一系列政策效应。

从省内看，2022年甘肃出台了多项政策以促进服务业恢复发展。年初甘肃出台《甘肃省贯彻落实促进服务业领域困难行业恢复发展若干政策的实施方案》45条政策措施，包括普惠性的纾困扶持措施、针对性的纾困扶持措施和落实精准疫情防控措施三大类，其中对餐饮、零售、公路铁路水路、民航和旅游业5个特殊困难服务行业实施税费减免、资金补贴、信用贷款发放、鼓励债券发行等30条针对性的政策措施，全力促进服务业恢复发展，目前已取得了一定成效。截至4月初，甘肃服务业增值税加计抵减1900万元，"六税两费"减征3700万元，公共交通运输服务增值税减免300万元；省商务厅提供商家免费入驻"臻品甘肃"电商平台服务，省级财政已下达新能源汽车两级地方两批次补贴资金4325.9万元，下达政府专项债券资金13.2亿元，安排公交运营补贴资金近2.5亿元，保障兰州中川国际机场三期扩建项目建设，上半年省属企业为服务业小微企业和个体工商户减免房租约5774.1万元。6月甘肃出台《甘肃省贯彻落实稳住经济一揽子政策措施实施方案》，其中对促消费从增加汽车、家电等大宗消费，规范平台经济，加快消费提档扩需和促进旅游市场消费等4个方面制定了针对性很强的实施方案。9月甘肃再推出24条接续政策措施和《甘肃省进一步释放消费潜力促进消费增长的若干措施》29条。随着各项政策措施组合效应的进一步释放，甘肃服务业及重点服务行业将加快恢复发展，预计服务业增加值增速降幅将延续缓慢收窄态势。

五 加快甘肃服务业恢复增长的对策建议

（一）推动服务业纾困解难政策落实落细，提升市场主体信心

好政策的关键在于实施好，促进服务业恢复发展的系列政策措施覆盖行业范围广、市场主体多，要不断提升政策实施的便利度、精准度和有效性，才能做到政策措施的落实落细。一是省市区各级政策措施的具体负责单位应制定具体实施细则和配套措施，将相关政策措施细化、深化，进一步明确适用范围、享受条件和申报流程等，使政策能顺畅落地。二是利用政府网站、新闻媒体和行业协会等多渠道开展政策的宣传与解读，提升政策知晓度，保

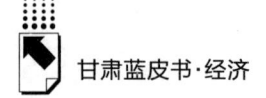

证应享即享、能享即享。三是建立政策措施咨询平台,方便企业和个体工商户了解政策细则、办理程序、办理时限等提升政策获取便利度,让企业和个体工商户能用好政策。通过全省各级各部门协同、上下联动,打好支持服务业恢复发展政策措施"组合拳",确保助企纾困政策能直达快享,切实增强市场主体获得感,激发服务业企业增长后劲和活力,进而保证全省服务业能加快恢复发展。

(二)壮大线上化服务业,回补接触性服务业损失

疫情下甘肃接触性零售、餐饮、旅游等重点服务行业大面积暂停,但线上零售、线上教育、视频会议、线上娱乐等数字化服务业显现出更强的韧性。目前,甘肃服务业只有相当小的一部分实现了数字化转型,要加大力度培育壮大服务业新业态、新模式,把被疫情抑制的消费潜力释放出来。正如习近平总书记所述"大疫当前,百业艰难,但危中有机,唯创新者胜"。要对"互联网+"、平台经济,尤其是直播电商等加大支持力度,围绕甘肃"牛羊菜果薯药"六大特色产品,着力扩大网上销售规模,推动"臻品甘肃"平台扩容,加大"甘味"特色农产品网上推介,以导游景点直播讲解方式创新甘肃线上旅游新模式,扩大零售餐饮业线上销售、线下配送的线上线下融合发展规模,鼓励小微企业、个体户通过手机软件扩大销售规模、增加销售收入,千方百计为甘肃服务业"回血",最大限度减少疫情带来的损失。

(三)引导服务业从业人员向第一、二产业暂时回流

疫情不仅影响服务业需求,也导致服务业从业人员供应暂时性过剩,除快递业外,大量接触性服务业从业人员赋闲在家,农村人员在城市生活成本上升、返乡后再返城就业困难。针对服务业吸纳就业能力下降问题,建议省、县、乡、社区等各级政府和管理部门上下协同合作帮助服务业从业人员渡过难关。建议县、乡镇两级政府结合乡村振兴战略、乡村产业振兴和强县域行动等对人力需求的增加情况,出台政策加大力度解决返乡人员就地就

业，等复苏后可再度回到城市从事服务业；对于暂时失业的城市服务业从业人员，可结合城市区块化防疫管理中防疫人员劳动强度过大情况，建议社区临时吸纳赋闲的服务业人员从事防疫工作和社区服务工作；同时，与服务业整体疲软相比，甘肃第二产业投资和基建投资增势较强，各级政府应引导大型建筑工程项目解决部分有技术的过剩服务业从业人员就业。

（四）多渠道增加低收入人群可支配收入以提振消费

增加消费支出的源头是收入的增加和对未来预期的看好，且不同收入阶层的收入支出边际弹性不同，低收入群体的弹性更大。因此，甘肃释放消费潜力、促进消费回暖应重点针对低收入人群，多举措增加其可支配收入。短期内增发消费券以带动消费回升，长期内通过深化东西部和省内劳务协作、促进就地就近就业，建立健全重特大疾病医疗保险与救助制度以减轻困难群体医疗费用负担，落实好服务业困难行业从业人员养老保险、失业保险等政策，做好"米袋子""菜篮子"稳价监管工作等多渠道增加低收入人群可支配收入。

参考文献

《国务院关于印发扎实稳住经济一揽子政策措施的通知》，中华人民共和国中央人民政府网，2022年5月31日。

《国务院办公厅关于进一步释放消费潜力促进消费持续恢复的意见》，中华人民共和国中央人民政府网，2022年5月31日。

《服务业释放主动力 新动能打造新引擎——党的十八大以来经济社会发展成就系列报告之五》，国家统计局网，2022年9月20日。

《甘肃省人民政府办公厅关于印发甘肃省进一步释放消费潜力 促进消费增长若干措施的通知》，甘肃省人民政府网，2022年9月16日。

《2022年1~8月全省经济运行情况》，甘肃省统计局网，2022年9月21日。

B.6 2022~2023年甘肃固定资产投资状况分析与预测

杨春利*

摘　要： 2022年甘肃高效统筹疫情防控和经济社会发展，固定资产投资发展形势总体平稳，呈现重大项目投资强力推进、工业投资增速较快、科技投资迅猛增长、新兴产业投资快马加鞭、社会民生投资持续加强等主要特征；与此同时，也存在战略性结构调整加大投资下行压力，消费市场疲软导致相关领域投资显著下滑，民间投资缺乏信心，房地产投资持续转弱，项目储备减少影响投资增长潜力不足等问题。未来，虽然宏观政策相对利好，投资空间不断拓展，但面对消费需求复苏缓慢，疫情影响仍然持续，制约因素依然较多，要实现预定的固定资产投资增长目标，需要从科学统筹疫情与发展，构建安全稳定投资环境；加快修复消费行业运营态势，促进消费性投资快速恢复；提振民间投资信心，激活民间投资活力；以及加强项目储备，提升投资增长潜力等方面不断加强应对。

关键词： 固定资产投资　民间投资　甘肃

作为拉动内需的根本动力，投资成为当前稳定宏观经济大盘的关键力

---

* 杨春利，甘肃省社会科学院区域经济研究所副研究员，主要研究方向为区域经济与可持续发展。

量。2022年,为应对疫情反复冲击及国内外环境超预期影响,甘肃紧紧围绕党中央"疫情要防住、经济要稳住、发展要安全"的要求,坚持把发展作为解决一切问题的基础和关键,深入贯彻落实省第十四次党代会重要精神,坚持稳中求进工作总基调,高效统筹疫情防控和经济社会发展,着力实施"四强"行动、做好"五量"文章,通过政策引导有针对性地扩大有效投资,促进投资结构持续优化,为全省经济高质量发展提供充沛动能,有效应对需求收缩、供给冲击、预期转弱等三重压力,切实稳住宏观经济发展大盘。前三季度,全省固定资产投资同比增长10.9%。其中,工业投资增长56.3%,制造业投资增长46.5%,民间投资增长8.7%,基础设施投资增长1.8%,房地产投资增长1.1%,总体保持较快增长态势。

一 2022年固定资产投资运行主要特征

（一）固定资产投资总体平稳

2022年以来,面对疫情冲击和复杂严峻的经济发展形势,为稳定宏观经济发展大盘,甘肃紧盯项目建设,高水平谋划实施重点领域的优势项目,高规格组织全省重大项目开工活动,着力扩大有效投资。特别是在"四强"战略下,工业、制造业等领域投资在政策支持与出口带动等因素支撑下快速增长,发挥了拉动投资的关键性作用。

2022年前三季度,甘肃全社会固定资产投资同比增长10.9%,增速比1~8月提高0.2个百分点,比上年同期低2.6个百分点,比全国高5个百分点（见图1）。分产业看,第一产业投资同比下降2.1%,低于全国3.7个百分点;第二产业投资同比增长56%,高于全国45个百分点,其中工业投资同比增长57.2%,高于全国46.7个百分点;第三产业投资同比增长0.3%,低于全国3.6个百分点。其中,基础设施投资同比增长1.8%;制造业投资增长46.5%;房地产开发投资增长1.1%。

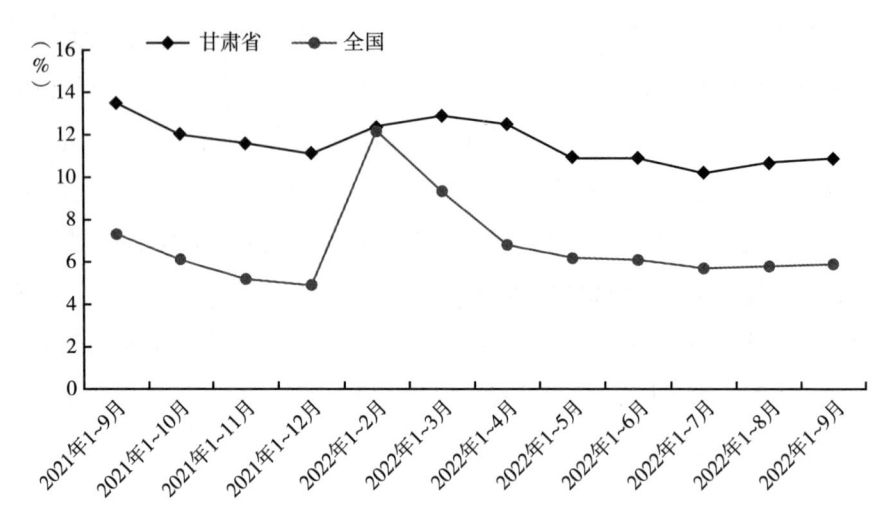

图1　2021年至2022年9月全国、甘肃省固定资产投资增速变化

资料来源：甘肃统计局、国家统计局。

（二）重大项目投资强力推进

2022年，全省共计划实施重大项目234个，总投资13071亿元，年度计划投资2225亿元，较2021年增长18.4%。其中，计划新开工项目80个，年度投资767亿元；续建项目138个，年度投资1436亿元；预备项目16个，年度投资22亿元，年度目标任务再创新高。

前三季度，在全省各级各部门和项目建设单位攻坚克难、全力推进项目建设的背景下，234个省列重大项目累计完成投资1978.13亿元，较2021年同期增长33.8%，年度计划投资完成率达到88.9%，较2021年同期提高10.2个百分点。

在80个计划新开工项目中，开工建设74个，开工率92.5%，较2021年同期提高8.2个百分点；累计完成投资650.9亿元，同比增长48.3%；年度计划投资完成率84.9%，较2021年同期提高13.3个百分点。138个续建项目累计完成投资1317.45亿元，同比增长27.2%；年度计划投资完成率91.7%，较2021年同期提高9.4个百分点。16个预备项目累计完成投资

9.78亿元，占年度计划投资的44.5%。目前，兰州新区、酒泉市、武威市、陇南市等4地已超额完成年度计划任务。产业转型升级及科技创新、农业水利、生态环保、交通物流等4个领域项目年度计划投资完成率连续7个月高于全省平均水平，交通物流、能源、产业转型升级及科技创新领域项目累计完成投资连续9个月居前三位[1]。总体来看，全省重大项目建设仍保持了良好增长势头，各项进展均好于上年。

（三）工业投资增速较快

工业是甘肃发展的硬支撑。2022年，在"四强"行动背景下，甘肃抓紧制定《甘肃省强工业行动实施方案（2022—2025年）》，大力推进强工业行动，积极实施延链补链强链、三化改造等10个工业稳增长专项行动，全力推动工业经济稳步增长。2022年全省实施500万元以上工业和信息化项目共1039项，总投资3486亿元，当年计划投资716亿元。

2022年前三季度，881个项目已开工建设，完成投资546.9亿元，全省工业投资同比增长56.3%，增幅较上年同期提高24.5个百分点，较上半年提高4.6个百分点。其中，制造业投资增长46.5%，增速较上年同期提高33.2个百分点，较上半年提高9.8个百分点；电力、热力、燃气及水生产和供应业投资增长77.6%，增速较上半年提高0.3个百分点（见图2），对拉动固定资产投资增长发挥了重要基础支撑作用。

分市州看，14个市州工业固定资产投资全部实现正增长，其中：8个市州工业固定资产投资增幅超过全省平均水平，分别为陇南市（199.9%）、张掖市（161.6%）、武威市（133.9%）、庆阳市（121.3%）、白银市（74.7%）、平凉市（74.3%）、甘南州（72.0%）、嘉峪关市（59.3%）；6个市州工业固定资产投资增幅低于全省平均水平，分别为兰州市（51.9%）、金昌市（49.8%）、定西市（30.3%）、酒泉市（29.8%）、临夏州（20.4%）、天水市（2.1%）[2]。

---

[1] 曹立萍：《省列重大项目前三季度完成投资逾1978亿元》，《甘肃日报》2022年10月31日。
[2] 《2022年1~9月工业投资和重点项目建设情况》，甘肃省工业和信息化厅规划发展处，http：//gxt.gansu.gov.cn/。

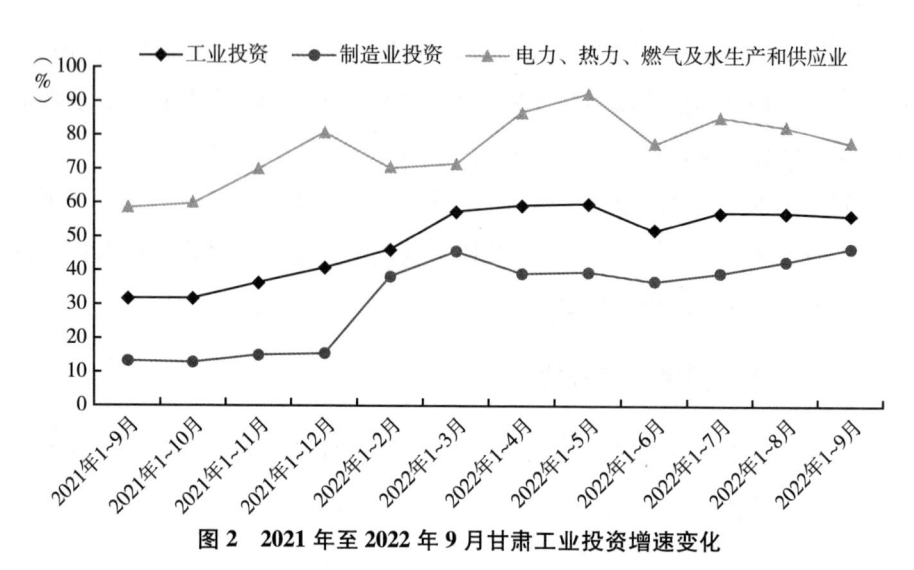

图 2 2021 年至 2022 年 9 月甘肃工业投资增速变化

资料来源：甘肃统计局。

（四）科技投资迅猛增长

甘肃科技资源相对丰富，2021 年甘肃省研究与试验发展（R&D）经费投入为 129.5 亿元，达到历史最高水平，R&D 经费投入强度达到 1.26%，在西部 12 个地区中排名第五[①]。2021 年甘肃省综合科技进步水平居全国第 23 位、西部第 5 位，保持在全国第二梯队。10 项科技成果获国家科学技术奖，5 项成果入选国家"十三五"科技创新成就展，科技进步贡献率达到 56.42%。

2022 年，甘肃提出包括"强科技"战略在内的"四强"行动，其中"强科技"行动起着引领支撑作用，是"四强"行动第一"强"，意在统筹全省科技创新资源要素，通过提升基础研究能力、科学发现能力、技术创新能力，将"强科技"行动深度嵌入"强工业"、"强省会"、"强县域"行动，使"强科技"行动成为"四强"行动的主要支撑，充分发挥科技创新作为产业升级、经济发展的动力引擎作用。

随着"强科技"行动开启，全省科技领域的投资从上年全年负增长强

---

① 张燕茹：《甘肃省研究与试验发展经费投入达历史最高水平》，《甘肃日报》2022 年 10 月 2 日。

力反弹，呈现爆发式增长态势。2022年第一季度，科学研究与技术投资增速为56.9%，高于上年同期129.4个百分点，上半年增速较第一季度稍有回落，仍高达47.2%，但前三季度较上年有所下降。

（五）新兴产业投资快马加鞭

在新兴产业领域，加快实施创新驱动发展战略，着力培育发展新产业、新产品、新技术、新业态，重点建设新兴产业、军民融合创新发展、云计算和大数据等重大项目。特别是将新能源产业发展作为落实"双碳"战略的突破口，持续做好新能源项目引进落地，推动新能源产业链条逐步完善。2022年以来，各地认真贯彻落实省委省政府"打造新能源千亿级产业链"决策部署，把新能源产业与新能源项目结合起来，在推进新能源项目建设的同时，加大招商引资力度，着力引进一批重大新能源装备制造产业项目落地。

2022年上半年，全省新能源建设项目188个，比上年同期增加134个，完成投资增长1.2倍。其中，省属企业在新能源装备制造产业原材料、风电制造、光伏制造、设计施工等方面不断加大投资力度，如金川集团新材料产业投资同比增长92.3%，作为甘肃新能源产业链链主企业，甘肃电投集团积极探索"光伏+"应用实战平台，参与河西地区沙漠、戈壁、荒漠风电光伏基地开发建设，1~7月，累计完成新能源项目投资8.73亿元。此外，截至8月，全省共引进配套产业113个，初步完成投资33.81亿元。酒泉市正泰、阿特斯光伏组件、中复碳芯电缆、西安中车、东方电机风电发电机、江苏华纳机舱罩等一批新能源装备制造产业项目建成投产。宝丰集团多晶硅上下游协同项目、西部重工法兰生产、广东欧昊高效异质结电池、阳光电源储能设备制造等一批产业项目正在加快建设。金昌市、武威市、张掖市分别围绕储能产业、光伏治沙、制氢产业开展招商引资，部分项目进展较快，为新能源产业发展起到较好的带动作用[1]。

---

[1] 王占东：《强龙头 补链条 聚集群——甘肃新能源产业蓬勃发展》，《甘肃日报》2022年8月14日。

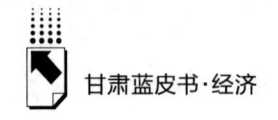

（六）社会民生投资持续加强

2022年，全省继续坚持在高质量发展中保障改善民生，通过办好群众切身相关的教育、卫生、养老等民生实事，对扩大内需、保障民生、稳住经济大盘形成有力的支撑。

在社会民生领域，主要围绕教育、医疗、公共基础设施等领域的重大项目，着力补齐全省公共服务体系主要短板，提高保障和改善民生水平。共安排省列重大项目30个，年度计划投资额为92.11亿元，占年度总投资额的比重为4.14%。从1~9月投资数据走势看，在固定资产投资保持平稳增长的同时，社会领域投资同比增速显著高于全部投资增速，反映出与民生息息相关的社会民生领域的投资保持较快发展态势。其中，2022年1~8月教育投资同比增长11.5%，卫生和社会工作投资同比增长19.9%，居民服务和其他服务业增长40.8%，水利、环境和公共设施管理业增长17.4%（见图9）。

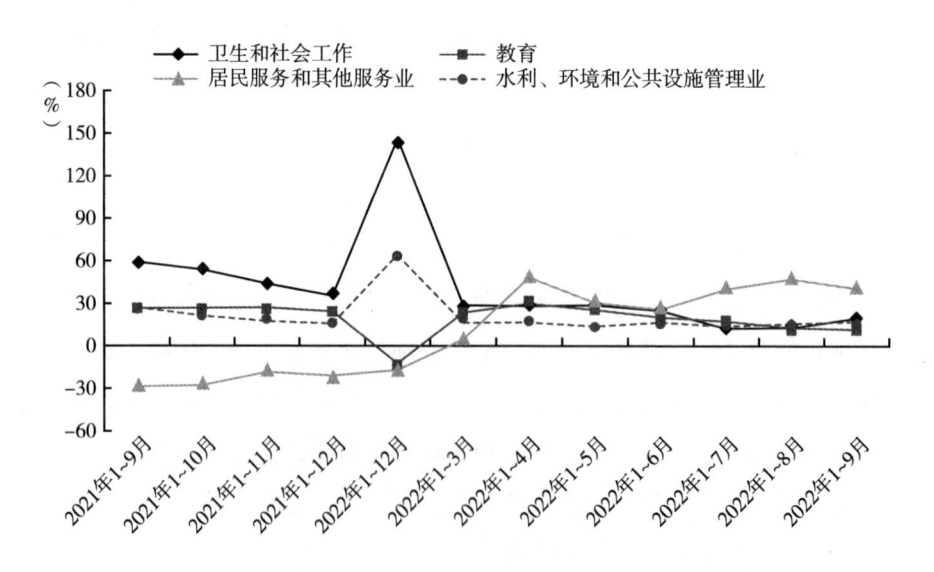

图3　2021年至2022年9月甘肃社会民生投资增速变化

资料来源：甘肃统计局。

二 需要重点关注的问题

（一）战略性结构调整加大投资下行压力

在"四强"战略下，投资重点向能源等工业与科技领域大幅倾斜，第一产业与第三产业增速下降显著，其中，农林牧渔业项目投资增速或不及预期，生态环保类项目投资规模下降明显，特别是传统上支撑整体投资快速发展的基础设施领域投资进入缓行阶段，因此全省固定资产投资的下行压力进一步加大。

从农林牧渔项目投资来看，2022年农业水利项目数量总计18个，与上年保持一致，但续建项目较上年减少，而新建项目较上年增加，尽管总投资规模从2021年的437.39亿元大幅增至2022年的1158.6亿元，或受疫情及相关因素影响，部分投资进度不及预期；同时，从生态环保类项目来看，2022年总投资155.13亿元，较上年减少93.12亿元，同比下降37.5%。

从基础设施投资来看，长期以来，基础设施是引领甘肃投资快速增长的主要领域。近几年，在"一带一路"倡议、脱贫攻坚任务等带动下，甘肃对基础设施投入较大，以基础设施建设为主的投资进入缓冲期，投资总量位于全省行业前三位的交通运输、仓储和邮政业投资持续下降，前三季度，交通运输、仓储和邮政业同比下降6.3%，较上年同期降低了7.8个百分点。在项目投资方面，2022年交通物流项目共51个，较上年减少11个；总投资5826.66亿元，较上年减少772.28亿元；年度计划投资746亿元，较上年减少134.55亿元。城市基础设施投资项目18个，年度计划投资142.48亿元，较上年减少168.25亿元，同比下降54.15%。

（二）消费市场疲软，相关领域投资显著下滑

受国内疫情的影响，居民消费疲弱，批发和零售业、住宿和餐饮业、租赁和商务服务业以及文化、体育和娱乐业等投资均呈现大幅下降态势，反映

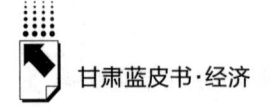

出消费市场动能不足，消费领域投资整体下滑。

从批发和零售业来看，2022年第一季度，全省批发和零售业投资同比下降38.4%，上半年，同比下降30.9%，降幅收窄7.5个百分点，较上年同期仍下降2个百分点，前三季度同比下降10.6%，批发和零售业投资持续负增长。

从住宿和餐饮业来看，在严格的疫情防控下，旅游业发展受困，居民收入增长较为缓慢，住宿和餐饮业投资领域受影响更大，2022年1~3月全省住宿和餐饮业投资同比下降62.2%，1~6月同比下降53.0%，1~9月同比下降29.0%，充分表明住宿和餐饮业深度衰退，发展困难较大。

从租赁和商务服务业来看，市场主体对租赁和商务服务业的需求变化反应灵敏，2022年第一季度全省租赁和商务服务业投资下降39.2%，上半年虽有好转，同比增长2.1%，较整体投资增速低8.8个百分点，较上年同期仍然低12个百分点，前三季度同比增长2.5%，整体来看，还未扭转下行趋势。

从文化、体育和娱乐业来看，2022年第一季度全省文化、体育和娱乐业投资下降34.5%，上半年增速有所回升，收窄至-26.0%，前三季度同比下降24.3%，低于整体投资增速35.2个百分点。

（三）民间投资缺乏信心，房地产投资持续转弱

民间投资占全省固定资产投资半壁江山，对全省保持整体投资平稳增长具有重大意义。在经济下行大背景下，市场前景不明，经营风险加大，同时要素成本增加，企业盈利能力下降，投资回报低，加之政策落地不够，企业获得感不强，民营企业缺乏投资信心。统计数据显示，2022年1~7月甘肃民间投资占比为43.8%；2022年1~3月全省民间投资同比增长22.1%，较上年同期下降4.2个百分点；上半年，民间投资进一步下降至11.2%；前三季度，民间投资同比增长8.7%，较上年下降7.5个百分点，反映出民间投资信心不足，特别是房地产作为民间投资的支柱性力量，下滑趋势十分明显。

自2022年以来，受全国楼市持续低迷、年中出现停贷事件以及疫情连续冲击等因素影响，尽管甘肃放松限购、降低购房首付比例、增加公积金贷款额度等救市政策不断出台，市场复苏进程仍然缓慢，居民购房预期减弱，房地产市场并未出现明显的回暖迹象，因此导致投资端热情不高，土地出让及投资增速等房地产各项指标仍在继续下探。2022年上半年，全省土地累计出让面积3175.61万平方米，土地成交面积为2263.79万平方米，未成交面积为638.65万平方米，其中6月全省土地出让面积为875.75万平方米，同比下降16.8%。上半年新开工面积981.3万平方米，同比下降35.3%。前三季度，全省房地产投资同比增长1.1%，较上年同期下降16.8个百分点。

可以看出，"断贷潮"事件使消费者购房意愿下行，对于交付的担忧加重，另外，原材料价格大幅波动叠加销售回款受阻，导致开发商新开工意愿也有所减弱。土地成交面积和新开工面积以及商品房销售面积数据均有不同程度下降，表明供需两端对于行业信心均不足。

（四）项目储备减少，投资增长潜力不足

项目是推动投资发展的有力支撑和坚强保障，投资的持续发力离不开重大项目的有力支撑。当前全省产业项目支撑不足，使得固定资产投资缺乏持续发展的活力源泉，不利于扩大内需促进经济稳定增长的政策落实。从项目监管相关数据来看，一方面，全省投资项目总体数量及规模均有所下降。根据甘肃投资项目在线审批监管平台数据，2022年甘肃投资项目总数16800个，较上年减少4570个，减幅为21.4%。其中，审批类项目11584个，较上年减少2699个，减幅为18.9%；核准类147个，较上年减少87个，减幅为37.2%；备案类项目5069个，较上年减少1785个，减幅为26.0%；总投资25209.3亿元，较上年减少2393.73亿元，减幅为8.7%。另一方面，大项目储备数量减少，大部分市州缺少预备的省列重大项目。根据省列重大项目清单，2022年全省预备的重大项目为16个，较上年减少6个，较2020年减少7个。其中，生态环保、社会民生、文化旅游等领域无储备项目，市州方面，兰州、嘉峪关、金昌、武威、白银、定西、庆阳和甘南等8个市州缺乏储备项目。

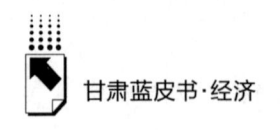

三 形势分析与预测

(一)有利条件

一是宏观政策相对利好。针对经济运行超预期因素冲击,党中央、国务院及时果断推出稳经济一揽子政策和接续政策,着力扩大有效需求,巩固经济恢复基础,特别是加大了对投资领域的政策支持力度,提出将根据实际需要扩大规模,对符合条件成熟项目满足资金需求,将符合条件但因额度限制未投放项目自动纳入支持;同时扩大政策性开发性金融工具支持的领域,将老旧小区改造、省级高速公路建设等纳入,引导商业银行扩大中长期贷款投放额度,为重点项目建设、设备更新改造配足融资,最大限度吸引民间投资。

二是资金到位比较充足。针对往年投资领域资金短缺问题,2022年省发展改革委紧贴中央预算内投资、专项债券投向领域,加大汇报衔接和资金争取力度。第一季度争取国家发改委下达甘肃省2022年中央预算内投资90.45亿元,较上年同期增长51%;国家发改委已反馈甘肃符合条件项目专项债券需求3791亿元,较2021年同期增长93%。据统计,2022年第一季度,全省到位资金由上年同期的12.4%增长到33.2%,其中国家预算资金同比增长143.1%,国内贷款同比下降8.7%,自筹资金同比增长40%,其他资金来源同比增长30.0%。

三是投资空间不断拓展。随着"四强"战略的大力推进,强工业、强县域、强科技等领域都蕴藏了巨大的投资空间。特别是推动县域基础设施更新改造、实施乡村振兴战略、优化和稳定产业链供应链、加快传统工业的转型升级都蕴藏着很大的投资潜力。例如,自2022年以来,甘肃省委、省政府坚持以全面实施乡村振兴战略为牵引,着眼全省农业农村以及县域经济发展的客观需要和形势任务,因势而谋、顺势而为,已经谋划设立了甘肃省乡村振兴投资基金。截至8月初,全省各市县拟投资项目143个,涵盖农业特色种养业、农产品精深加工、仓储冷链物流、销售体系建设以及与县域经济发展相关的一、二、三产业，同步建立了省乡村振兴投资基金项目储备库①。

（二）不利因素

一是消费需求复苏缓慢。在当前经济增长放缓、居民可支配收入增速回落和失业率走高的综合背景下，房贷、教育、医疗等刚性支出压力较大，严重压缩消费增长空间，导致投资需求的内生动力不足，同时市场主体中的企业经营业务受到困扰，能够支撑起消费市场持续发展的新热点还不凸显，拉动消费市场增长的仍然是少数传统商品，消费弹性较大的升级类商品易随疫情防控形势有较大波动。此外，随着商品消费季节性回落，居民整体消费将呈现持续走弱态势，尽管当前整体政策仍属宽松，修复方向确定，但房地产乏力对于上下游的影响使得民间投资增长逐渐放缓，从而直接拉低投资整体增速。

二是疫情影响仍在持续。目前，全球新冠肺炎疫情仍在反复，病毒不断变异，经济全球化遭遇逆流，世界进入新的动荡变革期，我国发展内外环境的复杂性、严峻性、不确定性上升。2022年以来，面对连续两轮较大规模疫情侵扰，甘肃坚决贯彻习近平总书记关于疫情防控工作的重要指示精神，全面落实党中央确定的防控政策举措，按照国务院联防联控机制要求，持续攻坚，努力实现高质量社会面风险清零，不断提高防控能力水平，从严落实各项常态化防控措施。目前，全省疫情总体可控，但生产生活秩序受到明显影响，综合来看，由于国外疫情仍持续发展、国内疫情各地散发，短期内疫情防控形势依然严峻复杂，对投资领域发展的影响仍将持续。

三是制约因素依然较多。通过实地调研发现，部分重大项目建设过程中仍然存在较多制约性因素。首先是项目建设涉及的土地、环保等手续问题，

---

① 焦宏、鲁明：《设立乡村振兴投资基金，甘肃打造"金杠杆"撬动新引擎》，《农民日报》2022年8月8日。

前期报批备案办理进度缓慢，程序不通畅，加之历史遗留问题多，建设拆迁难度大，严重影响施工进度；其次是部分项目实施过程中，在行业安全及运行政策方面存在分歧而与相关部门未达成共识，同时项目本身设计方案等方面仍然存在一定问题，施工单位面临较大压力；最后是疫情导致项目开工延期、建设用工紧张、材料运输困难等，影响项目建设进度。

（三）预测分析

近几年，甘肃围绕国家重大战略和投资重点，紧盯项目投资，始终把谋划储备作为抓项目、促投资的重中之重，持续拓展投资空间，不断改善营商环境，取得较好成效，固定资产投资增速连年回升（见图4）。2021年，固定资产投资比上年增长11.1%，增速位居全国第3，为全省GDP破万亿元发挥关键支撑作用。2022年，在经济下行压力加大背景下，政府工作报告中预定的固定资产投资增长目标为9%。前三季度，甘肃攻坚克难，全力推进项目建设，省列重大项目建设稳步实施，始终保持两位数增长态势。

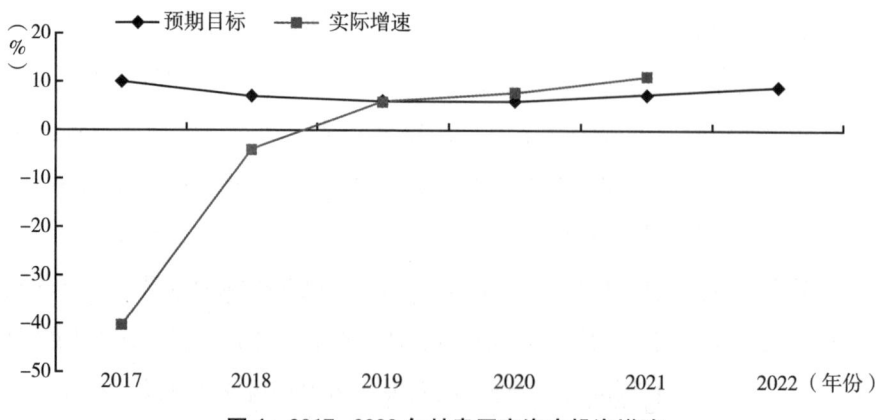

图4 2017~2022年甘肃固定资产投资增速

资料来源：各年度甘肃政府工作报告及统计公报。

随着全省疫情防控形势不断好转，特别是下半年全省落实稳住经济一揽子政策措施从供需两端协同发力，着力扩大有效需求、促投资、带消费。从项目投资来看，在"积极扩大有效投资"的财政扩张背景下，稳投资方面政策持续发力，目前政策最核心的抓手在于基建和制造业投资，在财政政策加力加效、货币金融政策灵活协调、工业调度和服务机制得以强化等措施条件下，重大水利工程、生态环保项目不断加快推进，一批重点交通基础设施建设项目抓紧开工，以县城为重要载体的新型城镇化建设着力推进实施，预计基建行业投资受益于稳增长的政策刺激将逐步发力。同时，在政策支持与出口有利条件带动下，尽管面临上游价格上涨和下游建筑业内需放缓的压力，制造业投资仍然走势强劲，预计继续引领工业投资较快增长。另外，随着疫情防控好转，以及政府持续扩大内需政策端发力，遭遇挤压的消费需求或将得以有序释放，后期消费动能将有所增强，带动消费类投资发展有所好转。但在民间投资方面，特别是房地产投资，由于前期政策严控以及不利因素叠加影响，房地产仍处于筑底阶段，而随着"保交楼"措施的进一步落实及推进，房地产开发投资有望边际修复，但整体压力仍然较大。可以看出，新老基建和与之相关的一些制造业行业将充分享受这一轮政策红利。整体而言，固定资产投资仍然是拉动经济增长的主要动力，在各项政策加力下将保持平稳发展态势。

展望未来，"十四五"规划纲要中重大工程项目稳步推进，工业制造业投资引领整体投资结构持续调整，中长期"双碳"相关新能源产业链发展将为固定资产投资和产业结构升级打开增量空间，在控制宏观杠杆率和"房住不炒"的大背景下，房地产投资在下行过程中将逐渐企稳，以新产业、新业态、新商业模式为核心的增量经济活动快速增长，在经济中的占比持续提高，带来经济结构优化。因此，作为经济重要增长动力的固定资产投资仍有发展空间，相关政策为了稳增长会持续发力，进而为稳住投资增长保驾护航。

四 对策建议

（一）科学统筹疫情与发展，构建安全稳定投资环境

针对目前全省疫情防控取得阶段性成效但依然复杂严峻的形势，仍然不

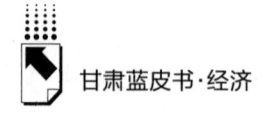

能懈怠放松、麻痹大意，要统一思想、深化认识，坚持"外防输入、内防反弹"总策略及"动态清零"的总方针不能动摇，继续落实好"疫情要防住、经济要稳住、发展要安全"的总体要求，以最实的工作、措施、作风和责任，持续巩固来之不易的防控成果。

要更加高效统筹疫情防控和经济社会发展，提升常态化疫情防控能力和质效，更好地服务人民群众生产生活和经济社会发展，特别是统筹好疫情防控和项目建设工作，整治疫情防控简单化、"一刀切"、"层层加码"等突出问题。

要因时因势及时调整防控措施，加强分类指导，有序开展后续常态化疫情防控工作，突出定期检测，尽早发现，及时防控，以最快速度防止疫情扩散蔓延，不断提升分区分级差异化精准防控水平，围绕复工复产所涉及的企业用工、资金、原材料供应等迫切需求，围绕重点产业链、龙头企业、重大投资项目有针对性地精准施策，保证供应链畅通，最大限度减少疫情对投资建设的影响，为人员自由流动、企业正常生产经营提供了安全保障。

（二）加快修复消费行业运营态势，促进消费性投资快速恢复

全力落实《甘肃省进一步释放消费潜力促进消费增长的若干措施》，要把稳定市场主体放在稳定消费经济的核心位置，不断通过稳定市场主体来稳定就业，稳定住现有就业岗位的同时，还要千方百计增加就业岗位，切实提高社会就业水平，增加民众收入，稳定消费信心，才能有效促进消费回补和消费潜力的释放，进一步扩大有效需求、促进消费行业稳步增长。特别是要加快修复商贸业、交通运输业、文化旅游业、餐饮住宿业等接触性、聚集性服务业，在协同做好新冠肺炎疫情防控的前提下，积极改善消费行业运营现状态势，持续提升消费市场的复苏信心。

要将短期刺激与长期健康发展结合起来，短期内应采取针对促进消费的相关政策，例如，大力开展主题特色消费促进活动，促进大宗消费品加快恢复，积极支持大型商贸企业、电商平台等企业以多种方式发放消费优惠券，

支持文旅企业积极制定文旅类优惠政策等，加大针对性纾困帮扶力度，着力释放消费潜力；从中长期来看，还需要持续进行供给侧结构性改革，不断适应消费市场升级的不同需求，进一步深挖消费空间，加快培育新型消费亮点、树立消费品牌、凝聚消费人气、促进消费回补，切实发挥消费带动投资的基础性作用。

要发挥政策导向，加大对文化旅游、住宿餐饮、商贸物流、教育卫生、养老托育等行业的扶持力度，支持企业转型升级，鼓励扩大企业规模，以促进社会服务领域消费和投资，特别是对限上企业投资新设或升级门店、供应链建设、数字化运营等具有行业示范或城市特色的项目要大力支持，对演出场所、实体场馆、旅游景区等基础设施改造要大力支持，对文创园区、文创企业和文体旅游项目要大力支持，进一步推动现代服务行业等市场经营主体投资尽快恢复正向增长。

（三）提振民间投资信心，激活民间投资活力

加强政策宣传解读，提振民营企业投资信心。充分利用政府网站、微信平台等各种宣传渠道，全方位发布和解读重大战略、关键政策、重点举措、重大项目储备建设情况，及时向社会发布招商引资和项目建设信息，要深入调查研究，加强与民营企业、商会组织的沟通协调，与民营企业互通情况、协调关系，准确把握民营企业发展中遇到的实际困难，及时出台相应的解决方案，同时，进一步释放政策信号，加强社会信用体系建设，稳定发展预期，增强民营企业家安全感和市场投资信心。

优化对民营企业服务措施，拓宽民营企业的投资渠道。要深入推进行政审批制度改革，进一步优化审批程序，着力深化"放管服"改革，继续做好政企对接、用工对接、产销对接，全力保障企业要素需求，帮助企业增加订单，扩大投资和生产，持续加大对民营企业转型创新的支持力度，加强对民营企业家重点培育和跟踪服务，提升民营企业家管理水平、创新意识和应对风险能力。进一步推动放宽民间资本市场准入，切实打破阻碍民间投资进入的各种隐形壁垒，鼓励民间投资更多参与传统行业的改造升级，以及新基

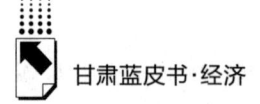

建、战略性新兴产业培育发展等方面。

建立政策落地常态化工作机制，落实对民营企业扶持政策。强化工作协调机制，建立民营企业与相关职能部门互通情况、解决问题的通道，打通政策落地关键性梗阻，落实投资合同承诺事项和相关惠企政策，加大对优惠政策落实情况的巡查与督查力度。

（四）加强项目储备，提升投资增长潜力

一是提高思想认识。牢固树立"抓项目就是抓发展、谋项目就是谋未来"的理念，加强对项目储备重要性和迫切性认识，坚持把项目谋划作为稳定投资、促进发展的重要手段，将项目谋划储备摆在突出位置，要把投资项目谋划好、储备多，切实提高投资项目的储备数量和质量，才能提供充足的投资发展后劲，才能在经济下行趋势下立住阵脚，才能为加快高质量发展蓄积动能。

二是突出重点领域。坚持必要性和可行性相统一、重点突出、适度超前的原则，深入研究产业政策，精准把握发展趋势，聚焦石化、有色、钢铁、煤化工、精细化工等传统产业领域，聚焦新能源、新材料、生物医药、电子信息等新兴产业领域，聚焦补齐短板完善功能等重大基础设施领域，聚焦科、教、文、卫、体等公共服务领域，精心做好各领域重点项目的研究、梳理与筛选等工作，不断提升项目谋划的有效性及精准度。

三是抢抓政策机遇。深入研究国家重大项目和资金支持的方向和领域，牢牢抓住国家扩大地方政府专项债规模、扩大有效投资等政策窗口期，紧盯国家政策导向和投资趋势，聚焦市场发展方向，围绕"一带一路"、"双碳"、黄河流域生态保护和高质量发展、兰西城市群、祁连山生态环境保护、"四强"行动等重点发展倡议和战略，切实提高项目谋划的时效性。

四是建立长效机制。要不断健全完善项目谋划储备机制，以编制"三个清单"为主线，通过投资项目在线审批监管平台加强统筹调度，把重大项目谋划储备工作常态化，强化要素供给，做好项目前、中、后期各项工作，切实推动项目尽快落地建成。

B.7
2022~2023年甘肃消费市场分析与预测

王丹宇*

摘　要： 消费是国民经济循环的重要组成部分，我国经济发展面临三重压力，消费的"稳定器"和"压舱石"作用更加凸显。2022年，受疫情反复、经济下行、就业压力大、收入支撑力不足、未来不确定性增加等因素叠加影响，甘肃消费品市场运行总体较为疲弱，基本需求类消费保持增长、服务消费下降明显；线上销售持续活跃、新兴消费增势略有放缓；汽车消费有所起伏、住房相关消费持续下探。挖掘潜力、促进消费回升是当前稳经济大盘的关键。提振消费需要协同发力、综合施策、稳就业保民生，解当前之困；也需要远近兼顾、创新提质、以文化消费升级和县域消费潜力释放夯实长远之基。

关键词： 消费市场　文化消费　县域消费　甘肃

消费是国民经济循环的重要组成部分，是生产的动力和最终目的，也直接体现了人民对美好生活的需求。当前世界经济复苏不确定性增加、通胀压力上升、全球疫情蔓延，我国经济也面临需求收缩、供给冲击、预期转弱三重压力。推动经济稳中求进、稳步提质，消费的"稳定器"和"压舱石"作用更加凸显。2022年，百年变局加速演进、国内外环境更趋复杂严峻，甘肃消费市场依然面临经济下行、就业压力大、收入支撑力不足、疫情反复

---

* 王丹宇，甘肃省社会科学院区域经济研究所副研究员，主要研究方向为区域经济。

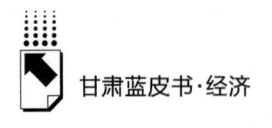

等诸多不确定因素的挑战，提振消费信心、巩固消费复苏、推动消费平稳增长任重道远。

一 2022年甘肃消费市场运行的主要特征

2022年，甘肃省疫情多发、频发，自然灾害等突发状况超出预期，新冠肺炎疫情反复给消费特别是服务消费带来明显影响。3~4月受疫情冲击，社会消费品零售增速下滑明显。4月以来，国家出台《关于进一步释放消费潜力促进消费持续恢复的意见》《扎实稳住经济的一揽子政策措施》等一系列举措，统筹推进消费促进和疫情防控工作，市场对经济修复的信心仍旧偏弱，甘肃消费复苏比预期缓慢，延续波动态势。

（一）消费品市场运行总体较为疲弱

2022年1~8月，全省社会消费品零售总额2635.4亿元，同比下降1.7%，虽然降幅比1~7月收窄0.2个百分点，但是相较于2021年1~8月下滑严重（见图1），总体运行较为疲弱。分消费类型看，1~8月商品零售累计792.5亿元，下降2.2%；餐饮收入38亿元，下降13.7%。

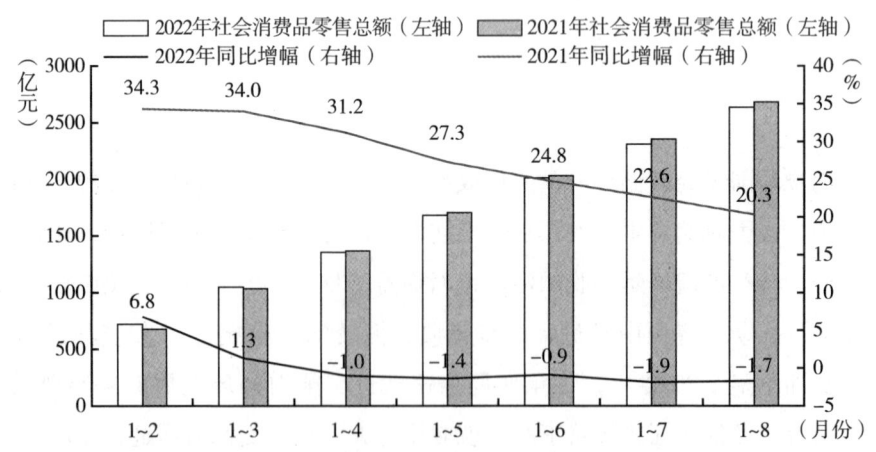

图1 2021年、2022年1~8月甘肃社会消费品零售总额及增速

资料来源：依据甘肃省统计局统计月报整理。

（二）基本需求类消费保持增长，服务消费下降明显

基本生活消费保持增长，2022年1~8月，限额以上单位粮油食品类、饮料类、烟酒类商品零售额同比分别增长15.9%、14.5%和3.1%；石油及制品类商品零售额增长9.3%；穿着类消费品受冲击较为严重，1~8月限额以上服装鞋帽、针、纺织品类商品零售额下跌19.4%；升级类消费需求全线萎缩，化妆品类、家用电器和音像器材类、文化办公用品类、家具类商品零售额分别下降12.3%、18.7%、15.9%和12.5%（见图2）。受疫情防控影响，线下接触性服务消费下降明显，1~8月，全省限额以上餐饮业营业额同比下降8.6%，住宿业营业额同比下降24.6%（见图3）。

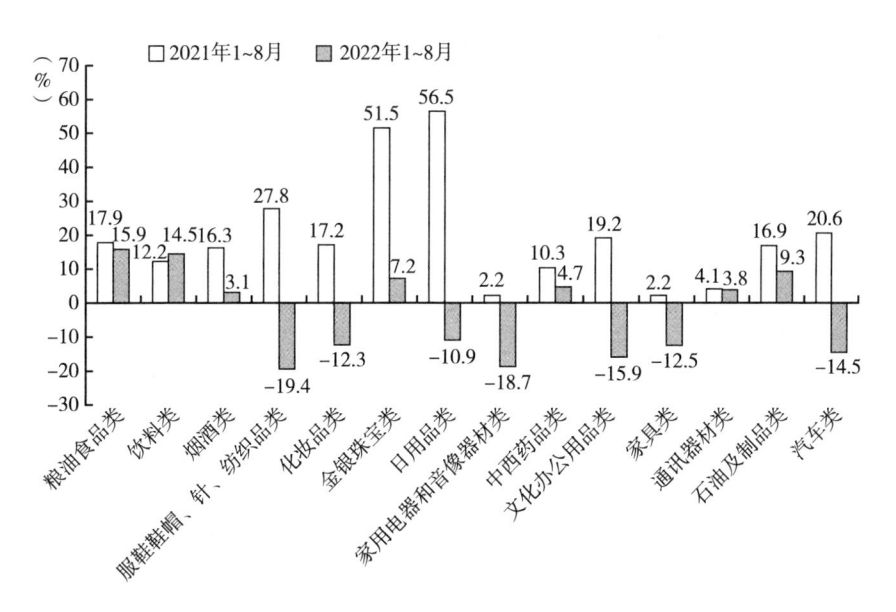

图2 2021年、2022年1~8月甘肃限额以上单位各大类商品零售额增速比较

资料来源：依据甘肃省统计局统计月报整理。

（三）线上销售持续活跃，新兴消费增势略有放缓

应对疫情冲击，居民消费方式转变，零售和餐饮企业线上、线下销售融合发展，购物、外卖等网络平台回补传统接触式消费，2022年1~8月全省

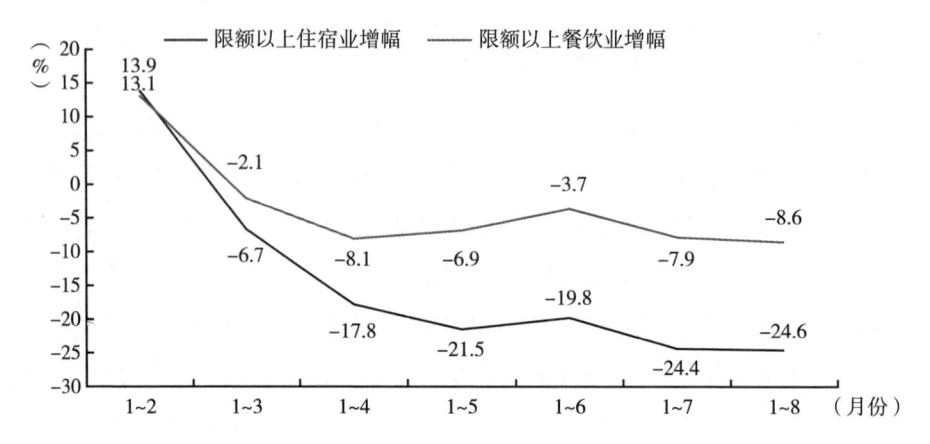

图3　2022年1~8月甘肃限额以上住宿餐饮业营业额增幅

资料来源：依据甘肃省统计局统计月报整理。

限额以上批零住餐业通过公共网络实现零售额21.8亿元，同比增长30.2%（见图4），高于全省社会消费品零售总额增速31.9个百分点。从快递业务量来看，网络消费增势略有放缓（见图5）；信息消费也逐步萎缩，截至2022年8月，全省限额以上通讯器材类零售额同比增速3.8%，降至2022年以来最低水平（见图6）。

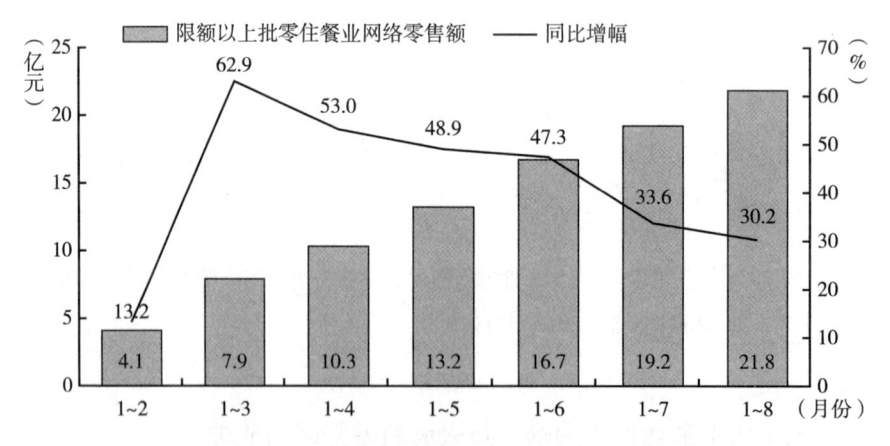

图4　2022年1~8月甘肃限额以上批零住餐业网络零售额及增速

资料来源：依据甘肃省统计局统计月报整理。

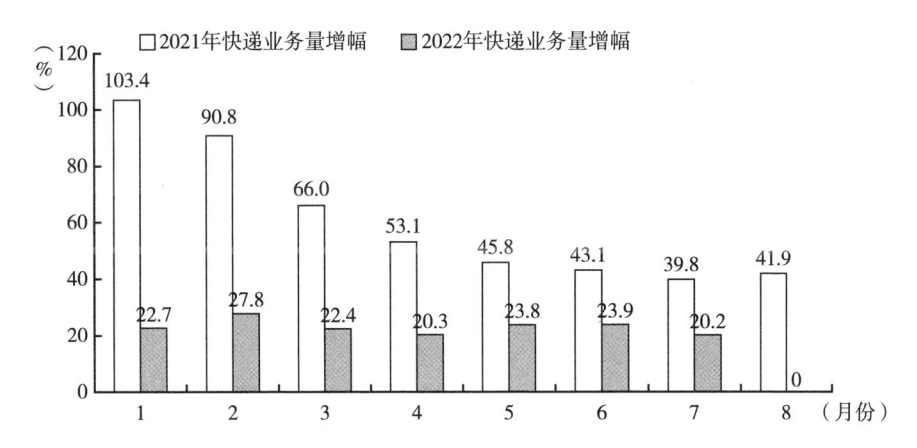

图5 2021年、2022年1~8月甘肃快递业务量增速比较

资料来源：依据甘肃省统计局统计月报整理。

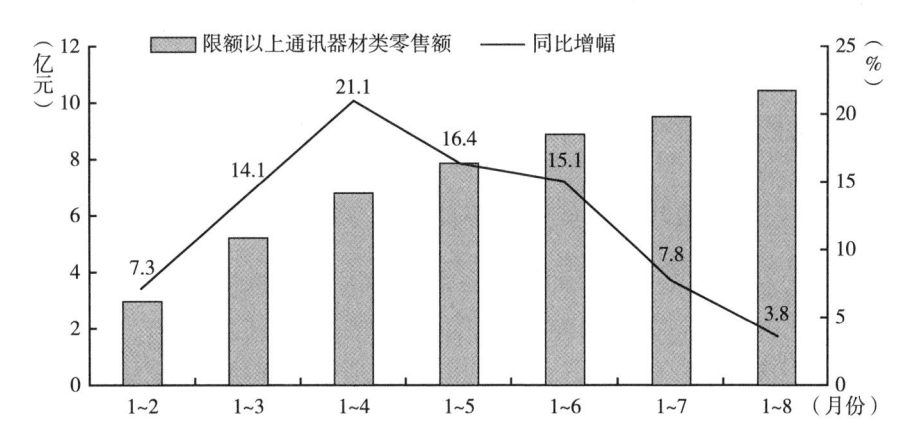

图6 2022年1~8月甘肃限额以上通讯器材类零售额及增幅

资料来源：依据甘肃省统计局统计月报整理。

（四）汽车消费有所起伏，住房相关消费持续下探

自2022年以来，受疫情、产业链断供等因素影响，全省汽车消费有所起伏，3月、4月受疫情影响，汽车消费降幅明显，5月、6月在中央、地方一揽子消费政策刺激及部分乘用车购置税减半等提升汽车需求政策的推动

下，汽车销售增速出现小幅回升；1~8月全省汽车销售累计降幅14.5%（见图7），政策刺激的边际效应正在减弱，汽车消费整体回落是消费增速下滑的主要原因之一。2022年1~8月，甘肃省住房相关消费一直处于负增长区间，并继续下探。至8月末，全省商品房销售面积累计下跌30.6%（见图8），需求端疲弱状况尚未扭转；自年初开始，国家、省级持续释放利好讯息，房企投资信心也未见明显恢复。

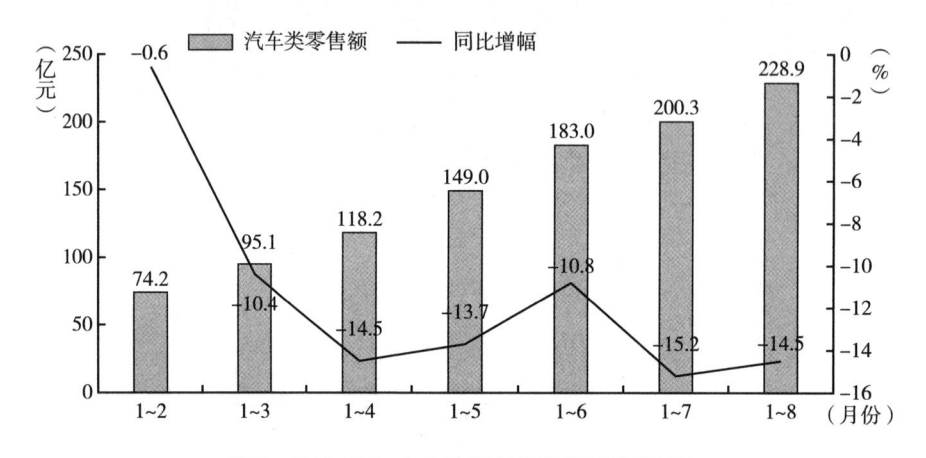

图7 2022年1~8月甘肃汽车类零售额及增速

资料来源：依据甘肃省统计局统计月报整理。

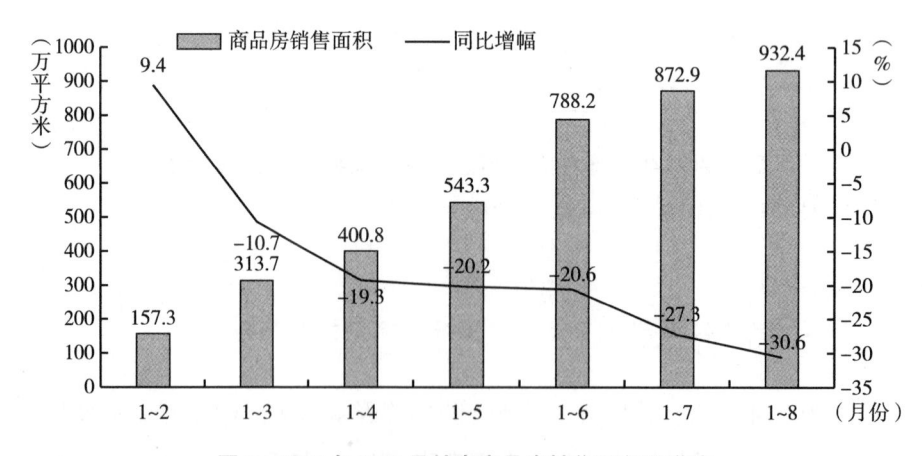

图8 2022年1~8月甘肃商品房销售面积及增速

资料来源：依据甘肃省统计局统计月报整理。

二 当前消费市场存在的主要问题

综合研判分析，当前疫情反复、就业压力大、收入支撑力不足等问题持续限制消费场景、冲击居民消费能力、降低居民消费意愿，进而影响消费复苏的平稳性和持续性。

（一）疫情明显冲击居民消费能力

2021年甘肃省消费呈现持续修复态势。2022年受疫情反复、消费场景减少、居民工作生活半径缩小等多因素影响，传统消费领域如生活用品零售、餐饮、交通运输、旅游的消费下跌。"无法消费"与"无力消费"交织叠加，上半年，全省居民人均消费支出8261元，同比名义增长3.8%（见图9）；城镇居民人均消费支出12254元，同比名义增长2.4%。经济下行压力加大及疫情反复也使得居民增收困难、对未来收入预期降低。10月央行发布的全国50个城市2万户城镇储户问卷调查显示，2022年第三季度居民收入信心指数为46.5%，比第二季度上升了0.8个百分点，但是与2021年同期相比，下降了3个百分点。

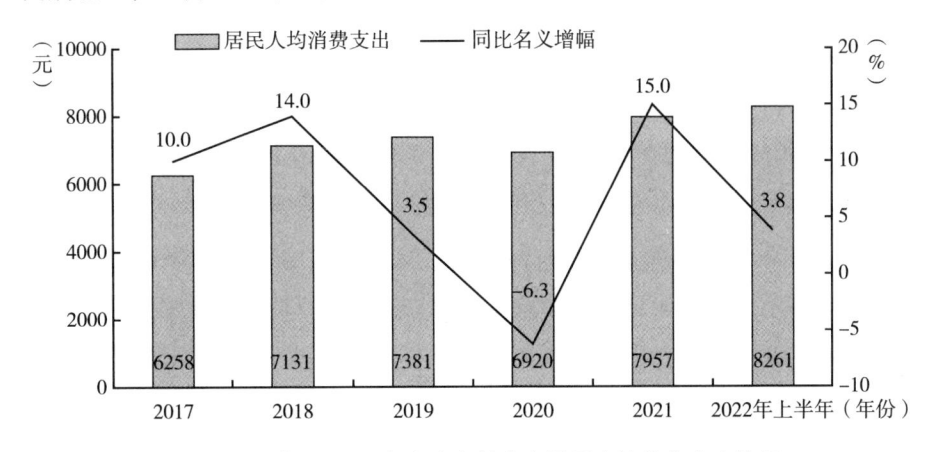

图9 2017年至2022年上半年甘肃省居民人均消费支出情况

资料来源：依据甘肃省统计局统计月报整理。

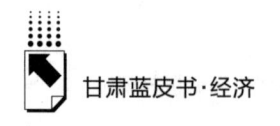

（二）就业压力持续影响消费恢复基础

2022年以来，甘肃省扎实推动稳经济一揽子政策落实、落地，全力助企纾困、保市场主体。但是受疫情等因素影响，消费性服务业恢复缓慢，部分制造业、服务业、社会服务领域和中小微企业生产经营困难，供需矛盾趋紧，招聘需求下降，应届毕业生签约率创新低；甘肃省多渠道促进毕业生就业，上半年累计组织带岗招聘活动479场，提供岗位近29.9万个，达成意向性就业协议近3万份。但是2022年甘肃省高校毕业生约19万人，比2021年增加了24%，就业压力不容忽视。受政策调整、市场发展等因素影响的房地产、教育培训及跨境电商三大行业的裁员问题延续至2022年，2022年上半年甘肃省城镇调查失业率为5.7%，与全国持平，2021年上半年全国城镇调查失业率为5.0%，失业状况严峻，持续影响消费恢复基础和居民消费倾向。央行调查显示，2022年第三季度居民就业感受指数为35.4%，较第二季度下降了0.2个百分点，有45.2%的居民认为"就业形势严峻""就业难"，就业压力大及消费信心不足是消费增速放缓的深层次原因。

（三）不确定性增大导致居民消费意愿低迷

经济下行及疫情反复对居民收入增长、财富积累及就业市场产生了明显影响，这种持续的不确定性加大更加剧了居民不消费、谨慎消费的情绪。截至2022年8月末，全省居民部门短期贷款余额比上年同期减少7.1%，趋近于2022年以来最低水平；居民部门人民币存款余额比上年同期增加了12.8%，为2月以来最高水平（见图10），居民部门短期贷款减少、预防性储蓄率居高不下显示了居民消费意愿低迷、消费信心处于偏低水平。国家统计局公布的8月消费者信心指数为87%，较上年同期降低了25.96%，较第二季度末降低了1.9个百分点，为历史第三低水平。根据发达国家历史经验，意外冲击特别是瘟疫流行会明显影响、降低个人平均消费倾向，恢复期大约需要1~2年。

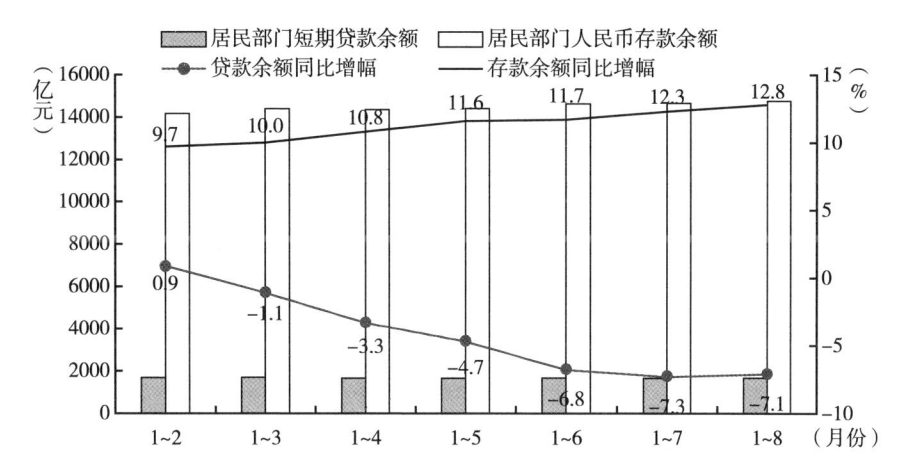

图10 2022年1~8月甘肃居民短期贷款、人民币存款余额及增速

资料来源：依据甘肃省统计局统计月报整理。

（四）收入对消费恢复的支撑力不足

2022年上半年甘肃省全体居民人均可支配收入同比增长5.2%，增速比全国高0.5个百分点，居全国第14位；城镇居民人均可支配收入同比增长3.7%（见图11），增速比全国高0.1个百分点，居全国第17位。但是与2021年同期比较，人均可支配收入下降明显。具体来看，在工资性收入、经营净收入、财产净收入和转移净收入四类收入中，经营性收入下降最为明显，可见，疫情反复给城镇居民的个体经营带来显著影响，也成为制约居民收入恢复的重要因素（见图12）。

三 未来消费形势展望

展望2023年，甘肃省经济将保持回升势头，消费将继续修复性改善，但是增长压力仍然较大，恢复速度仍将放缓，重点品类消费将呈现不同走势。

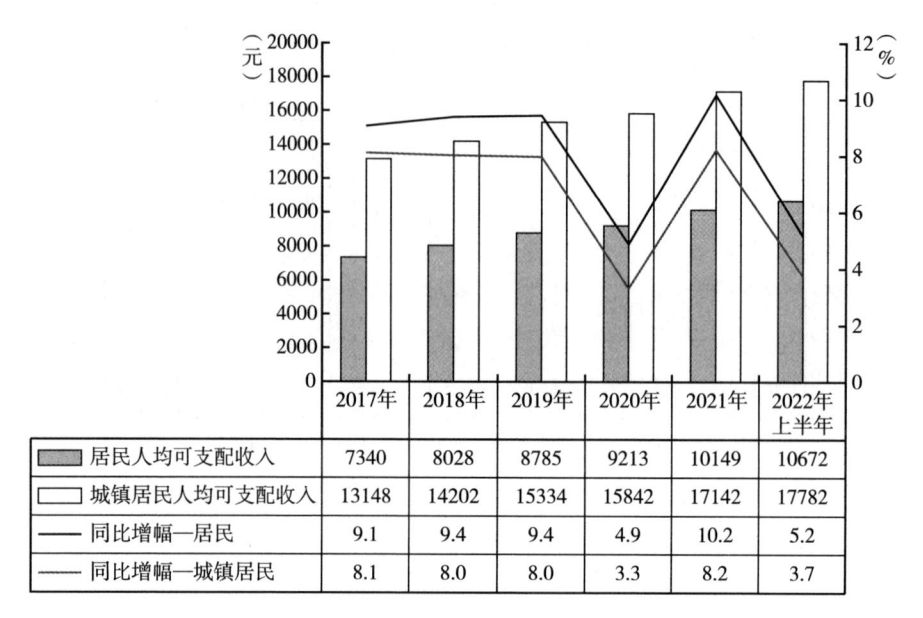

	2017年	2018年	2019年	2020年	2021年	2022年上半年
居民人均可支配收入	7340	8028	8785	9213	10149	10672
城镇居民人均可支配收入	13148	14202	15334	15842	17142	17782
同比增幅—居民	9.1	9.4	9.4	4.9	10.2	5.2
同比增幅—城镇居民	8.1	8.0	8.0	3.3	8.2	3.7

图 11　2017 年至 2022 年上半年甘肃省居民人均可支配收入

资料来源：依据甘肃省统计局统计月报整理。

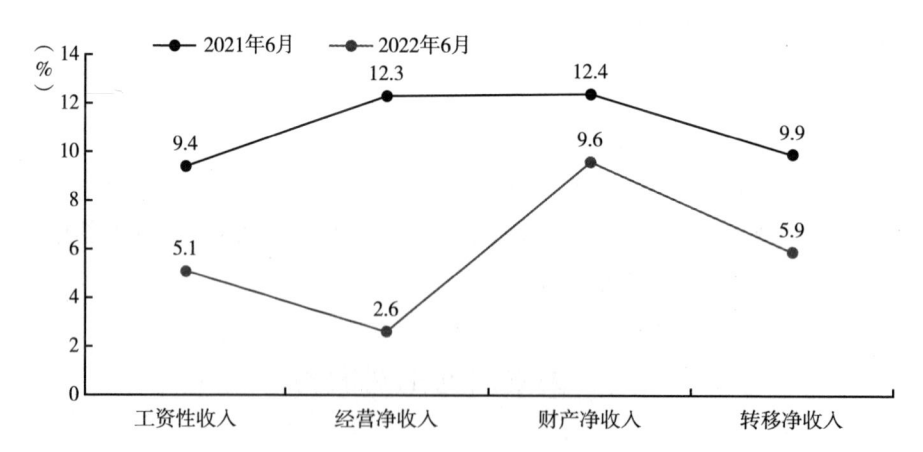

图 12　2021 年至 2022 年上半年甘肃省居民人均可支配收入同比增长率

资料来源：依据甘肃省统计局统计月报整理。

（一）消费增长压力不容忽视，居民消费将非线性修复

从国际环境来看，世界经济增长趋缓，美联储持续激进加息，多国跟随加息以应对通胀，全球美元流动性收紧，国际金融市场震荡加剧，未来国际市场需求萎缩可能导致我国出口增速放缓，外需对我国经济增长的拉动作用趋弱。此外，东南亚制造业替代效应显著也对我国传统制造业就业带来冲击。地缘政治冲突愈加复杂，我国经济发展面临的外部不确定性增加。

国内环境方面，国务院推出稳经济一揽子政策措施以来，我国经济运行总体呈现企稳回升态势，然而经济恢复内生动力仍然不足，总需求偏弱问题愈加凸显，"三重压力"尚未根本改善，我国经济未来仍然面临疫情反复、出口下行、房地产市场供需双弱等叠加因素挑战，下行压力加大。甘肃省疫情反复在一定程度上抑制经济、影响消费修复。经济发展环境的复杂性和不确定性上升，稳增长、稳就业、稳物价挑战严峻，居民就业和收入预期向弱，预防性储蓄动机渐强，这些都会在短期内对消费产生不利影响。

从具体消费种类看，必需消费品将保持平稳增长态势；可选类消费品受不同收入群体就业和收入弹性影响，波动性较大；受疫情影响，消费场景受限，线下消费复苏的基础尚不牢固，客流量减少或将成为餐饮业常态，餐饮业完全恢复尚待时日；旅游等服务性消费尚不能摆脱疫情影响，消费恢复面临较大的不确定性；汽车消费短期或因政策支撑有一定边际回暖，长期来看，则因行业周期低谷、供给短缺、补贴政策到期等因素面临阶段性调整；住房相关消费方面，2022年政策端在坚持"房住不炒"的基础上，强调"保交楼、稳民生"，房地产市场出现了一些积极变化，这或将在一定程度上提振房地产相关消费，进而带动建筑装潢、家电家具等相关消费回升。

（二）有利因素支撑消费持续恢复

一是政策支持、助力经济修复。国家层面，2022年4月，国务院办公厅发布《国务院办公厅关于进一步释放消费潜力促进消费持续恢复的意见》，提出释放消费潜力、促进消费恢复的五大方面20项政策举措；5月，

国务院发布《扎实稳住经济的一揽子政策措施》；7月，商务部、国家发展改革委等17部门发布《关于搞活汽车流通扩大汽车消费若干措施的通知》，以扩大汽车消费、助力稳定经济基本盘；8月，商务部等13部门发布《关于促进绿色智能家电消费若干措施的通知》，提出打通家电消费堵点、拉动家电及上下游关联产业发展的9个方面的政策举措。地方层面，2022年6月，甘肃省人民政府印发《甘肃省贯彻落实稳住经济一揽子政策措施实施方案的通知》，配套出台了53条落实举措；8月，省政府办公厅印发《甘肃省进一步释放消费潜力促进消费增长若干措施的通知》，提出包括推进实物消费提档、促进服务消费扩容等在内的7个方面29条措施，进一步扩大有效需求、释放消费潜力；9月，省政府常务会议审议通过《甘肃省贯彻落实稳住经济一揽子政策接续政策措施实施方案》，全力以赴保市场主体、保就业、保民生。随着中央促消费政策的陆续出台和甘肃省助力经济修复措施落地显效、疫情逐步得到控制、短期促消费政策和长期扩内需政策发挥合力，甘肃省消费有望持续恢复。

二是消费新模式激发新需求，信息消费将成为新的增长点。疫情反复冲击，移动互联网应用需求激增。为了减少接触、压缩物流和供应成本，线上线下融合零售模式不断发展，直播电商、无人零售、即时零售等不接触商业模式快速发展，为居民基本生活提供保障；在线健身、在线旅游、在线文娱为促进消费升级提供保障；远程办公、在线教育、"互联网+医疗健康"为民生公共服务提供保障。随着政策引导下信息消费环境不断优化，信息消费群体规模不断扩大，信息消费产品的智能化、沉浸化、富媒体化创新及传统消费的数字化转型加剧，5G移动通信、智能汽车、智能电子产品、元宇宙等将成为消费热点，信息消费将快速增长。

四 政策建议

消费是拉动经济增长的重要动力，也是推动构建以国内大循环为主体、国内国际双循环相互促进新发展格局的重要一环，努力挖掘潜力、促进消费回升是当前稳经济大盘的关键。消费扩张是以收入增长、就业保障及对未来预期持乐观态度为前提的，提振消费、促进消费持续恢复要从夯实消费增长基础、提升居民消费能力、改善居民消费意愿等方面入手，需要协同发力、综合施策、解当前之困，也需要远近兼顾、创新提质、夯长远之基。

（一）继续加大稳就业政策力度，保障重点群体就业

就业是民生之本。就业稳，收入才稳，居民的消费能力、消费信心才能提升。甘肃省应围绕稳市场主体、稳就业、保民生，继续实施、升级《关于进一步稳定和扩大就业的若干措施》、"降缓返补"等一揽子政策，不断扩大政策实施范围，加大支持力度，促进制造业高质量就业，扩大服务业就业，拓展农业就业空间，支持中小微企业和个体工商户稳定就业，有效稳住就业基本盘。大力支持平台经济，增强其吸纳就业的能力，对依托平台灵活就业的困难人员给予社保补贴，涵养灵活就业"蓄水池"；持续优化创业环境，加大对初创实体的融资、场地、费用减免等帮扶力度，以创业带动就业倍增。强化就业优先导向，保障重点群体就业。对应届大学毕业生精准施策、挖掘潜力，多渠道募集就业岗位；同时加大就业补助资金、大学生农业特色优势产业专业补贴等政策力度。对农民工群体加大以工代赈工程实施力度，多方式、多渠道支持农民工就地、就近就业；开发护路、治安、保洁、植树造林等乡村公益岗位，兜底安置脱贫人口。

（二）完善民生保障，释放消费潜力

建立居民收入增长的长效机制，在保障基本工资收入的基础上，提高财产性收入；持续完善社会保障网络，提高社保的覆盖面、公平性及可持续性，加大对教育、医疗及低保的投入力度；增加对生活困难的低收入人群的现金补贴，补偿和维持困难群体的现金流，增强其消费能力；探索、试行"中央财政+地方补贴+企业折扣"的组合模式发放消费券，发挥消费券的乘数效应；优化临时救助机制，用足临时救助备用金制度，对基本生活受疫情影响陷入困境、相关社会保障暂时无法覆盖的家庭或者个人，及时纳入临时

救助范围，保障其基本生活消费；健全失业人员帮扶机制，扩大失业保险的覆盖面，将两年内未就业的高校毕业生、登记失业青年纳入补助范围，及时发放失业补贴。

（三）以"数字+文化"助力文化消费升级、培育消费新增长点

数字文化消费已经成为我国经济发展新的增长点。新冠肺炎疫情发生以来，以短视频、网络直播等为代表的数字文化消费异军突起，在拉动经济、提振信心方面发挥了重要作用。2022年7月，《丝路花雨》首登"云端"舞台，"新兴媒体+经典艺术"的文艺新样态实现了艺术产业的数字化，满足了消费者的优质文化产品需求，也拓展升级了文化消费。紧紧抓住国家大力倡导文化产业"上云用数赋智"的机遇，推动"数实融合"，充分利用云计算、大数据、人工智能等技术激活文化消费和跨界融合，为文旅机构、公司、消费者提供数字化产品和服务，打造标志性文化项目，搭建数字化宣传、推广及交易平台，以"数字+文化"助力文化消费升级、培育消费新增长点，也实现文化消费升级与文化产业升级互促共进。以数字科技拓展文旅消费新体验、延展消费空间、激活消费潜能，将生态旅游、红色旅游等传统业态及科技馆、文化馆、博物馆、文化产业园等泛文旅新业态打造成文旅消费新的增长点，促使文旅消费日常化、高频化。

（四）深入挖掘县域农村消费潜力

在构建双循环发展格局的当下，县域农村作为消费的基石市场，可挖掘潜力巨大。应进一步建设、完善县域商业体系，优化农村消费供给，促进县域农村消费潜力释放。收入层面，重点发展带动农业农村发展能力强、比较优势明显、就业容量大的产业，促进农民就地就近就业，夯实消费基础；在重大工程项目中大力实施以工代赈，促进当地农村劳动力、城镇低收入人口和就业困难群体增收；落实好减税降费政策，继续推进农村"三块地"改革，以增收促消费。产品层面，建设、完善以县城为中心、乡镇为重点、村级为基础的县域商业体系，改造提升县、乡镇综合商贸中心和村便利店，优

化商业网点布局，保障"邮政在村""电商进村""快递到村"，鼓励日用品、家电等品牌企业增加优质供给及服务，保障农村居民就近便利消费。2022年9月，甘肃省商务厅印发《2023年度县域商业体系建设项目实施方案》，应按照实施方案的要求，补齐乡镇商贸流通基础设施的短板，支持跨区域物流、供应链建设，促进农村电商和物流融合发展，实现工业品下乡和农产品进城双向流通；建设完善农村家电流通体系，改造完善家电销售、仓储、配送、售后维修及回收等服务网点。

参考文献

曹立萍：《8月份全省经济运行保持向上向好态势》，《甘肃日报》2022年9月25日。

邹蕴涵：《当前我国消费市场形势分析与展望》，《中国物价》2020年第11期。

刘尧飞、管志杰：《双循环新发展格局下国内消费扩容升级研究》，《当代经济管理》2021年第4期。

B.8
2022~2023年甘肃对外贸易分析与预测

王军锋*

摘　要： 2022年1~8月，甘肃对外贸易运行数据表现亮眼，进出口增速、出口增速、进口增速分别居全国第八位、第七位、第十位，同比增长率大大高于全国平均水平，在强政策、夯基地、拓需求、转方式、扩伙伴、增动能、培主体、兴区域等八个方面呈现鲜明特点。但甘肃对外贸易仍存在总额居于全国末端，出口和进口占比极低；主要指标增速在西北五省区处于倒数第二位，一直呈贸易逆差持续扩大态势，是西北五省区唯一逆差省份，出口乏力问题一直未得到有效解决等突出问题。2023年，甘肃进出口总值有望突破600亿元，出口增长率不低于20%，进口增长率会上扬到40%左右。围绕打造"一带一路"开放枢纽这一战略部署，甘肃从贸易主体、贸易品种、贸易市场、贸易方式等方面突出抓政策落实、创新驱动、"链主"培育，使对外贸易成为甘肃经济高质量发展的"稳定器"和增力剂。

关键词： 对外贸易　进出口　"一带一路"开放枢纽　甘肃

一　2022年对外贸易运行分析

2022年1~8月，受国内市场投资增速放缓、消费低迷的影响，全国社

---

* 王军锋，甘肃省社会科学院资源环境与城乡规划研究所副研究员，研究方向为区域经济、企业治理、民间金融、对外贸易。

会消费品零售总额同比增长0.5%，固定资产投资同比增长5.8%，出口成为拉动国内经济增长的主要动力。中国海关总署统计数据显示，同期全国进出口贸易总值达到27.3万亿元，同比增长10.1%。其中，出口总值为15.5万亿元，同比增长14.2%；进口总值为11.8万亿元，同比增长5.2%；贸易顺差额3.7万亿元，同比扩大58.2%。

2022年，面对严峻复杂的外部环境和国内疫情多点散发带来的严峻挑战，甘肃省认真贯彻落实第十四次党代会精神及省委省政府各项稳经济、稳外贸决策部署，助力广大外贸企业迎难而上、创新发展，对外贸易全线飘红，各项运行数据增速均大大高于全国平均水平。据中华人民共和国兰州海关发布的数据，截至8月底，甘肃进出口总值420.8亿元，同比增长25.3%，高于全国平均水平15.2个百分点。其中，出口总值82.7亿元，同比增长50.4%，高于全国平均水平36.2个百分点；进口总值338.1亿元，同比增长20.4%（见表1），高于全国平均水平15.2个百分点。甘肃对外贸易整体呈现"强政策、夯基地、拓需求、转方式、扩伙伴、增动能、培主体、兴区域"等八个鲜明特点。

表1　2022年1~8月甘肃累计进出口状况

单位：亿元，%

月份	进出口		出口		进口	
	总额	增长率	总额	增长率	总额	增长率
1~2	105.3	16.1	21.9	56.6	83.4	8.8
1~3	165.9	21.7	31.3	51.1	134.6	16.4
1~4	209.8	8.2	39.1	42.3	170.7	2.5
1~5	270.7	19.9	49.4	44.3	221.3	15.6
1~6	325.8	24.6	61.6	49.4	264.2	20.0
1~7	368.8	22.3	74.1	54.8	294.7	16.1
1~8	420.8	25.3	82.7	50.4	338.1	20.4

资料来源：中华人民共和国兰州海关官网。

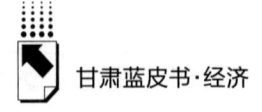

1. 强政策，进出口总值稳定增长态势趋强，进出口同比增长率居全国第八位

深入贯彻落实党中央、国务院一系列稳外贸政策措施，甘肃省先后出台《甘肃省关于做好跨周期调节进一步稳外贸的实施意见》《甘肃省人民政府办公厅关于促进内外贸一体化发展的实施意见》等，通过政策持续发力，有力推动全省外贸高质量发展。2022年1~8月，甘肃进出口总值分别比2019年、2020年、2021年同期增加了176.1亿元、191.7亿元、88.8亿元。从逐月数据看，1~8月分别为105.3亿元（1、2月合计）、60.6亿元、43.9亿元、60.9亿元、55.1亿元、43.0亿元、52.0亿元，一改往年大起大落的局面，总体呈现显著均衡增长态势，月份间最高额与最低额相差为17.9亿元，与上年同期相差24.8亿元相比有所收窄，显示出进出口增长稳定性进一步趋强态势。

2022年1~8月，甘肃进出口总值处于全国第28位，分别比宁夏174.1亿元、西藏30.4亿元、青海28.8亿元多246.7亿元、390.4亿元、392.0亿元；进出口总值同比增长率居全国第八位，比对外贸易大省广东、江苏、浙江分别高24.7个、14.7个和6.5个百分点。

2. 夯基地，主要出口类产品强劲增长，出口同比增长率居全国第七位

目前，甘肃累计建成国家级外贸转型升级基地6个、省级外贸转型升级基地28个，积极培育兰州新区化工、定西中药材、酒泉新能源、平凉供港澳活牛等省级出口基地，支持企业在共建"一带一路"国家设立国际营销网点121个，外贸主体规模由"十三五"时期末的4500家增加到7100多家，进出口1亿元以上外贸企业达41家，跨境电商交易额达23.8亿元，连年保持倍速增长，2022年新增外贸备案企业181家，有力地带动甘肃省特色优势产品"走出去"开拓国际市场。2022年1~8月，甘肃出口总值位于全国第29位，分别比西藏28.5亿元、青海18.1亿元多54.2亿元、64.6亿元；出口同比增速居于全国第七位，比四川、陕西、内蒙古等相邻省区分别高34.6个、28.5个和17.3个百分点，比出口负增长的山西、北京、广西、贵州省（区、市）分别高63.2个、61.2个、56.0个、54.1个百分点。

机电产品、农产品、药材及药品、基本有机化学品、文化产品、铁合金、未锻扎铝及铝材、焦炭及半焦炭、钢材、稀土及制品成为甘肃省十大出口商品（见表2）。从出口商品值占比看，机电产品、农产品、药材及药品出口占比合计达72.1%，成为甘肃出口主导产品。从出口增长率看，焦炭及半焦炭、文化产品、药材及药品三类商品均出现成倍增长态势，分别同比增长了643.2%、434.8%和398.8%。

机电产品出口值39.3亿元，同比增长28.0%，占全部出口总额的47.5%，成为甘肃省出口创汇的第一大支柱产品。其中，电器及电子产品（包括集成电路）出口28.2亿元，同比增长18.3%；电工器材出口7.5亿元，同比增长31.2%。

农产品出口值14.1亿元，同比增长35.5%，占全部出口总额的17.1%，成为甘肃省出口创汇的第二大支柱产品。其中，种子、苹果汁出口值分别为2.7亿元、1.6亿元，增幅分别为49.3%、77.5%。同时，获取活牛出口配额876头，同比增长32%，还首次获得22吨种用玉米出口配额。

药材及药品出口6.2亿元，同比增长398.8%，占全部出口总额的7.5%。其中，新冠疫苗出口4.6亿元。

基本有机化学品出口4.0亿元，同比增长45.3%，占全部出口总额的4.8%；文化产品出口3.2亿元，增长434.8%，占比3.9%。其他产品出口占比均在2%以下。

表2 2022年1~8月甘肃十大出口商品

单位：亿元，%

出口商品	出口额	同比增长率	占比
机电产品	39.3	28.0	47.5
农产品	14.1	35.5	17.1
药材及药品	6.2	398.8	7.5
基本有机化学品	4.0	45.3	4.8
文化产品	3.2	434.8	3.9
铁合金	1.6	132.9	1.9
未锻扎铝及铝材	1.2	93.4	1.5

续表

出口商品	出口额	同比增长率	占比
焦炭及半焦炭	0.9	643.2	1.1
钢材	0.9	44.4	1.1
稀土及制品	0.9	62.0	1.1

资料来源：中华人民共和国兰州海关官网。

3. 拓需求，金属矿及矿砂、镍钴新材料进口保持持续增长态势，进口同比增速居全国第十位

2022年1~8月，甘肃进口总值居全国第27位，同比增长率居全国第十位，分别比西藏、陕西、吉林、河北、广西、广东高104.4%、37.1%、36.3%、32.5%、30.4%、26.5%。

甘肃进口总值中一半以上为工业生产原材料，2022年1~8月金属矿及矿砂进口值184.0亿元，同比增长17.8%，占全部进口的54.4%。其中，铜矿砂及其精矿进口值130.7亿元，同比增长13.6%；镍矿砂及其精矿进口值34.5亿元，同比增长41.1%。镍钴新材料进口值51.2亿元，同比增长175.7%。同时，传统进口产品纸、纸浆及制品，未锻扎铜及铜材，美容化妆品及洗护用品，木材及制品，钢材，农产品，纺织品，成品油进口却呈显著下降态势，分别下降了27.7%、32.4%、35.6%、35.8%、42.8%、45.3%、96.1%、99.9%。

4. 转方式，一般贸易与加工贸易加快发展，服务贸易翻开新篇章

2022年前8个月，甘肃一般贸易进出口值276.7亿元，同比增长21.0%，占外贸总值的65.7%。其中，出口58.5亿元，同比增长78.3%；进口218.2亿元，同比增长20.4%。

加工贸易进出口值127.2亿元，同比增长73.3%，占外贸总值的30.2%，比上年增加8.4个百分点，表明甘肃承接加工贸易转移步伐持续加快。其中，出口值21.4亿元，同比增长19.3%；进口值105.8亿元，同比增长90.7%。加工贸易中，进料加工进出口值106.9亿元，同比增长

73.1%，分别占外贸总值、加工贸易值的25.4%、84.0%。其中，出口10.7亿元，同比下降2.7%，进口96.2亿元，同比增长89.6%。来料加工20.3亿元，同比增长74.1%，分别占外贸总值、加工贸易值的4.8%、16.0%。其中，出口10.7亿元，同比增长54.6%，进口9.6亿元，同比增长102.5%。

保税物流贸易方式进出口总值15.5亿元，同比下降80.1%，占外贸总值的3.7%。其中，出口2.0亿元，同比下降37.9%，进口13.5亿元，同比下降86.3%（见表3）。

表3　2022年1~8月甘肃不同贸易方式进出口状况

单位：亿元，%

贸易方式	进出口			出口		进口	
	总额	增长率	占比	总额	增长率	总额	增长率
一般贸易	276.7	21.0	65.7	58.5	78.3	218.2	20.4
加工贸易	127.2	73.3	30.2	21.4	19.3	105.8	90.7
进料加工	106.9	73.1	25.4	10.7	-2.7	96.2	89.6
来料加工	20.3	74.1	4.8	10.7	54.6	9.6	102.5
保税物流	15.5	-80.1	3.7	2.0	-37.9	13.5	-86.3

资料来源：中华人民共和国兰州海关官网。

在2022年中国国际服务贸易交易会上，甘肃省运输服务、技术服务、中医药服务、特色餐饮等领域14个服务贸易项目在会上签约，签约金额1.1亿美元。同时，医用重离子加速器、分散式污水处理、便携式太阳能储能电源、节能夹层玻璃等4项服务贸易创新成果线上线下同步向全球发布，充分展示了甘肃服务贸易发展状况和成果，促进服务贸易发展。

5. 扩伙伴，以兴建海外仓、跨境电商、国际货运班列为突破点，共建"一带一路"的亚欧非国家或地区成为甘肃主要对外贸易区域

甘肃不断推动海外仓建设及大力发展跨境电商平台，促进"一带一路"建设，支持省内外贸企业租赁建设海外仓54个；支持陇贸通、捷时特等首批认定5家外综服企业加大关、检、汇、税、融等服务力度，建成甘肃e外

贸数字贸易平台，累计服务省内中小微企业150多家；兰州、天水跨境电商综试区"两平台六体系"进一步完善，市场主体不断壮大。兰州综试区线上公共服务平台入驻企业217家，线下产业园区入驻企业78家，建成"星乐买"进口商品折扣店，大力推动保税备货零售进口新模式。天水综试区培育企业65家，成功举办多场跨境直播售货活动，实现跨境电商出口海外仓模式首单出口，跨境电商四种模式全部打通，上半年，全省实现跨境电商交易额7.6亿元，同比增长354.0%。以通达国际的外运通道为支撑打造枢纽制高点，多年来先后开行中欧、中亚、南亚、西部陆海新通道等国际货运班列，累计发运1870多列，货值超28.6亿美元，着力打造班列通关"绿色通道"，创新"班列+整车""班列+农产品"的监管服务，前5个月，全省国际货运班列共发运180列6820车，累计货运12万吨，货值1.8亿美元。

2022年1~8月，甘肃对共建"一带一路"国家或地区进出口值204.7亿元，同比增长27.8%，占甘肃外贸总值的48.6%，比上年同期增加0.9个百分点。

亚洲仍是甘肃第一大贸易伙伴地区，据不完全统计，前8个月，甘肃与亚洲国家和地区贸易总额226.6亿元，占全部对外贸易总值的53.8%；与欧洲国家贸易总额54.8亿元，占全部对外贸易总值的13.0%；与非洲国家贸易总额46.1亿元，占全部对外贸易总值的11.0%；与美洲国家贸易总额38.0亿元，占全部对外贸易总值的9.0%；与大洋洲国家贸易总额25.1亿元，占全部对外贸易总值的6.0%。其中，甘肃与上合组织成员国、东盟、欧盟、RCEP成员国贸易总额分别为121.0亿元、42.6亿元、30.9亿元、90.2亿元，分别同比增长17.4%、123.7%、47.5%、48.9%，成为带动甘肃对外贸易快速增长的重要组成部分。

哈萨克斯坦、刚果（金）、印度尼西亚、澳大利亚、中国台湾、蒙古国、芬兰、中国香港、俄罗斯、韩国成为甘肃十大贸易伙伴国或地区，亚洲国家或地区占据六席，欧洲两席，非洲和澳大利亚各一席。其中，哈萨克斯坦稳居甘肃第一大贸易伙伴国地位，贸易额100.0亿元，增长47.6%，占甘肃对外贸易总值的23.8%，占甘肃与亚洲国家贸易总和的44.1%；刚果

(金)居次席,贸易额30.2亿元,增长119.4%,占甘肃对外贸易总值的7.2%,占甘肃与非洲国家贸易总和的65.5%;印度尼西亚居第三位,贸易额28.0亿元,增长745.4%,占甘肃对外贸易总值的6.7%,占甘肃与亚洲国家贸易总和的12.4%。从进出口增速看,与印度尼西亚、刚果(金)、芬兰贸易额成倍增长,分别以745.4%、119.4%、115.5%而居增速前三位(见表4)。

表4 2022年1~8月甘肃十大贸易伙伴国或地区

单位:亿元,%

国别或地区	进出口			出口		进口	
	总额	增长率	占比	总额	增长率	总额	增长率
哈萨克斯坦	100.0	47.6	23.8	1.1	105.4	98.9	47.1
刚果(金)	30.2	119.4	7.2	0.3	137.7	29.9	119.3
印度尼西亚	28.0	745.4	6.7	2.7	102.2	25.3	1173.2
澳大利亚	24.2	31.5	5.8	1.0	110.3	23.2	29.3
中国台湾	23.9	-18.7	5.7	3.5	-7.5	20.5	-20.4
蒙古国	21.7	-22.8	5.2	0.6	52.9	21.0	-24.0
芬兰	19.1	115.5	4.5	0.1	747.5	19.0	115.4
中国香港	18.3	28.6	4.3	18.1	30.0	0.2	-23.9
俄罗斯	16.0	-51.5	3.8	2.2	106.0	13.8	-56.8
韩国	15.2	14.7	3.6	4.2	-5.2	11.0	24.8

资料来源:中华人民共和国兰州海关官网。

6. 增动能,出口市场多元化布局不断优化,主要出口目的地遍及亚美欧拉等区域

甘肃在拓展出口市场、增强出口动能方面,着力于不断优化多元化布局,立足亚洲传统出口市场,通过推进贸易数字化等举措,不断挖掘在美洲、欧洲、拉丁美洲等区域的产品出口增长潜力。2022年1~8月,中国香港、美国、阿联酋、韩国、中国台湾、印度、印度尼西亚、俄罗斯、日本、巴西共同成为甘肃省十大出口市场。其中,从出口市场占比看,中国香港、美国、阿联酋分别以21.8%、9.6%、6.3%而居前列;从出口增长速度看,面向阿联酋、印度、俄罗斯、印度尼西亚出口增速分别以1218.7%、317.4%、106.0%、102.2%居前四位,向美国、巴西出口增速也不低,分别为98.1%和41.2%,中国香港和台湾地区向来是甘肃传统而稳定的主要出口市场,均仍保持着30.0%的增长速度(见表5)。

另外,随着上合组织扩容和发展,2022年1~8月,甘肃省对上合组织其他成员国出口7.3亿元,增长152.3%。其中,机电产品出口3.1亿元,增长128.2%,占出口总值的49.7%;农产品出口1.6亿元,增长378.6%,占出口总值的25.1%;高新技术产品、基本有机化学品和初级形状的塑料分别出口0.7亿元、0.5亿元和0.5亿元,分别增长203%、204.3%和13.3倍。

表5 2022年1~8月甘肃十大出口目的地

单位:亿元,%

出口目的地	出口值	增长率	占比
中国香港	18.0	30.0	21.8
美国	7.9	98.1	9.6
阿联酋	5.2	1218.7	6.3
韩国	4.2	-5.2	5.1
中国台湾	3.5	30.0	4.2
印度	3.2	317.4	3.9
印度尼西亚	2.7	102.2	3.3
俄罗斯	2.2	106.0	2.7
日本	2.1	32.1	2.5
巴西	1.9	41.2	2.3

资料来源:中华人民共和国兰州海关官网。

7. 培主体,出口企业类型未发生根本性改变,国有企业主导型外贸格局更加趋稳趋强

随着国有企业布局改变,国有企业与非国有企业进出口值6∶4占比格局进一步改变，1~7月数据显示，改变为7∶3，其中，国有企业与非国有企业出口格局从上年同期的3∶7强化为2∶8，民营企业主导型出口局面未发生根本性改变，且有逐步趋强态势；国有企业进口占比从上年同期57.1%提高到2022年的82.6%，非国有企业进口占比从上年同期42.9%下降到17.4%，民营企业在进口方面并没有竞争优势。

从进出口增长率看，国有企业进出口增长率远远高于非国有企业，高达22.3%，比私营企业、外商独资企业、中外合资企业分别高17.4个、33.2个、61.3个百分点。从出口增长率看，中外合资企业55.2%、国有企业54.8%要好于私营企业47.5%、外商独资企业28.1%和个体工商户及其他类型企业20.9%。从进口增长率看，国有企业一枝独秀，增长16.1%，其他类型企业均为负增长或没有进口业务（见表6）。

表6 2022年1~7月甘肃进出口企业类型

单位：亿元，%

企业类型	进出口			出口			进口		
	额度	增长率	占比	额度	增长率	占比	额度	增长率	占比
国有企业	256.8	22.3	69.6	13.4	54.8	18.1	243.4	16.1	82.6
私营企业	109.4	4.9	29.7	59.1	47.5	79.8	50.3	-21.6	17.1
外商独资	1.2	-10.9	0.3	0.3	28.1	0.4	0.9	-19.9	0.3
中外合资	0.8	-39.0	0.2	0.8	55.2	1.0	—	—	—
个体工商户及其他	0.5	27.7	0.1	0.5	20.9	0.7	—	—	—

资料来源：中华人民共和国兰州海关官网。

8. 兴区域，传统工业基地进出口稳居前列，兰州新区综合保税区出口成倍增长态势增强

前7个月，金昌、兰州、白银、天水进出口规模稳居前4位，进出口总值分别为154.6亿元、103.2亿元、64.0亿元和28.1亿元，合计占甘肃进出口总值的93.4%，增幅分别为26.7%、27.7%、18.4%和12.7%。兰州新区综合保税区进出口总值49.3亿元，增长6.6%，其中，出口值16.7亿元，增长412%，进口值32.6亿元，下降24.2%。1~8月，嘉峪关市实现外贸进出口总值10.2亿元，同比增长12.2%。其中，出口值1.3亿元，同比增长68.2%，进口值8.9亿元，同比增长6.9%。

二 甘肃对外贸易存在的突出问题

从进出口总值看，2022年1~8月全国有7个省份超过万亿元，成为稳外贸的主导省份，其中，广东5.3万亿元、江苏3.6万亿元、浙江3.1万亿元稳居前三位，上海2.7万亿元、北京2.3万亿元、山东2.2万亿元、福建1.3万亿元紧随其后。四川、重庆等18个省份在万亿元以下到千万元以上，内蒙古、贵州等6个省份在千万元以下。从出口总值看，有5个省份出口额超万亿元，其中广东3.3万亿元、浙江和江苏均达2.3万亿元、山东1.3万亿元、上海1.1万亿元。从出口增长率看，全国19个省份超过（或持平）全国14.2%的平均增速，其中西藏143.1%、青海103.3%和海南96.9%跃居全国前三位（见表7）。从进出口值、出口值和进口值三方面看，甘肃对外贸易水平极低，既是一个长期存在的历史问题，也是影响甘肃高质量发展的现实问题。

表7 2022年1~8月全国31个省份进出口状况

单位：亿元，%

地区	进出口值	出口值	进口值	同比		
				进出口	出口	进口
总值	273025.5	154830.9	118194.6	10.1	14.2	5.2
广东	52734.2	33412.6	19321.6	0.6	4.9	-6.1
江苏	36315.6	23058.3	13257.3	10.6	13.6	5.7
浙江	31249.5	23092.6	8156.9	18.8	21.6	11.7
上海	26989.4	10872.5	16116.9	4.8	11.7	0.7
北京	23176.0	3735.1	19600.9	18.3	-10.8	25.7
山东	21791.1	13238.4	8552.7	18.2	25.3	8.7
福建	13186.9	8061.1	5125.8	10.6	16.4	2.6

续表

地区	进出口值	出口值	进口值	同比		
				进出口	出口	进口
四川	6501.7	3909.3	2592.4	11.8	15.8	6.2
重庆	5604.3	3653.7	1950.6	10.4	14.2	3.9
天津	5498.8	2542.6	2956.2	-0.3	6.1	-5.2
辽宁	5231.3	2379.0	2852.3	2.9	12.8	-4.2
河南	5157.6	3178.0	1995.6	8.4	7.5	9.8
安徽	5065.9	3106.8	1959.1	15.2	21.9	6.1
湖南	4458.7	3273.9	1184.8	21.0	29.7	2.0
江西	4425.2	3429.0	996.2	46.9	56.4	21.5
湖北	4138.1	2806.7	1331.4	23.9	33.1	8.1
广西	3631.5	1839.5	1792.0	-7.8	-5.6	-10.0
河北	3601.3	2195.3	1406.0	1.8	13.3	-12.1
陕西	3207.7	1985.1	1222.6	3.6	21.9	-16.7
云南	2333.7	1190.6	1143.1	17.0	12.3	22.3
黑龙江	1671.5	317.2	1354.3	30.7	15.0	35.0
新疆	1455.8	1209.4	246.4	49.6	58.2	18.0
海南	1257.5	402.1	855.4	45.0	96.9	29.0
山西	1238.8	808.3	430.5	-18.0	-12.8	-26.3
吉林	1015.5	315.3	700.2	-3.4	44.1	-15.9
内蒙古	946.1	399.3	546.8	20.4	33.1	12.5
贵州	469.3	308.6	160.7	13.2	-3.7	71.1
甘肃	420.8	82.7	338.1	25.3	50.4	20.4
宁夏	174.1	139.3	34.8	66.8	76.1	37.7
西藏	30.4	28.5	1.9	28.7	143.1	-84.0
青海	28.8	18.1	10.7	56.8	103.3	13.0

资料来源：中华人民共和国商务部。

1. 对外贸易总额居于全国末端，出口和进口占比极低，与周边省区差距显著

2022年1~8月，甘肃对外贸易总值处于全国倒数第4位，强于宁夏、

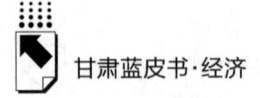

西藏和青海，仅占全国对外贸易总和273025.5亿元的0.15%，还不及广东的0.8%和江西的1.0%，仅为陕西的13.1%、新疆的28.9%、内蒙古的44.5%、贵州的89.7%。

甘肃出口值位列全国倒数第3位，高于西藏和青海，仅为全国出口总和154830.9亿元的0.05%，仅是广东、山东、四川的0.2%、0.6%、2.1%，与周边陕西、新疆、内蒙古、宁夏比，分别少1902.5亿元、1126.7亿元、316.6亿元、56.6亿元。

甘肃进口值位列全国倒数第6位，高于新疆、贵州、宁夏、西藏、青海，仅为全国总和118194.7亿元的0.29%，与周边四川、陕西、内蒙古比，分别相差2254.3亿元、884.5亿元、208.7亿元。

2. 对外贸易增速在西北五省区处于倒数第2位，出口增速不及西藏、青海和海南，进口主导型外贸结构对经济增长的拉动力微弱

从对外贸易总额增速看，居全国第8位，其中出口总值增速居全国第5位，进口总值增速居第6位。从西北五省区增速看，甘肃进出口总额增速仅比陕西省高18.6个百分点，与宁夏、青海、新疆比，仍分别低45.5个、18.6个、14.5个百分点，其中出口增速分别比陕西、新疆高20.7个和0.1个百分点，比宁夏、青海低38.3个和27.7个百分点，比海南低20.8个百分点；进口增速分别比陕西、新疆、青海、宁夏高36.9个、13.3个、5.0个、0.9个百分点，属于典型的进口拉动型外贸结构。

3. 10年来对外贸易一直呈贸易逆差持续扩大态势，是西北五省区唯一逆差省份，出口乏力问题一直未得到有效解决

1978～2003年25年间甘肃对外贸易连续保持着顺差，自2004年产生36.9亿元逆差后连续18年呈逆差化发展，2022年1～8月，甘肃属于全国5个逆差省份之一，扩大到255.4亿元，比上年同期增加了33.4亿元。西北五省区中其他四省区均呈现贸易顺差状态，新疆、陕西、宁夏、青海贸易顺差分别为962.9亿元、762.6亿元、104.4亿元、7.4亿元，其中前三个省区贸易顺差额均大于甘肃出口总额，这是一个应高度重视且需要采取措施予以扭转的战略性问题。

三 2023年甘肃对外贸易环境变化及走势预测

当前，逆全球化思潮日趋明显，单边主义和贸易保护主义对世界经济和国际贸易发展格局产生了深远影响，面对外需放缓甚至减弱、国际产业链供应链布局深刻调整的大背景，中国外贸发展面临的外部环境仍然错综复杂、全球经济发展缓慢、外部市场需求萎缩、国际和区域产业链和供应链不稳定、国际运输物流堵塞、美元升值等环境压力依然巨大，中国进出口行业既面临严峻挑战，也面临持续增长的机遇。

1. 中国对外贸易环境整体趋好，新兴自贸协定与新业态新方式支持中国对外贸易总量的稳定增长

随着国内宏观经济政策调整优化步伐加快，在包括RCEP在内的众多自贸协定的加持下，受美国通胀高企和美元指数攀高的影响，世界主要经济体货币贬值压力加大，中国对外贸易新业态、新模式、新动能加快生成，将引发形成对外贸易新增长点。

一是中国稳经济、稳外贸的政策力度更大，会进一步释放更加利好预期。二十大之后，围绕双循环新发展格局，从中央到地方政府将会密集出台更大力度、更加具有开放包容普惠的支持对外贸易发展的优惠政策，将支持企业更加积极地参与国际分工，更深地融入全球产业链、供应链、价值链，更加主动地扩大对外交流合作，刺激出口消化剩余生产力，扩大进口平衡供需关系，保持经济平稳增长，促进经济社会高质量发展。

二是中国会更加主动融入世界主要贸易体系中，加快扩大和升级自由贸易协定。据世贸组织统计，目前国际上达成的自由贸易协定已经有350多个。2002年，我国与东盟签订了自由贸易协定，这是我国第一个自由贸易协定，开启了我国自由贸易协定事业的新征程。截至目前，我国已经达成了19个自由贸易协定，与26个国家和地区签署了自贸协定。中国和其他贸易伙伴签订的自由贸易协定正在发挥积极作用，包括于2022年1月1

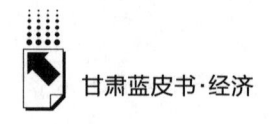

日生效的RCEP，标志着当前世界上人口最多、经贸规模最大、最具发展潜力的自由贸易区正式启航，极大地稳定并促进了中国与东盟、日本、韩国、澳大利亚、新西兰贸易，对于中国外贸的发展起到非常重要的推动作用。

三是美元霸权致使美元指数不断攀升，人民币下跌压力剧增利好出口。当前，美国通货膨胀率已经达到8.5%，是40年来的新高。美元指数的强势对世界主要经济体货币，包括中国人民币汇率造成较大的下跌压力。日元对美元汇率2022年以来下跌已超过20%，创下1979年以来最大年度跌幅；欧元对美元年内已贬值近13%；英镑对美元汇率跌至1985年以来新低。9月底，离岸人民币汇率已跌至1美元兑7.2416元人民币，年初至今累计下跌超13%。人民币贬值会利好外贸企业，提高了其出口商品的竞争力，有利于增加出口量，外贸企业迎来了扩大出口的新风口。

四是中国在推动外贸由要素驱动向创新驱动发展转变进程中催生了对外贸易高质量发展的新动能、新业态与新模式。新型外贸业态包括多元化的市场主体、高频率的线上交易和差异化的商业模式等仍继续保持着高速增长，突破传统贸易模式的限制，已成为促进我国外贸新优势培育的重要力量和贸易高质量发展的必然选择。未来，中国将会持续强化科技创新、制度创新、模式和业态创新，由以成本和价格优势为主向竞争新优势转变，推动人工智能、区块链、互联网、物联网、大数据等与贸易发展的有机融合，加快培育对外贸易新的增长点。

2. 甘肃区域发展战略更加明确并具有定力，打造"一带一路"开放枢纽将成为重点之一

甘肃省第十四次党代会指出，随着新时代推进西部大开发形成新格局、黄河流域生态保护和高质量发展、共建"一带一路"等国家战略和倡议的深入实施以及国内国际市场的深刻变革，甘肃作为生态屏障、能源基地、战略通道、开放枢纽的特殊功能定位越来越凸显，拥有的资源禀赋优势、工业基础优势、地理区位优势越来越凸显，倾斜政策叠加、发展平台叠加、市场利好叠加的振兴机遇期越来越凸显①，经济发展的中心任务将放在通过高质量发展提升综合实力、缩小发展差距方面上来，将会为甘肃对外贸易发展提供更丰富、更强劲的市场供给和需求。

一是着力推动构建"一核三带"区域发展格局，实施"四强"行动。这一战略定位清楚地表明，甘肃将以重点地区和关键领域为突破口，推动综合实力和发展质量整体跃升，积极实施补短板、强弱项的区域发展对策。对外贸易水平低、出口支撑力不强的局面有望成为政策关注、支持的重点。

二是锐意开拓全面扩大开放，提高对外开放的质效。深度融入新发展格局，用足用好"一带一路"倡议最大机遇，充分发挥通道、枢纽、文化优势，找准做实发力点，优化全域开放布局，统筹四向拓展，突出向东向西开放，加强同共建"一带一路"国家和地区的实质性、多领域合作。完善大平台、大通道、大通关体系，充分利用中欧、中亚、南亚通道和西部陆海新通道，提升国际班列运营规模和效益。发展外向型经济，打造加工贸易产业集聚区，扩大进出口贸易额。深化对外人文交流，高质量办好兰洽会、文博会等国际性节会，增强甘肃对外影响力。

3. 2023年甘肃对外贸易发展初步预测

基于对国内省内对外贸易环境变化的分析，在疫情冲击力减弱的情形下，遵循国际贸易基本规律，灵活运用国际贸易基本策略，甘肃对外贸易发展将出现如下走势。

一是在2022年进出口总额突破500亿元的基础上，2023年进出口总额增长率仍会保持在30%以上。从近年来中国各省份进出口增长演变趋势看，对外贸易基数越小的省份，后发优势促进增长概率越大；资源优势越突出的省份，增长更加具有爆发力。

二是以机电产品和农产品为主导的出口结构特征愈加显著，出口增长率不会低于20%。随着RCEP生效国家的扩大，甘肃在传统的出口市场东亚、

---

① 尹弘：《继往开来奋进伟大新时代　富民兴陇谱写发展新篇章　为全面建设社会主义现代化幸福美好新甘肃努力奋斗——在中国共产党甘肃省第十四次代表大会上的报告》，甘肃政务网，2022年5月27日。

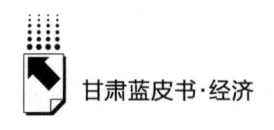

东盟等区域将会有更大的发展。

三是甘肃进口仍会保持强劲的增长势头，2023年同比增长率会抬升到35%~40%。在甘肃强科技、强工业战略深入实施进程中，大宗工业原料进口和高端科技仪器、科研实验器材进口势必有广阔的需求，加之甘肃省对铁矿石、铜矿石、镍钴新材料需求缺口日益扩大等，全球汽油天然气价格暴涨，都会极大地助推甘肃进口量价大幅提升。

四是甘肃主要进出口市场布局不会发生大的变化，出口仍以中国香港为第一大目的地，进口仍以哈萨克斯坦为主。与2021年、2022年比，2023年甘肃会扩大对东盟国家、南亚国家、中亚国家出口量，也会扩大从澳大利亚、北美国家、拉美国家进口量。

四 2023年甘肃对外贸易高质量发展对策建议

2023年，甘肃要围绕打造"一带一路"开放枢纽这一战略部署，抓紧搭建大平台，求真务实，从贸易主体、贸易品种、贸易市场、贸易方式等方面突出抓政策落实、创新驱动、"链主"企业培育，使对外贸易成为甘肃经济高质量发展的"稳定器"和增力剂。

一是抓政策落实，全面激发市场主体进出口存量与增量活力。近几年，从中央到地方各级政府密集出台了大量的支持对外贸易稳发展的政策，涵盖范围之广、力度之大前所未有，重点在于落实执行。围绕具有资源禀赋优势和比较优势的现代物流产业、特色农业和中药材、电子信息制造业、矿产资源加工业、生态文化旅游业①，坚持向西布局、向南拓展、向东融合、向北渗透的基本方略，构建和发展出口导向型产业，扩大东亚、东盟市场容量，挖掘中亚、阿盟市场活力，保持欧盟、北美市场增量，开拓南亚、澳大利亚市场需求，调整南美、非洲市场布局，盘活存量，激活增量。

二是抓创新驱动，全面塑造对外贸易高质量发展的新动能与新模式。重

---

① 王军锋：《甘肃对外贸易运行分析报告》，载王福生、王晓芳主编《甘肃商贸流通发展报告（2022）》，甘肃人民出版社，2021。

点在通过科技创新和制度创新,加快培育对外贸易高质量发展的新动能、新业态与新模式。随着数字技术和数字经济纵深发展,跨境电子商务贸易方式将进一步发展成为更加全面、影响也更为深远的E-国际贸易方式。E-国际贸易是建立在现代互联网技术、云计算技术、大数据流量处理能力的基础上,依托跨境贸易平台的集聚和管理,以数据的流动带动消费者和生产者、供应商、中间商集成产生贸易流量,形成国际化、信息化、市场化、社会化、平台化的一种全新贸易方式,紧跟和适应生产力发展、科技革命、业态变革等相互作用带来的新型国际贸易方式。经过多年的发展,甘肃形成了兰州和天水两大跨境电子商务综试区,为推进和探索更加高级化的E-国际贸易新型方式提供了坚实基础和良好条件,从而有利于塑造引领数字时代发展的国际经济竞争新优势。

三是抓"链主"企业培育,全面构建品牌竞争新优势。要着力推动企业整合内外资本和要素,鼓励、支持民营企业在国际市场进行兼并、收购等经营活动,塑造企业品牌,并以品牌资源整合企业的技术、管理、营销等优势,不断提升在国际产业分工中的地位,培育世界级"链主"企业,从而形成品牌竞争新优势。金川集团、酒钢集团、白银公司三大对外贸易主体企业以及天水华天集团都有极大潜力成长为世界级"链主"企业,带动甘肃对外贸易整体扩量增容、提质增效。

参考文献

张应华、王福生、王晓芳:《甘肃商贸流通发展报告》(2016~2020卷),社会科学文献出版社。

王晓芳:《精准把握甘肃构建双循环新发展格局的发力点》,《甘肃省社会科学院要报》2020年第8期。

周克全:《双循环格局下西部地区对外贸易市场选择与开拓——以甘肃省为例》,《开发研究》2020年第6期。

王军锋:《甘肃对外贸易运行分析报告》,载王福生、王晓芳主编《甘肃商贸流通发展报告(2022)》,甘肃人民出版社,2021。

专题研究篇
Special Research Reports

B.9
甘肃"四强"行动对策研究

索国勇*

摘　要： 2022年，甘肃省委省政府提出把"四强"行动作为突破发展瓶颈、努力在构建新发展格局中赢得先机主动的战略举措。立足"四强"行动战略布局和政策导向，分析甘肃省实施"四强"行动战略重点和目标，并针对当前科技创新综合能力不足，支撑经济高质量发展动能不强；产业结构调整升级缓慢，工业经济绿色低碳亟待突破等突出问题，提出了加快制度创新和管理创新，提高科技创新能力和科研成果转化率；加快新旧动能转换优化步伐，大力推动传统产业结构转型升级；加快新型城镇化进程，促进实现城乡一体化的"中国式现代化"发展；着力推进"一核三带"区域发展格局，树立绿色发展理念建设"中国西部生态安全屏障"等对策建议。

---

* 索国勇，甘肃省社会科学院区域经济研究所副所长，副研究员，主要研究方向为政治经济学。

关键词： "四强"行动　中国式现代化　甘肃

为全面建设社会主义现代化幸福美好新甘肃，开创富民兴陇新局面，甘肃省委、省政府首次提出"大力实施强科技、强工业、强省会、强县域行动，统筹经济与生态，统筹城市与乡村，统筹发展与安全，努力在构建新发展格局中赢得先机主动，在高质量发展中实现争先进位"。站在新的发展起点上，统筹推进"四强"行动是未来五年实现综合实力、生态质量、基础支撑、生活品质、治理效能五个领域提升的战略基点，对增强甘肃经济社会发展动力、打造"一带一路"开放枢纽、推动兰州从西部省会城市向国家中心城市的跨越发展，以及全面建设社会主义现代化新甘肃具有重大战略意义和现实意义。

一　甘肃省实施"四强"行动战略重点

实施强科技、强工业、强省会、强县域的"四强"行动，为甘肃在贯彻新发展理念和构建新发展格局中赢得先机主动，促进甘肃省经济社会的高质量发展，推动全省综合实力整体跃升，明确了工作重点和现实路径。

（一）实施"强科技"行动战略重点

综观人类发展历史，创新始终是推动一个国家、一个民族向前发展的重要力量，也是推动整个人类社会向前发展的重要力量[1]。党的十八大以来，习近平总书记始终把创新摆在国家发展全局的核心位置，高度重视科技创新，围绕实施创新驱动发展战略、加快推进以科技创新为核心的全面创新，

---

[1] 任平：《全面塑造发展新优势——论坚持创新在我国现代化建设全局中的核心地位》，《人民日报》2021年10月28日。

提出一系列新思想、新论断、新要求。科技创新是推动高质量发展、加快现代化建设的战略支撑，甘肃省委第十四次党代会上把"强科技"放到"四强"行动之首，突出了科技创新在现代化进程中的核心地位，延续并拓宽增强了"科技强省"战略内涵。甘肃制定了《甘肃省强科技行动实施方案（2022-2025年）》（以下简称《强科技实施方案》），全面加强对科技创新的部署，打造西部地区重要的科研创新基地。

1. 促进"五链"融合，不断增强科技创新效能

《强科技实施方案》提出"强科技"行动要坚持"自主创新、引领发展、人才为本、开放融合"的原则，打通基础研究、技术发明与产业发展之间的通道，促进创新链、产业链、资金链、人才链、政策链"五链"融合，激发科技创新活力，提升科技创新能力，攻克关键核心技术，加快科技成果转移转化效率，力争到2025年科技对经济社会发展的支撑引领作用更加明显。

培养壮大科研人才队伍。促进重点产业领域高端人才和研发团队不断集聚，人才培养与引进、使用与评价机制更加完善，各类人才创新活力充分激发。

不断增强科技创新效能。科技资源配置和创新要素更加优化，企业自主创新能力进一步增强，重要产业领域和关键技术环节上取得重大突破，重点领域自主创新能力和技术水平进入国内先进行列，优势领域技术水平跻身国际先进行列。到2025年，科技进步贡献率由目前的56.42%提升到65%以上，综合科技创新水平指数由目前的53.71%提升到65%以上，企业研发经费支出占全社会研发经费支出的比重由目前的53.56%提升到65%以上。

切实优化科技创新生态。构建以政府财政投入为引导，以企业投入为主体，以银行信贷和风险投资等金融资本为支撑，以社会资本投入为补充的多元化、多渠道、多层次创新投入体系。

2. 把握"三个方向"，进一步加快培育升级科研创新基地

《强科技实施方案》提出要组织实施国家创新平台培育计划，启动实施基础研究十年行动，实施企业技术创新能力提升行动，接续实施科技创新型企业和高新技术企业倍增计划。推进区域科技创新中心布局，在建设核技术领域国家级创新平台的同时，培育和促进基础条件良好的省级创新平台升级为国家级创新平台，创造有利条件争取获得更多的国家级创新平台落地。具体来看，科技创新基地建设的重点有三个方向。

第一个方向是提升科学与工程研究类科技创新基地建设水平。在数学、生命科学、医学、信息科学及合成生物学、纳米、数字经济等新兴、综合交叉学科，布局建设一批省级重点实验室。在现代农业、智能制造与机器人、新能源、资源环境等领域，依托骨干企业和创新型企业布局建设一批省级企业重点实验室。在先进材料、资源利用、装备制造、生物育种、新药创制、中药材等优势特色领域，培育创建若干重点实验室。

第二个方向是推进技术创新与成果转化类科技创新基地建设。针对甘肃省重点产业链的关键环节，新建一批工程研究中心和技术创新中心。鼓励有条件的高校、科研院所建立创新验证中心，完善科学研究工程化设施。加快发展以研究开发、技术服务、企业孵化为主要功能的新型研发机构，打造一批集技术研发、人才集聚、成果转移转化于一体的综合性创新平台，形成跨区域跨行业的研发和创新服务网络。

第三个方向是完善基础支撑与条件保障类科技创新基地建设。在重点领域布局建设一批公益性、共享性、开放性基础支撑和科技资源共享服务设施。建设野外科学观测研究站，开展长期稳定连续观测、野外科学试验研究和科技示范。大力发展孵化器、加速器、众创空间、产业联盟、创新服务中心等，提升公共服务平台支撑创新创业能力。

3. 以"基础研究十年行动方案"为核心，加强基础研究超前部署和新兴学科建设

面向科学前沿和重大战略需求，制定甘肃省基础研究十年行动方案，加强基础研究超前部署和机制创新，促进基础研究与应用研究紧密结合。

一要加大基础研究的力度，就要组建一批跨学科、综合交叉的科研团队。重点围绕核科学、数学理论、材料科学、生命科学、地球科学、能源科学、宇航科学等具有比较优势的领域，强化基础研究系统布局。保持持续提升重离子物理、化学、大气、生态、草业、冰川冻土、文物保护等优势领域的原始创新水平。培育有望推动产业变革和经济发展模式转变的变革性技术。推动新能源技术、生物技术、新材料技术发展，带动以绿色、智能、泛在为特征的群体性重大技术变革。

二要加强高校的基础学科与新兴学科建设。围绕新工科、新医科、新农科、新文科发展，配置创新资源，布局创新平台，保持高校对基础研究的持续投入。《强科技实施方案》提出要提升省属高校创新能力，支持省属高校在一流学科建设方面取得突破，实施省属高校国家一流学科突破工程。重点支持西北师范大学"教育学"、甘肃农业大学"草学"、兰州交通大学"交通运输工程"、兰州理工大学"材料科学与工程"等4个优势学科，以及西北师范大学的"简牍学"，这5个学科成为全国学科水平评估A类学科（综合实力排名全国同类学科前10%），力争一两个学科进入国家一流学科建设行列，引领带动全省高水平大学和省级一流学科建设，形成有利于创新能力提升的基础学科体系。

三要融合基础学科与应用学科的科学研究。持续关注国际科技前沿布局新兴产业科学问题研究与技术研发，推动基础研究和应用研究工程化和产业化，鼓励企业开展基础研究和应用研究，国有企业要加大基础科研投入力度，建立国有资本经营预算协调机制，推动国有企业设立科研准备金制度，靶向扶持"链主"企业，政府采购支持首台（套）推广应用，每年面向工业企业选派100名以上"科技专员"等。

4. 加强知识产权管理标准化体系建设，提升科技成果转化效率

《强科技实施方案》提出要制定成果转化合规尽职免予问责负面清单，建立多元主体共同参与的成果评价机制。将技术经纪（经理）人纳入职称评审体系。借鉴上海、江苏等地先进经验，新建投资主体多元化、管理制度现代化、运行机制市场化、用人机制灵活的高水平新型研发机构。支持创新主体加强知识产权管理标准化体系建设，完善成果转化收益分配机制，全面落实成果转化激励政策等，大力提升科技成果转化效率。

（二）实施"强工业"行动战略重点

工业是实体经济最重要的组成部分，是富民兴陇最关键的产业支撑①。强工业就是从省情出发，把握实际状况，立足工业基础，把做大做强工业作为产业发展的主攻方向，促进工业经济转型升级、提质增效，带动全省经济实现结构优化和高质量发展，这是"工业强省"战略的延伸和拓展。为此，甘肃制定出台了《甘肃省强工业行动实施方案（2022-2025年）》（以下简称《强工业行动方案》）。

1. 聚焦"强、补、聚"，加快传统产业转型升级

《强工业行动方案》要求以强龙头、补链条、聚集群为目标，不断优化产业结构，推动传统产业转型升级，推动石油化工、有色冶金等已经有基础的产业延链补链。

推进能源优势转化为产业优势，推动涉冶涉交涉建等重点行业绿电替代和重点领域碳减排，提升清洁生产和资源循环利用水平，加快绿色低碳技术研发应用，提高制造业能源资源利用效率，实现制造业与生态环境协调发展。保持传统优势领域，跟随前沿方向布局，释放新能源及新能源装备制造等优势产业的发展空间，打造形成新材料等市场潜力较大的产业的集聚效应，做强电子信息和生物医药等发展空间广阔的产业。构建结构合理、开放兼容和自主可控的具有较强竞争力的现代产业技术体系。力争石油化工和煤化工、有色冶金、新能源和装备制造、电池新材料、电子信息和生物医药等产业链到2025年能达到千亿级规模。

推进补强石油化工产业链条。在庆阳、兰州新区、玉门和白银等地，谋划布局千万吨级油气产能、减油增化、氢能和煤转化工产品、精细化工等项目，使全省化工产品增加到3000种以上，2025年石化和煤化工总产值达到3000亿元。

---

① 尹弘：《继往开来奋进伟大新时代 富民兴陇谱写发展新篇章 为全面建设社会主义现代化幸福美好新甘肃努力奋斗——在中国共产党甘肃省第十四次代表大会上的报告》，甘肃政务网，2022年5月27日。

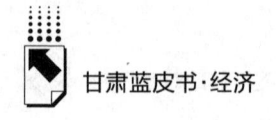

推进有色金属产业向高端化延伸。重点以优质钢材、镍钴锰和精品铜铝等产业产品为主，推进基础冶炼向精深加工跃升，使镍钴铜、铝、铅锌、稀土等有色金属冶炼产品增加到1000多种，力争2025年有色冶金产业总产值达到3500亿元以上。

推进风光电、氢能、核能等新能源不断壮大发展规模，带动新能源装备制造业向纵深发展。主要依托酒泉千万千瓦级风电基地和百万千瓦级光电基地优势，引进建设一批风光电装备制造的领军企业和配套企业，形成产业集群、企业集群，2025年全省新能源及装备制造业总产值达到1000亿元。

2. 加快谋划和培育新兴产业，引导国有资本向特色优势产业聚集

一是培育发展新兴产业。培育发展以氮化为代表的第三代半导体材料制造，依托甘肃省有机半导体材料及应用技术工程研究中心等，推动新型半导体材料与器件关键技术研发和成果转化；培育建设氢气提纯、液化和液氢储存、运输装置及配套设施，在工业副产氢纯化、燃料电池发动机、关键材料和动力系统集成等方面取得突破，有序推进加氢基础设施建设，积极利用氢气推动汽车用甲醇生产；培育发展锂离子动力电池、储能电池、消费电池和电池原材料，发展薄膜太阳能电池、新能源电池和燃料电池等，建设锂离子电池正极材料和电池回收绿色利用基地；培育发展以调峰调能为主的太阳能光热发电产业、装备制造业和分布式新能源技术综合应用体，实现新一代光伏、光热、大功率高效风电、生物质能和新兴储能装置等产业化；培育发展空间电推进技术及其应用产业、自动飞行控制系统及部件、航空电作动系统、航空电机和照明系统等产业升级项目，推进智能电动伺服控制系统和电动驱动及传动系统产业化，建设兰州真空产业园，加强压力容器研制和生产，建设真空获得设备和真空应用设备，发展飞机维修、拆解、改装等航空航天辅助产业。

二是主动积极谋划未来战略性新兴产业。在"强科技"行动的推动下，在健康产业、靶向药物开发、真空镀膜技术重点攻关的基础上，延伸利用相关产业，逐步形成上下游配套的产业发展体系。抢抓机遇高标准对接国家石墨烯"一条龙"应用计划，发展石墨烯化工材料和晶质石墨产业，积极加

强高分卫星和北斗导航技术延伸应用开发，并着力对接量子通信等尖端产业，抢占技术制高点，培育发展引擎。

三是引导国有资本向特色优势产业聚集。推动国有资本向新材料、新能源及配套产业、煤基、文旅、医药制药和农产品加工等特色优势产业聚集，提升六大特色优势产业规模层次和质量水平，力争到2025年，特色优势产业新增工业总产值达到1750亿元，利润100亿元以上，新材料产量达到565万吨，产值达到1800亿元，新增新能源装机达到1200万千瓦以上。通过发展医药、文旅产业，省属医药和文旅产业营业收入分别达到100亿元和80亿元；农产品精深加工转化率达到50%，统销率为80%。"三品一标"认证和质量追溯体系建设达到90%；煤基产业投资达到360亿元以上，实现煤炭产能、煤基产业产值、利税翻番。

3. 以碳达峰碳中和为目标，加快建设绿色综合能源化工产业基地

围绕落实国家"双碳"目标，坚持工业清洁低碳安全高效发展，坚持传统工业绿色转型发展，坚持大力发展新能源等，不断增加风电、光伏发电、太阳能热发电、抽水蓄能发电等新型绿色能源供给，形成风光水火储一体化协调发展的能源供给和消费格局。推动新能源开发成本、储存成本、配套使用成本进一步降低，并形成各种能源多元利用、综合利用、高效利用网络，发展风储、光储、分布式微电网储和大电网储等发储用一体化商业应用试点示范基地和示范企业，积极探索建设国家级清洁能源交易大数据中心。2025年实现全省风光电装机达到5000万千瓦以上，可再生能源装机占电源总装机比例接近65%，非化石能源占一次能源消费比重超过30%，外送电新能源占比达到30%以上等总体控制目标。

一是大力推进可再生能源开发建设。启动酒湖直流输电工程配套400万千瓦风电项目、陇东特高压直流输电工程配套1000万千瓦风光电项目，全面建成通渭风电基地200万千瓦风电项目、武威松山滩风电基地100万千瓦风电项目、中东部地区分散式风电100万千瓦项目，持续扩大光伏发电规模，开工建设玉门昌马120万千瓦抽水蓄能电站，加快推进张掖盘道山、武威黄羊抽水蓄能电站前期工作，谋划实施黄河、白龙江干流甘肃段抽水蓄能

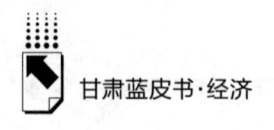

电站项目。

二是加快火电及调峰电源建设。建成常乐电厂二期200万千瓦、正宁电厂、灵台电厂等配套调峰火电项目，结合全省电力供需形势及各地民生供热需求，有序启动内用火电项目建设。

三是加快煤炭资源绿色高效开发。建成投广核桃峪、新庄、甜水堡二号、邵寨、五举等9处大中型现代化矿井，开工建设马福川、红沙梁、唐家河等煤矿，加快白岩子、红沙岗、吐鲁、宁西等矿区开发建设，推进白银千万吨级煤炭储运交易转化基地建设。到2025年，力争全省煤炭产能达到年9000万吨。

四是促进石油天然气增储上产。加大陇东油气资源勘探开发力度，打造千万吨级油气生产基地。力争到2025年全省原油产量达到1100万吨并保持稳产、天然气产量达到20亿立方米。

五是加快能源化工转型升级，推动三大炼厂炼化结构转型升级，支持兰州石化开展乙烯下游高端产品研发生产、玉门油田新能源制氢项目，推动庆阳石化减油增化。

（三）实施"强省会"行动战略重点

甘肃省第十四次党代指出，强省会就是要把发展壮大兰州和兰州新区作为加快全省发展的战略抓手，依托区位优势、交通优势、产业优势、科教优势和人才优势，按照聚焦功能定位、优化空间布局、突出重点板块、强化域内联动的思路，着力建设要素聚集中心、科技创新中心、产业发展中心、物流输转中心、区域消费中心，打造产业园区发展、营商环境改善、现代城市建设、乡村全面振兴、公共服务供给、基层社会治理、制度体制革新的样板，提升首位度、开放度、贡献度及城市影响力、综合竞争力，充分彰显省会担当、展示省会作为，不断增强在全省整体发展中的集聚和辐射带动作用。"强省会"行动战略，基于兰州市在全省经济总量的占比及综合竞争力综合考量，属于甘肃省首次提出，必将形成着力打造"大兰州"的新局面。兰州市人民政府在《兰州市国民经济和社会发展第十四个五年规划和二〇三五年远景目标纲要》《"十四五"兰州经济圈发展规划（2021-2025年）》《兰州市新型城镇化发展规划（2021-2035年）》等规划的基础上，先后出台了《兰州市贯彻落实"强省会"行动战略推动政务服务提质增效工作方案》《兰州市"十四五"科技创新与发展规划》《兰州市"十四五"时期"无废城市"建设实施方案》等6个规划方案，全方位提升省会城市综合发展水平，铸造省会城市在全省经济社会高质量发展中的核心引擎地位。

1. 全面提升省会城市经济首位度，加快建设"一核牵引、两极并进、四带联动"的经济圈

《"十四五"兰州经济圈发展规划（2021-2025年）》提出，要完善提升兰州城市功能和品位，进一步优化城市空间布局，加快改善交通和城市生态环境，努力将兰州建设成为辐射带动力强的现代化区域中心城市。争取到2025年，兰州经济圈地区生产总值年均增长6.5%以上，占全省地区生产总值的比重达到50%以上，常住人口城镇化率达到60%以上。

一是加快兰州白银一体化建设，形成"一核牵引、两极并进、四带联动"兰州"一小时经济圈"发展新格局。以兰州中心城区、兰州新区、榆中生态创新城和白银中心城区等主核心区为重点，形成兰州经济圈"一核"，推动中高端产业、创新人才、创新要素优先集聚，增强中高端服务和科技创新功能；以定西市和临夏州为兰州经济圈的"两极"新增长极区域，加快实现兰州和定西、临夏一体化发展进程，将两地打造成为核心区的产业支撑区；以兰州为中心，建设兰白、兰定、兰临、兰西为兰州经济圈的"四带"，大力提升兰州对周边市州的辐射带动作用，加强城市间功能互补，推动都市圈同城化和一体化进程，形成联系紧密、分工有序的都市圈空间发展格局。

二是加快省会周边新型中小城市发展，形成带动县域经济发展的新引擎。加快榆中、永登、永靖、临洮等撤县设区步伐，打破行政壁垒，使之成为省会兰州的人口承载区、产业配套区、生态提升区，不断提升这些区域小城镇基础设施和公共服务设施水平，提升发展品质，夯实和强化县域经济发展基础，培育新兴中小城市发展。

三是充分利用兰州—西宁经济带发展机遇，推进黄河上游创新城市群建设。充分发挥兰州新区向西开放的重要战略平台和承接产业转移示范区的作用，探索与发达地区共建科技产业园区路径和模式；高起点建设兰白科技创新城、榆中生态创新城，协同推进定西生态科技创新城建设；合力建设甘青（红古—民和）省际城市合作示范区，形成黄河上游生态新城发展新格局。

2. 强化"一心两翼多点"城镇化空间布局，全面提升城镇化率，促进城乡融合发展

《兰州市新型城镇化发展规划（2021-2035年）》提出，到2025年全市城镇化水平和质量稳步提升，非户籍常住人口市民化服务体系逐渐完善，常住人口城镇化率达到85%左右。城镇基本公共服务覆盖全部城镇常住人口，人民生活品质明显改善，实现更加充分、更高质量就业，多层次社会保障体系、卫生健康体系更加健全。城镇调查失业率控制在5.5%以内，每千人执业医师人数达到4人，人民群众获得感、幸福感、安全感进一步增强。

一是城镇化空间格局更加优化，城镇体系不断优化。兰州—西宁城市群协调发展更加顺畅，"一心两翼多点"的城镇化空间格局基本形成；城市综合竞争力进一步增强，地区生产总值年均增长6.5%以上，力争总量突破4000亿元大关，整体经济实力再上新台阶；城乡人居环境显著改善，生态环境质量持续改善，黄河兰州段生态保护修复治理取得突出成效，大气环境质量稳步改善，主要污染物排放总量持续减少，水生态环境持续提升。

二是以乡村振兴促进城乡融合，城乡融合发展更加顺畅。以都市农业为重点，加快发展设施农业、园艺农业、观光农业、体验农业，壮大农业产业集群；以高原夏菜、高原果业、高原药材为中心，加强农业园区和无公害农产品标准化生产示范基地建设，提升马铃薯、瓜果、中药材、百合、草业、玫瑰等特色优质农产品质量，扩大国际国内市场占有率，提升产品与品牌竞争力；城乡要素自由流动的制度性通道基本打通，城市人才入乡机制初步建立，城乡统一建设用地市场基本建成，基本公共服务均等化水平稳步提高，城乡统一规划建设运营的基础设施体系初步形成，产业协同发展程度进一步提升。

3. 全力推进减污降碳，全面提速"无废城市"建设

2022年4月，兰州市成功入选国家"无废城市"建设城市。"无废城市"是以创新、协调、绿色、开放、共享的新发展理念为引领，通过推动形成绿色发展方式和生活方式，持续推进固体废物减量化、资源化和无害化，将固体废物环境影响降至最低的城市发展模式。2022年9月，兰州市政府发布的《兰州市"十四五"时期"无废城市"建设实施方案》提出：到2025年，生活生产方式绿色转型成效显著，固体废物产生强度稳步下降，综合利用水平显著提升，无害化处置能力有效保障，固体废物智慧监管平台基本建立，"无废"理念得到广泛认同，生活垃圾回收利用率达到40%，全市固体废物治理体系和治理能力得到显著提升，医疗废物收集处置体系覆盖率达到100%，减污降碳协同增效作用初步显现，城市二氧化碳排放强度下降到2.02吨/万元，生活生产方式绿色转型成效显著，城市生态环境和人居环境持续改善。

（四）实施"强县域"行动战略重点

县域经济是国民经济的基本单元，是推动形成新型城乡关系的纽带和全面实施乡村振兴战略的重要环节。习近平总书记指出，要准确把握县域治理特点和规律，把强县和富民统一起来，把改革和发展结合起来，把城镇和乡村贯通起来，不断取得事业发展新成绩。为实施好"强县域"行动，甘肃省政府制定出台了《甘肃省强县域行动实施方案（2022-2025年）》（以下简称《强县域实施方案》）。要求全省各县域立足自身功能定位，选择最擅长"赛道"，聚焦重点各展所长，有效提升县域自我发展能力，使县域经济走上可持续发展道路，为建设幸福美好新甘肃和开创富民兴陇新局面提供支撑。

1. 不断壮大县域经济规模，实现53%的县域GDP达到100亿元以上目标

《强县域实施方案》要求到"十四五"末全省县域经济发展质量和效益全面提升，综合实力和整体竞争力明显增强，提出了到2025年要实现GDP100亿元以上的县域达到46个，这个目标表明，在甘肃省86个县域中

将有一半以上的县域要实现GDP100亿元以上。为此，甘肃部署了23项重点任务和5项保障措施，将全省86个县域按照地区生产总值规模划分7个等次确定发展目标，实现GDP100亿元以上县域达到46个，居民人均可支配收入年均增速达到7%，常住人口城镇化率累计提高8个百分点，县域对全省高质量发展支撑作用不断增强。

GDP100亿元以上的46个县域，从具体分布来看，就是达到GDP500亿元以上的县域3个，即兰州市城关区、兰州市七里河区和西固区；达到GDP300亿~500亿元的县域9个，即兰州市安宁区、武威市凉州区、金昌市金川区、庆阳市西峰区、白银市白银区、天水市秦州区、酒泉市肃州区、张掖市甘州区、玉门市；达到GDP200亿~300亿元的县域5个，即平凉市崆峒区、兰州市榆中县、天水市麦积区、陇南市武都区、酒泉市瓜州县；达到GDP100亿~200亿元的县域29个，即兰州市的红古区、皋兰县和永登县，白银市的平川区、景泰县、靖远县和会宁县，定西市的安定区、临洮县和陇西县，平凉市的静宁县、庄浪县和华亭市，庆阳市的庆城县、环县、华池县和镇原县，临夏州的临夏市，陇南市的成县，天水市的秦安县、甘谷县和武山县，武威市的民勤县，金昌市的永昌县，张掖市的民乐县、山丹县和临泽县，酒泉市的金塔县和敦煌市。

2.打造"一县一园"模式，把工业园区建成"强县域"的主阵地

甘肃省县域经济发展大致可以分为工业主导型、城市服务型、农业优先型、文旅赋能型、生态功能型等五大类型，引导县域根据自身特点确定发展方向，集中县市区资源、资金和人才等要素主攻一两个主导产业，对符合条件的项目要优先布局。工业主导型县域要打造"一县一园"，促进县域工业园区提档升级，把工业园区建成强县域的主阵地，通过园区平台完善产业链，打造产业集群。工业基础弱的县域要发展加工型园区，打造生产制造加工基地，通过大力实施绿色化、信息化、智能化改造，推动农副产品加工，以及建材和化工等传统产业转型升级，形成集制造加工和自主品牌于一体的完整产业链。农业优先型县域以推动农业产业规模化、标准化和园区化为主，建设现代农业产业园区。文旅赋能型和生态功能型县域要建设文旅产业

园区、休闲康养产业园区和生态产业园区等。同时以县域为主建立承接产业转移重点项目库，高质量承接东中部地区产业转移，支持建设国家重要的能源化工产业，建设资源精深加工和新材料等劳动密集型产业，建设绿色食品生产基地，不断培育和壮大县域经济新的增长点。到2025年将打造12个百亿元级重点特色产业园区。

二 "四强"行动中存在的突出问题

甘肃省全面贯彻新发展理念，积极应对复杂的发展环境和严峻的风险挑战，高效统筹疫情防控和经济社会发展，构建"一核三带"和实施"四强"行动战略，推动全省各项事业取得了历史性成就。但是经济社会发展不充分不平衡问题依然突出，距离强科技、强工业、强省会和强县域的目标和要求还存在较大差距，尤其是科技创新综合能力不足，支撑经济发展动能不强；产业结构调整升级缓慢，工业经济绿色低碳亟待突破等两方面问题尤为突出。

（一）科技创新综合能力不足，支撑经济发展动能不强

1. 企业科技创新主体地位不突出，科技创新投入不足

虽然政府在不断加大对科技创新的投入力度，但企业作为科技创新的主体地位还不突出，企业对科技创新投入积极性还不够高，企业科技创新研发经费投入长期偏低，科研经费投入目标不清晰、不集中，科技创新与金融的结合不紧密，特别是对科技创新的市场支持重视不够，这些因素制约了科技创新能力的提升。

2. 科技成果转移转化效率不高，科技创新成果供给不足

科技创新与企业发展的信息流动不够活跃，高校、科研院所和企业长期在不同轨道运行，高校和科研院所同企业的对接合作不顺畅，造成科技成果转化率低，表现为科技创新成果供给不足，使科技创新的引领作用和支撑经济高质量发展的动能不够强劲。

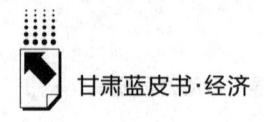

3. 高科技人才短缺，科技创新机制不强

关键领域科技领军人才和高端人才短缺，市场配置创新资源的决定性作用尚未充分发挥，跨部门、跨学科、跨行业的科技创新统筹协调机制不够顺畅，对于知识产权的保护、技术人才的流动、企业产权的明晰等制度安排上存在的问题抑制了科技创新行动的展开，表现为高科技人才短缺、创新机制不强和科技创新治理能力不足。

（二）产业结构调整升级缓慢，工业经济绿色低碳亟待突破

甘肃的工业结构具有典型的粗放型特征，工业基础是在国家政策以及计划经济指导下形成的，这种粗放型增长方式影响了甘肃产业结构调整和新型工业化进程，给资源环境和经济社会可持续发展带来了许多困难和问题，进入高质量发展阶段必须以绿色低碳的新发展理念寻找突破口尽快完成转型升级。

1. 以重工业为主体的产业结构可持续性不强，工业绿色转型发展任重道远

长期以来，甘肃工业结构是重工业偏重、轻工业偏轻。甘肃工业领域七个支柱行业，即石化、有色、电力、冶金、机械、食品和建材工业，其中除食品工业外，都属于重工业。高度的重工业结构导致工业经济对能源资源形成了强烈的依赖性，经济发展面临巨大的资源消耗压力，资源型城市如金昌、白银、嘉峪关、玉门等都面临资源日益枯竭的严峻挑战，以重工业为主体的产业结构可持续性发展能力不强。

2. 采掘能源和原材料型的单一产业链条短，工业延链补链强链尤为急迫

甘肃重工业结构导致企业大多属于采掘、能源加工和原材料工业，其产业链条具有高附加值的部分外溢、外流，产业链条普遍较短，主导产业与周边地区的经济联系比较松散，单一的地区产业结构、工业结构的应变能力、抗干扰能力和结构调整能力都比较弱，工业绿色转型发展中延链补链强链尤为急迫和重要。

三 对策建议

科技创新的潜力尚未发掘出来，传统产业的转型升级尚需努力，培育新型产业才刚刚起步，省会城市的基础设施建设不足，复杂地域形成的发展难题等，都需要在激情过后冷静思考和深度探究。本报告仅针对甘肃实施强科技、强工业、强省会、强县域行动中存在的四个基本问题，提出以下对策建议。

（一）加快制度创新和管理创新，提高科技创新能力和科研成果转化率

科技创新是经济发展最强驱动力，是实现强科技、强工业、强省会和强县域的关键所在。甘肃科教资源丰富、科技创新基础深厚，有条件提高科技创新能力和科研成果转化率。甘肃的企业家群体数量偏小，缺乏进行科技成果转化的市场主体，因而对科技成果的市场支持不够重视。既要提升科研工作者的科技创新能力，又要强化企业家这个科研成果转化主体，特别是要让民营企业壮大起来，做强科研成果转化的主体。通过制度创新和管理创新，将重大项目的科研攻关与民生科技结合起来，使科技创新真正成为全面推动产业升级、产品结构调整和发展质量提升的推动力。

（二）加快新旧动能转换优化步伐，大力推动传统产业结构转型升级

一是实现新旧动能转换，优化三次产业结构。立足甘肃发展短板，紧跟科技革命浪潮，利用移动物联网、大数据、云计算等高新科技，实现新旧动能无缝衔接转换，拓宽全要素生产率增长空间，创新地域特色产品，实现区域产业升级转移，缩小与发达地区的差距。优化三次产业内部结构，推动供给侧结构性改革，促进产业结构合理化、生态化、数字化、高级化。

二是科学布局打造多元互动绿色都市圈。引导城市产业科学布局，逐渐淘汰高污染、高耗能企业，形成各具特色的绿色产业群、低碳产业带，打造绿色都市圈。建立省内各市州绿色发展的协调联动机制，实现不同区域的绿色发展基础设施的均等化，协调推动区域间的绿色发展。充分发挥绿色发展理念各参与主体的作用，形成政府、企业和公众多元互动的绿色发展推动力。

三是提升经济开放水平促进要素自由流动。推动制度改革，消除市场分割，打造良好的市场环境和营商环境，吸引外商投资现代农业、装备制造业及高新技术产业等重点领域，形成强竞争优势的现代产业基地。通过制度改革和职业教育破除人才、资金和技术等要素在各产业部门间的不平衡不充分配置，缩小劳动生产效率在三次产业间的长期差异，引导优势要素向环境资源承载力强的区域集中，畅通"人口转移"和"产业转移"的自由流动通道，形成辐射带动和集聚开发的区域协调发展模式，积极构建多中心网络型区域联动发展格局。

（三）加快新型城镇化进程，促进实现城乡一体化的"中国式现代化"发展

一是加快土地产权市场化的步伐。积极探索建立健全农村集体土地使用权的有偿使用机制和合理流动机制。试行暂不要求农民退还承包地和自留地，以使用权的有偿转让获取农民进城所需的安置、社会保险、创业等资金。

二是建立全社会统一的社会保障制度。在户籍制度基础上建立起来的社会保障制度是城乡二元社会经济结构在保障领域的又一具体体现。加快城市化进程，推动农民进城，就必须建立全社会统一的社会保障制度，由中央、地方财政作为支出的最后保障环节。将现有的城镇居民社会保障制度延伸到小城镇，并探索城乡社会保障和跨地区的社会保障账户的衔接。

（四）着力推进"一核三带"区域发展格局，树立绿色发展理念，建设"中国西部生态安全屏障"

牢固树立"绿水青山就是金山银山"理念，以资源环境承载力为前提，调整优化不符合生态环境功能定位的产业布局。着力推进"一核三带"区域发展格局，打造以兰州、兰州新区和白都市经济圈为核心，城乡一体化的中部绿色生态产业示范区。以构建河西内陆河流域生态安全屏障为重点，建设河西走廊干旱区绿色生态产业经济带。以加强黄土高原综合治理、构建长江上游生态屏障为重点，建设陇东南绿色生态产业经济带。严格控制重点流域、重点区域环境风险项目，深入推进重污染、高风险企业搬迁改造，分类推动沿黄河一定范围内高耗水、高污染企业迁入合规园区。稳步推进祁连山、大熊猫国家公园体制试点，积极推进大规模国土绿化行动，重点实施天然林保护。持续开展黄河流域生态环境和污染状况调查，建立黄河流域生态环境基础数据库。启动甘南地水源涵养保护、陇中陇东水土保持等、全流域生态修复治理规划编制及项目实施工作，使甘肃生态环境问题的排查和修复治理有效化、长期化、常态化。

参考文献

任平：《全面塑造发展新优势——论坚持创新在我国现代化建设全局中的核心地位》，《人民日报》2021年10月28日。

尹弘：《继往开来奋进伟大新时代　富民兴陇谱写发展新篇章　为全面建设社会主义现代化幸福美好新甘肃努力奋斗——在中国共产党甘肃省第十四次代表大会上的报告》，甘肃政务网，2022年5月27日。

王晓芳：《"四强"行动是实现"五个提升"的战略基点》，《甘肃日报》2022年5月28日。

甘肃省人民政府：《甘肃省强科技行动实施方案（2022-2025年）》，甘肃省政务网。

甘肃省人民政府：《甘肃省强工业行动实施方案（2022-2025年）》，甘肃省政务网。

甘肃省人民政府：《甘肃省强县域行动实施方案（2022-2025年）》，甘肃省政务网。

兰州市人民政府：《"十四五"兰州经济圈发展规划（2021-2025年）》，兰州市政务网。

兰州市人民政府：《兰州市新型城镇化发展规划（2021-2035年）》，兰州市政务网。

B.10
甘肃碳达峰碳中和对策研究

尹小娟*

摘　要： 在推进碳达峰碳中和的背景下，绿色发展已成为甘肃的重要任务之一。"十三五"以来，全省万元生产总值能耗持续下降，碳强度累计下降率完成情况排全国第三位，第三产业增加值占比不断提高。近年来，全省能源结构不断优化，传统产业加速转型，低碳试点城市建设稳步推进，生态系统碳汇能力不断提高，节能降碳成效突出。为落实"双碳"目标任务，甘肃要实施差异化的降碳路径、大力发展清洁能源、积极推动传统产业绿色转型、统筹推进生态治理，将生态治理、生态建设和产业集群结合在一起，构建绿色低碳转型发展的现代经济体系。

关键词： 碳排放　碳达峰　碳中和　甘肃

"双碳"目标为中国未来低碳转型促进经济高质量发展、生态文明建设指明了方向。甘肃是中国重要的能源基地，也是西部重要的生态安全大屏障，资源、区位和通道优势显著，特别是风光资源丰富，技术可开发量达2亿千瓦，具备基地化、规模化、一体化开发的优越条件，这是甘肃省推动能源绿色低碳转型、按期实现"双碳"目标和培育新的经济支柱产业的关键所在。积极应对"双碳"战略带来的机遇和挑战，对甘肃经济社会实现跨越式发展具有重要意义。

---

* 尹小娟，甘肃省社会科学院区域经济研究所副研究员，研究方向为生态经济学。

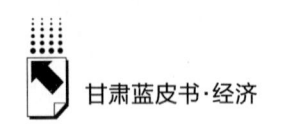

一 甘肃省碳排放现状及特点

（一）全省碳排放强度持续下降

碳排放强度是指单位生产总值二氧化碳排放量，简称"碳强度"。碳强度是控制温室气体排放的主要考核指标，用来衡量不同城市经济增长同碳排放量增长之间的关系，其数值需是根据化石燃料的消费数据和省际电力调入调出量核算得出的。"十三五"以来，甘肃碳强度累计下降率完成情况排全国第三位，2020年二氧化碳排放量较2015年累计下降35.44%，超额完成国家下达的目标任务。① 2019年，甘肃省煤炭、油品、天然气消费和电力调入调出蕴含的二氧化碳排放总量为13286.55万吨，单位GDP碳排放量为1.61吨/万元，同比下降9.77%；碳强度比2015年已累计下降27%以上，提前超额完成了"十三五"规划。② 为实现全省二氧化碳排放2030年达到峰值并争取尽早达峰的目标奠定了良好基础。

（二）全省万元生产总值能耗持续下降

"十一五"期间，甘肃省万元生产总值能耗累计降低20.26%；③ "十二五"期间，全省万元生产总值能耗下降幅度不断增加，2011~2015年各年分别下降2.51%、4.21%、4.56%、5.21%和7.46%；④ "十三五"以来，全省万元生产总值能耗仍持续下降，2016年下降9.42%，2019年下降5.85%，其余年份下降幅度放缓（见表1）。

---

① 《推动新能源项目建设　促进产业绿色低碳发展　甘肃全面落实碳达峰、碳中和"1+N"政策体系》，甘肃生态环境，2022年4月24日。
② 《各地环保头条｜甘肃多领域打"低碳牌"：探旅游领域"碳中和"试点》，生态环境部，2020年11月6日。
③ 《甘肃省能源利用效率现状与对策研究》，甘肃经济信息网，2016年7月29日。
④ 《2015年万元GDP能耗甘肃省降了7.46%》，中国甘肃网，2016年4月22日。

表 1 2016~2020 年甘肃省万元地区生产总值能耗降低率等指标

单位：%

年份	万元地区生产总值能耗同比上升	能源消费总量增速	万元地区生产总值电耗同比上升
2016	-9.42	-2.5	-9.93
2017	-0.75	2.8	5.55
2018	-1.97	4.3	4.15
2019	-5.85	-0.1	-5.90
2020	-0.20	3.7	2.81

资料来源：国家统计局《2015 年分省（区、市）万元地区生产总值能耗降低率等指标公报》《2016 年分省（区、市）万元地区生产总值能耗降低率等指标公报》《2017 年分省（区、市）万元地区生产总值能耗降低率等指标公报》《2018 年分省（区、市）万元地区生产总值能耗降低率等指标公报》《2019 年分省（区、市）万元地区生产总值能耗降低率等指标公报》《2020 年分省（区、市）万元地区生产总值能耗降低率等指标公报》。

（三）全省第三产业增加值比重不断提高

近年来，甘肃省工业生产稳定增长，传统产业绿色转型势头强劲，装备制造业等高新技术产业发展迅速；全省十大生态产业整体保持快速发展的良好势头，节能环保产业、数据信息产业、戈壁农业等绿色产业加速发展。2010~2021 年，全省第三产业增加值占比总体不断提高（见表 2）。产业结构的调整优化是全省碳排放总量和碳排放强度不断下降的关键。

表 2 2010~2021 年甘肃省三次产业增加值情况

单位：亿元，%

年份	第一产业增加值	第二产业增加值	第三产业增加值	第三产业增加值比重
2010	599.3	1985	1536.5	37.29
2011	678.8	2377.8	1963.8	39.12
2012	780.5	2600.1	2269.6	40.17
2013	844.7	2745.4	2740.7	43.29
2014	900.8	2926.5	3009.6	44.02
2015	954.1	2494.8	3341.5	49.21

续表

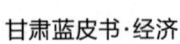

年份	第一产业增加值	第二产业增加值	第三产业增加值	第三产业增加值比重
2016	983.4	2515.6	3701.4	51.41
2017	859.8	2561.8	4038.4	54.13
2018	921.3	2794.7	4530.1	54.94
2019	1050.5	2862.4	4805.4	55.12
2020	1198.1	2852.0	4966.5	55.08
2021	1364.7	3466.6	5412.0	52.83

资料来源：甘肃省统计局，2010~2021年各年度《甘肃省国民经济和社会发展统计公报》。

二 甘肃省节能降碳成效分析

（一）能源产业结构调整不断优化，新能源产业快速发展

1. 能源产业结构调整不断优化

全省煤炭生产量占能源生产总量比重呈逐年下降趋势，非化石能源供给能力不断提升。通过坚决遏制"两高"低水平项目盲目发展，"十三五"期间全省共关闭退出小煤矿100处，淘汰落后煤炭产能1400万吨，建成选煤厂6处，煤炭产业结构不断优化，清洁生产水平不断提高。[①] 截至2022年7月，新能源并网装机3200万千瓦，同比增长31.7%，新能源装机占全省电力总装机的49.6%；新能源发电量309亿千瓦时，同比增长20.7%，发电量占全部发电量比重为28%。[②]

2. 清洁能源项目建设不断加速

"十三五"期间全省建成多个新能源示范项目：首航节能敦煌10万千瓦熔盐塔式光热发电示范项目于2018年12月28日成功实现并网发电，为

---

① 《关于甘肃省"十四五"能源发展规划的通知》，甘肃省人民政府，2022年1月7日。
② 《力争"十四五"末并网装机八千万千瓦 甘肃壮大新能源产业稳投资》，中国经济网，2022年9月4日。

中国首个百兆瓦级大型商业化光热电站;① 敦煌大成5万千瓦熔盐线性菲涅尔式光热发电项目是世界上首例以熔盐为集热、传热和储热介质的线性菲涅尔式光热发电项目;② 中核机械甘肃矿区黑崖子5万千瓦平价风电示范项目于2019年5月12日正式开工,成为全国首个平价风电上网示范项目;③ 网域大规模720兆瓦时电池储能电站试验示范瓜州项目建成投运,电站电池充放电效率85%~90%,④ 成为全国首个电网侧储能项目。目前,甘肃省在全国风能技术开发量中排名第四,在全国光伏发电技术开发量中排名第五。为实现"十四五"末全省新能源并网装机达到8000万千瓦,新能源项目建设仍不断加速。2022年上半年,全省新能源建设项目188个,比上年同期增加134个,完成投资增长1.2倍。

(二)传统产业加速转型,低碳产业体系逐步构建

1. 传统产业加速转型,新兴产业不断壮大

石油化工、烟草、有色冶金等传统产业加速转型,新材料、先进制造、电子信息等新兴产业不断壮大。靖远煤电清洁高效煤制气综合利用项目、平凉低价煤高效低碳清洁化综合利用一期项目等均促进了煤炭就地转化利用,推动煤化工向高端、多元、低碳发展。

2. 传统农业加速向低碳农业发展

2021年甘肃省农业增加值增长10.1%,增速位居全国前列。与2015年相比,2016~2019年甘肃省累计减少化肥施用量(折纯量)17.04万吨,减少17.5%,年均减少4.36%。依托最新生物工程技术,甘肃省变劣势为优

---

① 《项目报告｜首航节能敦煌100MW熔盐塔式光热电站》,CSPFocus光热发电资讯,2019年1月9日。
② 《敦煌大成50MW熔盐线性菲涅尔式光热发电项目获电力行业优秀工程设计一等奖》,CSPPLAZA太阳能光热发电,2022年5月21日。
③ 《中核机械甘肃矿区黑崖子50MW风电项目正式开工》,中核机械工程有限公司,2019年5月14日。
④ 《"风"驰"电"掣驶入快车道 甘肃书写双碳绿色答卷》,凤凰网甘肃,2021年11月22日。

势,在高寒干旱气候条件下大力发展现代寒旱特色农业。河西走廊戈壁节水生态农业已发展至36万亩,带动育苗、有机肥、仓储、物流、农业文化旅游等相关产业一起发展。此外,黄土高原区旱作高效农业示范区建设初显成效,黄河上游特色种养业、陇东南山地特色农业也在逐步发展。

3.交通运输、生物医药、文旅康养等行业降碳效果突出

第一,全省交通运输结构不断优化,道路运输组织化水平不断提高,极大地降低了运行消耗。同时,一系列绿色交通项目和节能减排能力新建设项目的实施,推动全省公路建设、养护和管理逐步走向绿色低碳发展。

第二,科技助力生物医药和中医药产业高质量发展。截至2022年9月,全省中药材全产业链年产值520亿元,中药生产企业年产值10亿元以上1家、5亿元以上3家、1亿元以上21家,销售额超过亿元的中药药品13个。①

第三,文旅康养产业加速发展。甘肃文化底蕴深厚、地理景观多样,目前已有世界文化遗产地7处、A级旅游景区390家;甘肃是中医药文化发祥地,且四季分明、气候温良,具备文旅康养的天然优势。截至2022年8月,全省已开工建设文旅康养项目190个,完成投资37.3亿元。②

(三)低碳试点城市建设稳步推进

兰州市于2017年被列为国家第三批低碳城市试点。2020年,兰州市碳排放强度为2.40,"十三五"期间累计下降24.43%。③ 2021年7月,兰州市共有6家发电企业被首批列入全国碳市场交易平台的试点企业。兰州新区全力推进清洁生产,不断提高资源循环利用率,降低工业固废产生量;创新开展环境权益交易,全省首单"丝路碳票碳汇交易+碳资产抵质押+绿色保险"的市场机制绿色融资案例成果落地。④ 兰州市持续推进大规模国土绿化

---

① 《甘肃省持续推进中医药产业高质量发展》,《兰州日报》2022年9月13日。
② 《甘肃发展文旅康养产业 中医文化是根基》,《甘肃日报》2022年9月20日。
③ 《兰州"十三五"碳排放累计下降24.43% 超额完成目标要求》,中国新闻网,2021年9月29日。
④ 《兰州新区全面启动"无废城市"建设 着力打造西部地区绿色发展新样板》,中国环境,2022年9月6日。

行动。2017年，全市林地总面积536.36万亩；森林总面积317.95万亩，森林覆盖率达到15.23%，比1978年的5.94%增加了9.29个百分点；森林蓄积量352.57万立方米。① 2022年，森林覆盖率达到15.5%，森林蓄积量440.55万立方米，区域水土流失状况进一步改善。② 特别是在榆中县实施的国家黄土高原林业综合治理（兰州市）项目，被誉为"陇上塞罕坝"。2021年，全市空气质量达标率为81.1%，空气质量综合质量指数为4.75，同比下降3.7%，空气质量创新标发布以来最优水平，并连续8年持续改善。③

敦煌市积极推动节能减排、低碳环保工作，在全省率先实现了城市公交、城乡公交、微公交、村村通公交的100%新能源纯电动化目标。敦煌因莫高窟闻名世界，为了更加科学地保护文化遗产，敦煌研究院采用低碳节能的地源热泵实现冬季供暖、夏季制冷。敦煌市还积极推动旅游领域"碳中和"试点，即结合敦煌可再生能源城市建设，将游客在旅游过程中产生的碳排放，以自愿购买温室气体减排量中和的方式，实现旅游领域"碳中和"，进而实现城市零碳排放。

金昌市编制出台《金昌市低碳城市试点工作实施方案》，低碳产业结构初步建立。金昌市依托现有产业基础，大力发展具有优势的新材料高技术产业，推动公用电力与热力、有色金属、化工、钢铁和建材等重点排放行业节能降耗，实现低碳升级。在促进现代服务业发展方面，金昌市重点推进金川工业区空港物流、河西堡综合物流园区、永昌工业区农产品物流专业化发展。加大旅游资源开发力度，配套完善旅游基础设施。此外，金昌市还积极发展低碳农业。永昌县农作物秸秆综合利用项目、金川区循环农业综合示范区建设项目等均取得了突出成效。

---

① 《兰州森林覆盖率四十年新增近两倍　市生态建设管理局荣获国家三北防护林体系建设工程先进集体奖》，中国甘肃网，2018年12月20日。
② 《兰州：着力构建全市生态建设新格局　在绿色中提升群众幸福指数》，《兰州日报》2022年9月16日。
③ 《兰州市发布2021年环境状况公报》，《甘肃日报》2022年6月9日。

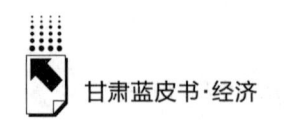

（四）生态系统碳汇能力不断提高

甘肃省坚持将生态保护放在首位，全面攻坚污染防治，统筹山水林田湖草沙系统治理，大力推进生态文明建设，取得了一系列成果。

1. 环境空气质量持续改善

《2020年甘肃省生态环境状况公报》显示，2020年，全省14个市州PM2.5首次全部达到国家空气质量二级标准；优良天数比率为93.7%，较2015年提高5个百分点。全省生态环境质量达到"十三五"以来最好水平。2021年，甘肃省坚持"常态蓝"的做法，重点治理工业、燃煤、机动车与扬尘，率先推动机动车黑烟抓拍体系全覆盖，在实现减污降碳方面成效显著。全省14个地级城市及兰州新区细颗粒物年均浓度均达到国家二级标准。全省2021年优良天数比率为90.2%，同比减少3.5个百分点，主要原因是输入性沙尘影响。14个地级城市及兰州新区均开展了环境空气质量六项污染物自动监测，环境空气质量达近十年来最好水平。[1]

2. 森林覆盖率不断提高，森林蓄积量大幅度增加

2017~2020年，全省完成造林绿化2144万亩，目前全省森林覆盖率稳定在11.33%以上，森林蓄积稳定在2.5亿立方米以上。[2] 2021年，甘肃省完成造林343.49万亩，义务植树8547万株，落实森林抚育任务90万亩；人工种草203万亩，草原改良208万亩；沙化土地综合治理212.2万亩，均超额完成年度目标任务。[3]

3. 重点生态功能区建设持续推进，生态环境状况稳中有升

祁连山自然保护区生态环境整治成效突出，生态系统自我修复能力不断提高。一是重点整治矿产、水电、旅游、草原四方面超载突出问题。祁连山保护区生态环境问题整改中涉及的31项整改任务中已有21项于2020年底

---

[1] 《甘肃发布2021年生态环境状况公报：空气质量达十年最好》，中国新闻网，2022年6月3日。
[2] 《甘肃科学开展国土绿化行动》，中国林业网，2022年10月10日。
[3] 《2025年，甘肃省森林覆盖率将达到12%》，每日甘肃网，2022年2月22日。

完成，其余10项持续推进中。① 二是统筹推进祁连山国家公园生态环境保护与修复工作。祁连山生态保护与建设综合治理和山水林田湖草生态保护修复项目建设极大地改善了保护区生态环境；智慧祁连山大数据应用平台持续完善和优化，目前已建成祁连山"三线五级"生态定位观测网络体系，初步建成空天地一体化监测体系。三是稳妥推进保护区内生态移民。保护区内生态承载压力得到有效缓解，水源涵养、固碳释氧、生物多样性和土壤保持等生态系统功能得到恢复和提升，祁连山冰川、森林、草地和湿地等生态系统的自我修复能力不断提高。

黄河流域生态保护初见成效。甘肃省率先开展黄河流域生态环境与污染现状调查。2020年，全省完成黄河流域4个水系36条重要干支流7大类15小类入河排污口排查工作，初步建成黄河流域生态环境基础数据库。② 黄河干流水质呈现稳定向好的趋势，2021年黄河流域41个国考断面水质优良比例为92.68%。③

三 甘肃碳达峰碳中和对策建议

（一）多维度应对"发展与减排"，有序推进碳达峰碳中和

1. 融入国家发展大局，尽快完善区域内减排政策体系

第一，按照国家统一部署，配合落实好碳达峰碳中和"1+N"政策体系。第二，考虑不同行业、地区的特点，实施差异化的降碳路径。基于地区资源禀赋、产业结构和经济发展水平，编制出台分行业、分领域碳达峰实施方案和各项保障方案。以地区、行业为单位对相关指标进行摸排，对照省、行业要求，统筹制定碳总量及减排目标，提出不同时间、空间尺度的政策措施，将其分解落实到各区县、各行业、各企业，甚至各项目中。第三，尽快

---

① 《甘肃初步建成祁连山国家公园空天地一体化监测体系》，中国新闻网，2021年8月31日。
② 甘肃省生态环境厅：《2020年甘肃省生态环境状况公报》。
③ 甘肃省生态环境厅：《2021年甘肃省生态环境状况公报》。

编制完善能源领域和钢铁、水泥等重点行业碳达峰行动方案，对重点工业企业开展碳排放报告及核查工作。甘肃省河西走廊新能源重点开发区、陇东和东南部多能互补综合能源开发利用区以及中部和中南部能源融合创新区都应进一步明确碳达峰目标、路线图、实施路径，为全省低碳发展提供综合方案和行动指导。

2. 树立中长期格局，坚持生态优先不动摇

第一，以长远的眼光看待减碳降碳工作，多措并举应对转型期"阵痛"。前期的减碳降碳工作可能带来调整的短期阵痛，可能引发市场波动和金融风险。但高碳排放行业向低碳转型是大势所趋，从中长期来看是有助于经济发展和转型升级的。政府与企业必须做好相关风险管理与有效应对方案，例如，通过系统评估低碳转型对重点行业的影响、调整信贷投放策略等政策帮助企业平稳度过低碳转型期，逐步构建绿色产业体系。

第二，能源行业高速发展不能忽视生态环境脆弱的现实。甘肃省风光资源丰富，正迎来能源产业加速发展的好时机，"十四五"期间能源领域新增投资累计约5000亿元。能源产业进入加速发展的风口期，对全省社会经济发展的支撑能力不断增强。但决不能忽视甘肃省处于干旱半干旱地区、生态环境脆弱的现实，能源行业发展一定要做好环境影响评价、坚决落实各项保护措施。

3. 以产业结构调整为主，逐步实现"双碳"目标

碳达峰碳中和的实现并非以牺牲经济为代价，在经济较为落后的西部地区更应避免简单地"一刀切"，而是要通过引领传统产业绿色转型，大力发展新材料、新医药、电子信息等新兴产业等方式降碳减碳，逐步实现"双碳"目标。应坚持长远目标和现实条件结合，以能源调整减碳、产业优化降碳、管理能力控碳、生态系统固碳、关键技术负碳、生活方式零碳为重点，整合要素资源。①从供给侧、消费侧、保障侧三端发力，一体化系统降碳，做出特色亮点，实现可持续发展。

---

① 《抢抓"双碳"机遇 加快绿色发展》，《甘肃经济日报》2022年7月11日。

（二）优化调整能源利用结构，大力推动新能源发展

1. 抓住新能源快速跃升发展期，持续扩大新能源项目规模

甘肃是国家重要的综合能源基地和陆上能源输送大通道，也是中国西部重要的生态安全屏障，能源资源、区位优势显著，特别是风光资源丰富，具备基地化、规模化、一体化开发的优越条件。甘肃省"十四五"能源发展规划提出，到2025年非化石能源占能源消费总量比重达到30%左右。为尽早实现新能源主体地位，甘肃大力推进新能源项目建设。玉门昌马、武威黄羊等12个站点被纳入国家抽水蓄能中长期发展规划重点实施项目，玉门网域大规模储能项目持续推进，以金昌、白银等地为代表的储能材料、储能电池产业化应用积极推进。依托沙漠、戈壁、荒漠地区，谋划布局大型风电光伏基地。发挥甘肃"西电东送"的战略通道优势，深入推进"陇电入鲁""陇电入浙""陇电入沪"等工程。①

2. 产供储销协同发力，全力推进新能源高质量发展

第一，持续提升新能源消纳能力。通过加强省内传统用能企业就地消纳、加快实施"东数西算"工程、着力加强陇电外送通道建设、强化主网架优化建设等途径不断促进新能源消纳、提高新能源利用率。2020年的弃风、弃光率下降至6%、2%，基本完成国家确定的新能源消纳目标要求。②新能源利用率由2016年的60.3%提升至2021年的96.83%，增幅位居全国第一。③

第二，全面推进新能源产业链建设。根据《关于培育壮大新能源产业链的意见》，全面推进14条重点产业链，推进实施兰州石化丁腈橡胶、甘肃德福高档电解铜箔等一批延链补链强链关键项目，深入推进煤电机组节煤

---

① 《推动新能源项目建设　促进产业绿色低碳发展　甘肃全面落实碳达峰、碳中和"1+N"政策体系》，甘肃生态环境，2022年4月24日。
② 《关于甘肃省"十四五"能源发展规划的通知》，甘肃省人民政府，2022年1月7日。
③ 《抢抓"双碳"机遇　加快绿色发展——专家学者把脉甘肃绿色能源与产业创新发展》，《甘肃经济日报》2022年7月11日。

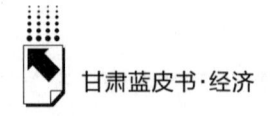

降耗改造、供热改造、灵活性改造"三改联动",积极推进金川镍钴产业"5G+"智慧园区建设,加快打造形成千亿产业链和百亿产业园区。依托一系列重点风光项目,发挥新能源产业链规模效应,建立一批国家级新能源技术实验室。①

第三,打造国家重要的现代能源综合生产基地。甘肃清洁能源应坚持大市场、大流通、大循环,全面提升能源生产、储备、运输能力,打造国家重要的现代能源综合生产基地、储备基地、输出基地和战略通道。

(三)推动传统产业绿色转型,加快新兴产业发展

1. 着力推动煤炭清洁高效利用

第一,持续攻关先进燃煤技术。高效灵活的燃煤发电技术、清洁能源关键技术、整体煤气化联合循环(IGCC)发电技术以及煤气化燃料电池联合循环(IGFC)技术都是发力的重点领域。② 第二,推进现代煤化工示范基地建设,发挥产业集聚效应。组团发展有利于促进多种能源资源耦合利用、降低成本、延伸产业链。第三,加大金融支持力度。金融机构仍要按市场化、法治化和商业化原则,对煤电、煤炭企业和项目等予以合理的信贷支持,③向煤炭清洁高效利用效应显著的重点项目提供专项贷款支持,促进煤化工产业向高端化、多元化、低碳化迈进。第四,建立重点行业企业温室气体排放信息披露制度,完善监督考核体系。

2. 推动新材料等战略性新兴产业发展

第一,构建产学研用协同促进的新兴产业体系,加强技术成果应用,不断提升产业核心竞争力。第二,依托龙头骨干企业推动产业集聚,发挥产业示范基地的引领作用。在新材料产业方面,要加快建设有色金属新材料、石

---

① 《抢抓"双碳"机遇 加快绿色发展——专家学者把脉甘肃绿色能源与产业创新发展》,《甘肃经济日报》2022年7月11日。
② 《中国工程院院士谢克昌:煤炭清洁高效利用势在必行》,中国振动机械网,2022年9月9日。
③ 陈果静:《2000亿元专项再贷款支持煤炭清洁高效利用——金融业"做加法"支持碳减排》,《经济日报》2021年11月22日。

化新材料、碳基新材料、高性能精品钢、金属基复合材料等新材料产业示范基地，不断促进产业集聚和资源整合，力争形成上下游关联、具有综合竞争优势的新材料产业链。① 第三，精准招商引资深化产业合作。对接国内外著名企业、高校院所在甘肃设立研究机构、研发基地，构建全球化招商引资引智网络；同时，借助兰洽会等重大节会平台广泛开展推介和投资洽谈。

3. 积极建设绿色低碳交通体系

第一，运用大数据发展智能交通，不断优化运输组织模式；第二，不断优化现代交通运输结构，大力发展"一站"多式联运服务，加快铁路专线建设；第三，大力推动运输工具绿色低碳化，提高城市公交、出租、物流、环卫清扫等车辆使用新能源汽车的比例，增加充电桩；第四，全面推进路衍经济发展。围绕《甘肃省打造路衍经济千亿级产业集群行动计划（2022-2025）》发展目标，积极推进交通运输和现代物流、文化旅游及先进制造业融合发展，不断开拓交通运输带动地区经济发展的新局面。

（四）统筹推进生态治理，全面提升生态系统碳汇能力

1. 持续推动大规模国土绿化行动，筑牢生态屏障

第一，统筹推进山水林田湖草沙综合治理。加大天然林保护、生态公益林建设、三北防护林、退牧还草等工程建设力度，加大对森林、草原、湿地等自然生态系统的保护修复力度，争取提早完成全省森林覆盖率到2025年达到12%、森林蓄积量达到2.8亿立方米、草原综合植被覆盖度达到53.5%、湿地保护率超过44.16%②的目标。第二，积极开展国土绿化试点示范项目。甘肃省庆阳市国土绿化试点示范项目是全省唯一入围国家林业改革发展资金支持的国土绿化试点示范项目。该项目建成后将为陇中陇东黄土高原林草生态修复治理、有效遏制水土流失、推动绿色转型高质量发展树立样板。③ 第三，重视城市园林绿化工作。要科学划定和合理安排城市绿化用

---

① 《甘肃省将推动新材料产业发展》，每日甘肃网，2021年3月24日。
② 《2025年，甘肃省森林覆盖率将达到12%》，每日甘肃网，2022年2月22日。
③ 《甘肃庆阳启动国土绿化试点示范项目》，《中国绿色时报》2022年4月21日。

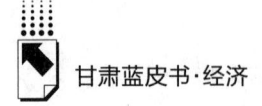

地，对已有城市公园改进提升，合理增加社区公园、口袋公园等小微绿地数量，不断提升老百姓的幸福感。

2. 推进黄河流域生态保护和高质量发展

第一，加快推进黄河上游水源补给区生态保护修复和建设工程，全面提升水源涵养能力。甘南州每年为黄河补给的水量占到黄河源区总径流量的58.7%，是黄河上游重要的水源涵养区和补给区。通过治理退化草地、修复保护湿地、治理沙化土地等措施，不断加强重点流域水体保护，改善流域生态环境。第二，加强黄河流域水资源节约集约利用，全面推进节水型社会建设。要鼓励、推广使用先进节水技术，加强农业节水设施建设，完善节水相关制度，加快形成节水型生产、生活方式，有效实现水资源节约集约利用。第三，加大水土流失综合治理力度，全面提升水土流失综合防治水平。庆阳市积极推进黄土高原塬面保护项目，截至2021年底，已治理保护塬面面积1500多平方公里，年减少入黄泥沙463万吨，庆阳市提出的"四道防线"治理保护模式值得推广。未来，甘肃省将深入展开黄河流域水沙关系研究，加大生态保护投资，推动更多生态保护、修复与建设项目落地实施。

3. 初步构建以国家公园为主体的自然保护地体系

国家公园建设对保护生物多样性，宣传中国特有生物、动植物资源具有重要意义。"十四五"林业草原工作主要预期目标，到2025年，全省以国家公园为主体的自然保护地面积占全省土地面积比例超过20%。[1] 为实现这一目标，全省要着力推进祁连山国家公园和大熊猫国家公园建设，会同相关省份推进若尔盖国家公园创建工作。[2] 通过定期开展区域生态状况调查评估、强化重点区域生态保护修复工程、健全生态补偿机制等，初步构建以国家公园为主体的自然保护地体系。

碳达峰碳中和研究紧迫且复杂。作为碳排放量全球最大的发展中国家，

---

[1] 《2025年，甘肃省森林覆盖率将达到12%》，每日甘肃网，2022年2月22日。
[2] 《甘肃省推进青藏高原生态环境保护 到2025年，初步建立以国家公园为主体的自然保护地体系》，《中国环境报》2022年4月20日。

在2030年前达峰后用30年左右的时间很快地实现碳中和愿景，任务异常艰巨。"双碳"目标几乎涉及所有的产业和经济活动，政府、企业、个人在迈向碳中和愿景进程中均具有至关重要的作用。甘肃经济基础薄弱，经济发展与节能降碳存在较大矛盾。面对"双碳"目标带来的机遇和挑战，甘肃需要在调研摸底的基础上确立科学合理的降碳目标和切实可行的行动方案，在全国一盘棋原则下逐步实现碳达峰碳中和。

参考文献

胡鞍钢：《中国实现2030年前碳达峰目标及主要途径》，《北京工业大学学报》（社会科学版）2021年第3期。

余碧莹、赵光普、安润颖、陈景明、谭锦潇、李晓易：《碳中和目标下中国碳排放路径研究》，《北京理工大学学报》（社会科学版）2021年第2期。

刘满平：《我国实现"碳中和"目标的意义、基础、挑战与政策着力点》，《价格理论与实践》2021年第2期。

B.11
甘肃营商环境升级行动对策研究

吴燕芳*

摘　要： 优化营商环境是一项长期、复杂的系统性工程，也是关乎全局、决定未来的战略性任务。以欠发达地区的甘肃省为研究对象，通过理性分析与逻辑思辨的方式，在客观评析其优化营商环境实际成效的同时，对其在坚持不懈实践探索中形成的工作亮点进行了梳理与总结。在准确把握宏观经济形势和省情实际的基础上，客观理性地辨析了甘肃打造营商环境升级版面临的困难与挑战，并立足破难题补短板视角，从推进数字政府建设、激发市场主体活力、强化评价引导监督、构建亲清政商关系等方面出发，建立起新形势下甘肃推进营商环境升级行动的对策体系。

关键词： 营商环境　"放管服"改革　甘肃

营商环境不仅是一个地区经济软实力和综合竞争力的重要体现，也是建设现代化经济体系的重要基础，更是市场主体发展的生命之氧。世纪疫情与百年变局交织叠加下，我国发展的外部环境更趋复杂严峻，经济下行压力进一步加大，以一流营商环境服务经济社会发展大局，将其作为推动实现高质量发展的有力抓手、永葆创新创业活力的有效方式，才能持续增强经济发展的吸引力、创造力和竞争力。有别于发达地区优化营商环境工作渐入边际效应递减阶段，甘肃尚处于改革效力集中释放的大有可为阶段，坚持把优化营

---

* 吴燕芳，甘肃省社会科学院公共政策研究所助理研究员，研究方向为区域经济、城市与区域规划管理。

商环境摆在突出位置，着力在体制改革和制度创新中实现新突破，是甘肃贯彻落实"三新一高"要求、助推"四强"行动提速加力亟须解决的重大课题。

一 甘肃营商环境升级行动的成效

（一）省会城市与兰州新区进步明显

国家发展改革委编写的系列报告《中国营商环境报告》，是我国营商环境评价领域首部国家权威性报告，也是全面展示我国优化营商环境成果的白皮书。2020年，参评城市范围扩展至80个城市，并首次纳入18个国家级新区，兰州和兰州新区作为参评范围内的城市与新区，营商环境改善成绩明显、进步较快，兰州市被评为全国年度评价成绩提升最快的城市。同时，兰州新区在2019年和2020年连续被《环球时报》主办的中国国际化营商环境高峰论坛授予"中国（区域）最具投资营商价值新区"称号，同时获评"2020十大最具投资吸引力新区"。

（二）市场活力与投资吸引力显著增强

随着简政放权不断深化，行政审批事项大幅缩减、减税降费政策深入落实、商事制度改革纵深推进、市场监管体制加快完善、政务服务持续优化等改革举措有力落实，甘肃市场主体培育水平跃上新台阶。2021年，全省新设市场主体逆势增长，总量突破200万户，达203.27万户，新设市场主体超过30.98万户，同比分别增长8.87%和10.4%[①]，省域经济活力进一步增强。全省经济发展风向标的兰州新区，充分发挥先行先试政策优势，率先推行"蓝图管控+容缺受理+区域评估+代办服务"项目审批综合服务模式，落实小微企业新上快贷服务，试点推行企业承诺制等政策，2019年即实现企

---

① 金鑫：《不断满足人民群众对美好生活的向往》，《甘肃日报》2022年5月7日。

业开办全流程3日办结,审批事项与时限分别压缩至9项和26个工作日,企业社保费率降低25%,税费负担全省最低,经济增速连续五年领跑国家级新区,为构建向西开放战略平台注入强劲动能。加速改善的营商环境和超大规模市场,使中国跨国投资引力场作用进一步凸显,也为甘肃创造了有利的发展环境,"十三五"时期全省外商投资企业总体保持平稳发展势头,数量从2079户增长到2531户①,增幅超20%,为推动省域经济持续稳定增长提供了有力保障。

(三)以评促改工作取得积极进展

为发挥以评促改、以评促优"推进器"作用,2021年9月委托北京大学光华管理学院、政府管理学院和北京民生智库等机构联合开展甘肃省2021年营商环境评价工作。采用"中国营商环境评价指标体系",构建起包含18个一级指标87个二级指标的评价体系,分优秀、良好、较好和一般四个等次,对各市州、兰州新区和省级相关部门营商环境工作推进情况进行了量化测评。依排名及评价报告反馈问题,各地各部门积极对标找差距,完善制度补短板、细化措施抓整改、真督实查促提升,掀起了优化营商环境攻坚行动的热潮。

(四)"放管服"改革开创新局面

行政审批"瘦身"改革效果显著。2021年全省取消调整下放行政审批事项共计91项,其中取消事项占绝对优势,占比高达70%,调整与下放事项各占15.38%和14.29%。

企业便利度大幅提升。企业开办"一网通办"服务平台成效突出,2020年6月底,无纸全程电子化系统利用率达67.69%,其中,食品、药品、医疗器械、化妆品许可审批基本实现"零跑路"②。截至2021年,全省

---

① 国家统计局分省年度数据。
② 王文嘉:《甘肃:2020年上半年新设立市场主体达13.62万户》,人民网,2020年7月31日。

企业投资备案类新开工项目落地控制在90天以内，企业开办时间压缩至3个工作日以内，新设立企业登记注册2天办结率达99.34%[①]。

政务服务效能稳步提升。全面推行"一网通办""一网统管""一网协同"，2021年省级政务服务事项网上可办率超过93%，80%以上的事项实现全程网办，酒泉、张掖、武威、白银、天水、平凉6市网上可办率达100%。其中，办税缴费便利化改革表现亮眼，相较于2020年，全省税务系统平均纳税次数减少2.2次，纳税耗时平均减少13个小时[②]。

（五）助力企业纾困解难扎实推进

面对消费市场萎缩、经营成本上升、疫情阶段性影响、融资难融资贵等共性问题，甘肃打出助企纾困"组合拳"，在落实落细减税降费、扩大缓缴社保费实施范围、扎实开展援企稳岗系列举措的基础上，发布了《甘肃省贯彻落实促进服务业领域困难行业恢复发展若干政策的实施方案》，从普惠性纾困、针对性纾困和精准防疫三方面，提出具体破解措施，切实帮助民营企业、中小微企业、个体工商户等解决实际困难。同时，结合自身资源基础、市场条件和产业状况，针对餐饮、旅游、零售、民航等困难行业进一步加大金融信贷支持力度，全力破解市场主体经营中的难点，千方百计帮助企业恢复发展。

二 甘肃优化营商环境工作亮点

近年来，甘肃坚持把准省情实际、创新求变、靶向发力，持之以恒抓改革，多措并举促发展，务实笃行强落实，聚力打造品质营商环境，"放管服"改革呈现新亮点，政府服务质效齐升，形成了后发省份谋发展求突破工作新格局。

---

① 《厚植发展沃土激发经济活力——甘肃全力打造高质量营商环境综述》，《潇湘晨报》2022年6月6日。
② 《甘肃：以"硬措施"抓好"软实力"持续优化营商环境》，甘肃丝路法雨，2022年7月9日。

（一）"不来即享"品牌服务持续提档升级

2019年，甘肃在推行企业办税"最多跑一次"的基础上，全面推行拓展税收优惠政策"不来即享"，通过取消证明事项和办税资料、优化电子税务办税流程等方式，推动428项税收优惠政策实现"不来即享"，在全国省级税务系统第三方满意度调查中排名第八，较上年上升16个位次。次年7月，全省涉企政策精准推送和"不来即享"服务系统正式上线，该平台集成税务、市场监管、融资担保等43个部门的政策文件，对系统内超42万户企业分类设置标签，依托大数据分析技术对各项优惠政策进行甄别筛选，点对点向企业精准推送相关政策，实现审批事项在线办理，助企服务实现从企业找政策到政策找企业、从层层申报到直达直通、从最多跑一次到一次也不跑三大转变。"不来即享"政务品牌入选《中国营商环境报告2020》"一省一案例　改革集萃篇"，纳税咨询好评率达100%。

（二）便民热线服务不断提质增效

2021年11月15日上线试运行的12345政务服务便民热线，不仅归并了除110、119、120等紧急热线外的政务服务便民热线，还对省级部门设立的25条政务服务热线进行了整合归并，累计整合服务热线57条。至年末，12345便民热线已初步实现"一号响应"，受理诉求共计292197件，日均受理6795件，平均接通率94.3%，满意率达92.5%。与此同时，还与14个市州和分中心热线平台建立起话务转接、工单流转、数据汇聚、知识库共享机制，形成覆盖全省、统一联动、便捷高效、保障有力的便民服务热线体系。

（三）数字政府建设加速提标扩面

以建设"中西部领先、全国一流"的数字政府为目标，将数字治理作为助推政府治理体系与治理能力现代化的重要着力点，于2021年3月全面启动数字政府建设。通过技术平台重构、运行方式重建、业务流程重塑、服务模式重造，全面推动政务服务数字化智能化转型，以深化"放管服"改革优化营商环境为主线，以建强管理和技术架构为支撑，以贯通一网通办、一网统管、一网协同关键链条为保障，以做强做优甘快办、甘政通、政务服务便民热线、"不来即享"等特色品牌为导向，以贯通省市县乡村5级政务服务体系为抓手，以培育N个政务服务应用系统为方向，聚力打造"12345+N"的数字政府体系，全面提升政府管理高效性、服务时效性、决策科学性。全省数字化平台建设蹄疾步稳，实现28个省直部门业务系统与省级政务服务平台电子证照系统对接联调，政务服务网省市县乡村全覆盖加快推进。

（四）项目审批事项改革提级扩能

紧盯工程项目审批事项杂、部门广、环节多、周期长等难题，致力于打破不同部门"各管一段"数据壁垒，科学设计审批流程，精简规范审批事项，强力推动投资项目审批、工程建设项目审批等部门平台融合，实现协作并联审批，依托省级政务服务网"总入口"，初步建成覆盖项目生成、立项用地、工程建设、施工许可、竣工验收全周期的"一网通办"审批服务平台，形成含53个一级事项的审批办理清单，在实现审批办理事项全省统一、动态管理的基础上，将审批时限由240个工作日以上缩减至90个工作日以内，初步实现各项审批手续"全程网办"和"零跑动"、项目信息"一次填报、全网漫游"。2021年，省会兰州启用"建筑工程竣工联合验收专用章"，将分散于住建、水务、自然资源、人防4部门8项验收意见统一整合为"联合验收意见书"，实现一站式办结；兰州新区对房屋建筑和市政基础设施工程建设、一般交通、一般水利项目审批事项的压缩率分别达28%、43.6%和35.3%。

（五）"四办四清单"制度继续扩容升级

2019年，兰州市创新推出服务承诺"四办四清单"管理制度，按照

"即收即办、当日办结、限时办结、代办服务"分类制定实施清单,梳理整合行政审批与政务服务事项共计755项,逐项明确承办主体和办理时限,公开办理事项的时限压减至法定时限的1/3,全年累计办结事项540余万件,其中,即收即办与当日办结占比79.1%,群众满意度达98%以上①。以此为基,兰州进一步深化拓展便民服务改革,探索出以"简渠道、简要件、简环节、简程序、简时间,一网通办、套餐联办、基层可办、帮代好办、应需能办,数据集成、事项集成、资源集成、流程集成、服务集成"为内容的"五简五办五集成"新模式,2020年全市政务服务实现"跨省通办""省内通办""全市通办"事项分别为57项、83项和175项②,企业与群众办事便利度得到前所未有的提升。

三 新时期甘肃优化营商环境面临的挑战

(一)综合评价排名靠后,子系统均衡度较差

《中国省份营商环境研究报告2020》③立足国际可比、对标世行、中国特色的原则,围绕国家"十三五"规划纲要提出的市场、政务、法律政策、人文四大环境,构建起包含4项一级、12项二级和24项三级指标的评价体系,对全国31个省(区、市)营商环境开展了量化评价。结果显示,甘肃营商环境指数为41.22,低于全国53.86的均值,名次仅高于广西和西藏,全国排名第29。子系统均衡度不佳,排名全国第28位(见图1),其中政务环境排名靠前,全国第8,人文环境居中间位次,排名第16,市场环境与法律政策环境全国倒数,分列第25和第

---

① 《甘肃省2019年深化"放管服"改革 优化营商环境工作呈现十大亮点》,《计算机与网络》2020年第3期。
② 李冰洁:《从"四办四清单"到"五简五办五集成"——兰州持续深化政务便民体验》,《潇湘晨报》2021年4月13日。
③ 北大光华:《最新31省区市营商环境评比结果出炉,你的家乡排第几?》,新浪财经,2021年1月15日。

31位。同时，中国社会科学院财经战略研究院发布的中国城市竞争力第19次报告①，对2021年全国291个城市的营商硬环境竞争力开展的评价分析显示，甘肃各城市排名整体处于中后位，其中兰州市居第99位，在省会城市中排名仅高于哈尔滨、西宁和乌鲁木齐3市。全省仅兰州、庆阳、嘉峪关、白银四市排名处于第二梯队，其余均落于后70位，张掖、定西、武威更是垫底（见图2）。另一重大成果《中国城市品牌影响力报告（2021）》②，发布了全国营商环境百强县（市）排名，其分布涉及15个省（区、市），其中江浙两地占据半壁江山，各占25个，福建、安徽紧随其后，各占9个，山东、湖北、河北3省分别有8个、5个和4个，四川、湖南和河南各占3个，江西占2个，云南、陕西、贵州和广东各占1个，甘肃无一上榜，整个西部地区也仅6个县（区）上榜。

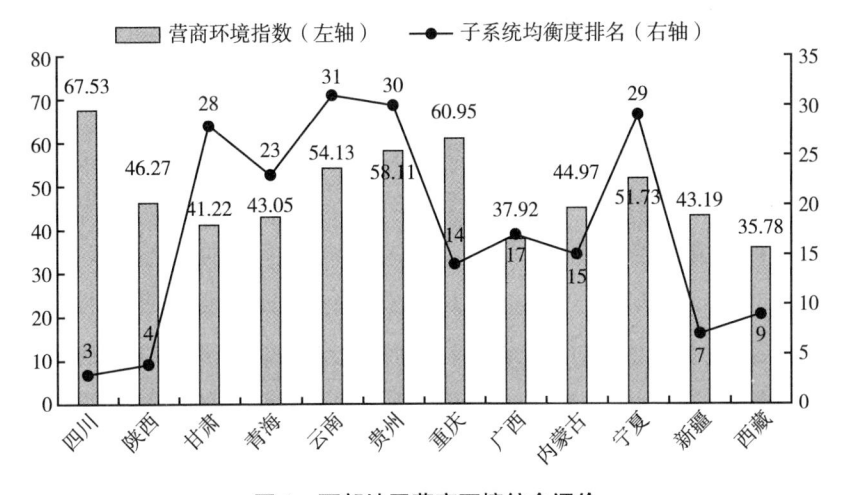

图1 西部地区营商环境综合评价

---

① 《中国社科院发布2021年中国城市营商硬环境竞争力排行榜》，《潇湘晨报》2022年2月21日。
② 徐芸茜：《2021年全国营商环境百强县出炉：江浙地区占半壁，东三省无一上榜》，新浪财经，2021年12月7日。

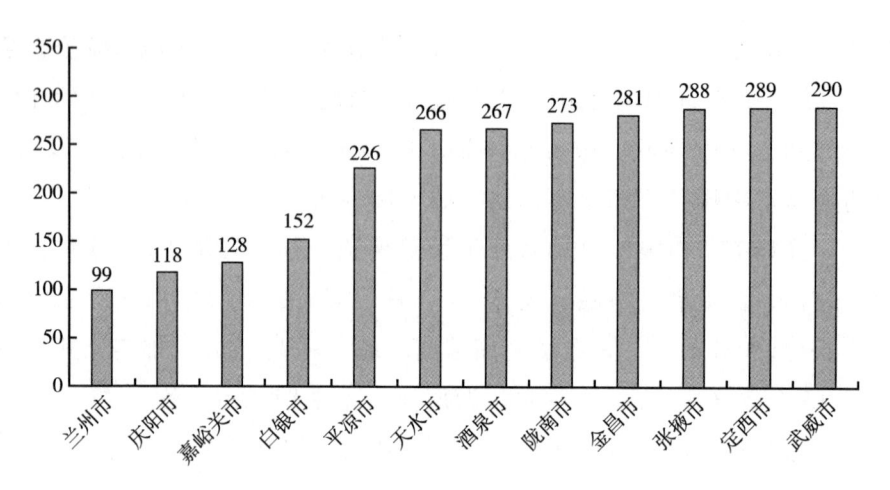

图 2 甘肃城市营商硬环境竞争力排名

兰州市 99；庆阳市 118；嘉峪关市 128；白银市 152；平凉市 226；天水市 266；酒泉市 267；陇南市 273；金昌市 281；张掖市 288；定西市 289；武威市 290。

（二）营商环境基础薄弱，发展不均衡现象突出

甘肃经济基础相对薄弱，发展不平衡不充分问题突出，营商环境建设起步晚、基础弱。幅员辽阔的土地空间，既赋予各地特色鲜明的资源禀赋，也造成了显著的地区差异，各地区、各领域、各部门提升营商环境工作存在显著的不均衡现象，发展瓶颈依然明显。省级第三方评估将各地区和各部门营商环境的评价结果划分为四个等次，但不同等次之间的得分差距较大，首位与末位间的得分呈断崖式下跌。从实践成效看，营商环境提升较快的指标多与政务服务便利化水平相关，其他指标改善程度不高，市场准入、融资信贷、跨境贸易等相关指标提升趋缓。全省行政审批便捷化、高效化，政务服务标准化、便利化水平普遍获得较大提升，但"放管服"改革步调不一致、协同性不强，未能形成同频共振、互促并进的发展合力，对持续释放营商环境潜力的支撑作用有限。

（三）企业经营难度继续加大，对外开放水平亟待提升

我国发展的内外环境更趋复杂，企业面临的不确定因素增加，尤其是甘肃民营企业规模普遍偏小，整体实力偏弱，抵御风险的能力不足，受疫情与

生产经营成本上升的双重影响，经营难度进一步加大。同时，深处内陆腹地，对外贸易成本偏高、效率偏低，外向型经济水平偏低，营商环境国际化水平不高，实际利用外资额长期偏低且缺乏稳定性，"十三五"期间累计吸收外资3.81亿美元，占全国总量的0.06%，2016年占比最高时也仅为0.09%，且地区发展不均衡现象异常突出，实际利用外资高度集中于省会兰州，占比高达71%。

（四）营商环境法治化取得新进展，法治体系建设相对滞后

以落实《优化营商环境条例》为契机，各地营商环境法治化建设迈入快车道，在持续做好法规政策文件立改废释工作的同时，积极健全营商环境法规体系，截至2022年2月初，已有28个省（区、市）制定了优化营商环境的地方性法规或政府规章。甘肃法治化营商环境建设重心倾向于监管执法方式的创新与改进，在推行民事诉讼简繁分流、简案快办、包容审慎监管和柔性执法的同时，侧重于知识产权司法保护，但针对重点领域的法规建设相对滞后，尚未形成系统完备、上下衔接的法规制度体系，法治化营商环境的制度保障有待进一步完善。

四　甘肃推进营商环境升级行动的对策建议

（一）大力推进数字政府建设，着力打造数智化营商环境

甘肃要把握数字经济发展机遇，顺应信息化、数字化、智慧化发展趋势，利用新一代信息技术促进政务、商务、社会等领域信息便捷传输、透明运行、高效沟通，推动市场主体全生命周期服务形成闭环，全面提升市场一体化水平，有效降低制度性交易成本，大力探索打造数字营商环境的可行路径。要推动现代信息技术和数字技术及政府治理深度融合，不断创新政务服务模式，促进提升"互联网+政务服务"水平。强化一体化政务服务平台建设，实现服务事项应上尽上，推动实体政务大厅向网上迁移，促进提升

"全程网办""一网通办"能力,加快推进办事窗口向手机终端迁移,大力发展"掌上办""指尖办",形成线上线下相辅相成、功能互补,实现服务事项跨地区、跨部门、跨层级协同。推动数字政府运营指挥中心实体化运行,加强对各地各部门推进政务、优化营商环境等的数据监测,推动实现"一屏知全省、一键政务通"。加快制定数字政府建设数据共享、政务云管理、特色品牌等制度机制和标准规范,建立健全与数字经济发展相适应的制度规范,增强对产业发展的引导。

(二)全面激发市场主体活力,不断创新便民利民举措

优化企业开办"一网通办"服务平台功能,推动实现全流程电子化、线上"一网通办"、线下"一窗通办"。对省级重大项目实施"管家式"跟踪服务,落实土地供给、财政奖补、要素保障等扶持政策,全力保障项目落地。继续推广"标准地"改革,推动项目"拿地即开工"。拓展惠企政策"不来即享"服务领域,实现更多惠企政策直达直享,加快构建移动端服务体系,实现更多政策业务在线办理。用好普惠小微贷款支持工具,增加支农支小再贷款;加强政府性融资担保体系建设,加大中小微企业专项贷款投放;依托省级信用平台和"甘肃信易贷"平台,构建全省一体化融资信用服务平台,提升金融服务实体经济水平。对受疫情影响较大的行业企业,在用好"减免缓返补"政策组合的同时,进一步加大融资支持力度。对中小微企业在减免租金、水、电、气、热、通信费等方面给予倾斜帮扶,千方百计助企纾困解难,全力以赴保证企业稳定生产经营,增强地区经济发展韧性。精益求精优服务,多措并举推动政务服务标准化、集成化、便利化、高效化。一是推行政务服务事项集成化办理。围绕企业、个人全生命周期,推动关联性强、办事需求量大、企业群众获得感强的跨部门、跨层级服务事项协同化改革、集成化办理、高效化运行,创新推出主题式、套餐式服务,实现政务服务"一件事一次办"。二是持续拓宽"跨省通办""省内通办"业务范围。聚焦外出务工人员居住、就业、婚姻、生育、子女入学、社保、养老等高频办事需求,积极推进"跨省通办"。全省推广户口迁移、户籍

证明开具等"跨省通办"业务,基本实现医保服务等高频服务事项"省内通办"。三是推动更多便民服务下沉。加快乡镇(街道)、村(社区)便民服务中心(站)建设,实现线上线下服务并行、同标办理。推动劳动就业、医疗卫生、社会保障、公共教育、养老服务、户籍管理等高频办理事项下沉便民服务中心(站),推动集成式自助终端向行政村、社区下沉,向人员流动性大、办事频率高的场所延伸,实现就近能办、多点可办、少跑快办。

(三)夯实营商环境"硬"支撑,全力优化发展整体环境

甘肃要跳出营商环境评价指标体系微观视角的束缚,统筹兼顾宏观环境,做到软硬实力并重、同步提升,推动全域均衡发展,全面夯实品质营商环境的发展基础。一是加快构建现代化基础设施体系。用足用好"一带一路"建设最大机遇,把握推动黄河流域生态保护和高质量发展重大机遇,围绕发挥通道、枢纽优势,全面加强基础设施建设,推动建设一批引领性、带动性重大项目,着力打造与"三新一高"相匹配的设施环境,增强提升营商环境的基础支撑。城市既是对外展示的名片,也是营商环境建设的载体,要大力实施城市提升行动,持续改善城市形象。坚持城市规划建设与产业布局一体推进,着力建成一批示范带动性强、产业相对集聚、功能配套完备、发展韧性较强的精品园区,全力培植企业发展沃土。二是全力优化产业生态。链长制串起一条条产业链、联通一家家企业、统筹一项项要素资源,既是推动全产业链优化升级的有力手段,也是甘肃寻求产业突围的有效方式。积极推行链长制,聚焦传统优势产业和战略性新兴产业大力培育产业链和创新链。建立由党委主要领导任链长,发挥高位推动、统筹协调、促进督办的作用;以龙头企业为链主,发挥对产业链上下游带动作用的工作格局。围绕"延链、补链、强链"系统梳理产业链,增强招商引资、投资规划等工作的针对性。瞄准优势产业链和上下游关联企业,做到一链一策、一企一策,推动形成供需对接、业务关联、市场融合、经营协同的产业生态,为企业投资兴业提供更具活力与潜力的产业环境。

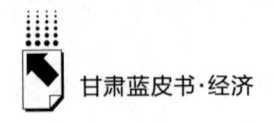

（四）突出典型示范带动，发挥评价引导督促作用

一是积极推广典型经验。中国营商环境系列报告系统梳理了参评城市和国家级新区的成熟经验和创新实践，全面汇聚了参评地区优化提升营商环境的具体举措和实施路径，集中展示了重点领域的最佳实践、改革方案和路线图，为各地区探索推进营商环境领域改革提供了坚实的操作指引。甘肃要积极对标先进，推动参评城市之间加强互学互鉴，充分借鉴标杆城市典型经验和成熟做法，推动符合自身发展实际的改革举措落地生根，为地区高质量发展注入新活力。二是促进发挥第三方评价引导和督促作用。鼓励兰州市以参与国家评价为契机，对标剖析，找准突出问题和薄弱环节，紧盯重点领域集中攻坚，有针对性地提出优化建议、制定改革路线、细化落实举措，因地制宜探索出差异化提升营商环境的改革措施。切实用好省级第三方评价反馈结果，引导参评城市和部门，聚焦短板弱项，精准高效发力，强化督导促落实，狠抓落实求成效，大力营造各地区竞相优化营商环境的良好氛围。三是突出发挥开放高地引领改革作用。国家级新区是深化改革和扩大开放的前沿阵地，引导兰州新区结合中国营商环境评价查缺补漏找短板，固强补弱寻突破，通过对照最佳改革实践、对标先进标杆，找准改革突破口，加快补齐短板，切实解决企业关心、群众关注的政策难点、执行堵点、监管盲点、体制痛点，切实用好政策高地优势，主动作为，先行先试，加快推进改革步伐，持续探索创新改革举措。推动兰州新区和兰州市优势互补、工作协同、联动改革，依靠新区重点领域集中突破的优势，辐射带动全省打造工作协同化、治理数智化、政策精准化、办事便利化营商环境。

（五）推进政治生态持续改善，构建新时代亲清政商关系

加快构建"亲"而有度、"清"而有为的新型政商关系是扭转甘肃对外形象的迫切要求。一是健全政商交往正负面清单制度。为明晰政府权力边界，划定政商交往界限，规范政商交往行为，应围绕企业全生命周期服务领

域建立政商交往动态调整清单,明确规定政府服务企业发展的责任和义务,确保政府行政权力公正有效地行使,厘清政商交往的行为准则,使政府公职人员与企业交往有规有度,阻断政府创租、企业寻租的途径。二是在法治化轨道上推进营商环境建设。加快健全营商环境法治体系,不仅有助于明确政商关系制度红线,也能为亲清新型政商关系提供制度保障。鼓励各地各部门立足工作实际,结合发展所需,加强营商环境方面行政法规、政府规章建设,为政府及其工作人员、市场主体、居民个人提供法律遵循,使工作推进、政商交往、办事服务均有法可依、有章可循,加快打造与社会主义市场经济相适应的系统完备的法律制度体系。要大力培育奋发向上的企业文化,突出创新引领理念,聚精会神提升核心竞争力,增强企业发展底气,树牢法治意识和底线思维,主动为政商交往立规矩,约束企业合法合规经营,切实维护统一开放、竞争有序的营商环境。三是发挥好外部监督优势。监管机制是约束政商关系的有效手段,要畅通利益相关者通过社会组织、新闻媒体、行业协会参与监督的渠道,强化权力运行全过程监督制约,形成政商关系监管的社会合力,使政商互动行走在阳光下。

参考文献

《敢教日月换新天——兰州新区经济社会发展十年综述》,《发展》2022年第8期。

张立群:《着力打造西部大开发新格局中的重要战略支点——兰州新区开发建设10周年回顾与展望》,《发展》2022年第8期。

沈丽莉:《我省2019年深化"放管服"改革优化营商环境工作呈现十大亮点》,《甘肃日报》2020年1月21日。

曹立萍:《我省"放管服"改革呈现十大亮点》,《甘肃日报》2022年2月15日。

金鑫:《不断满足人民群众对美好生活的向往》,《甘肃日报》2022年5月7日。

徐向梅:《高度关注优化数字营商环境》,《经济日报》2022年4月11日。

曹立萍:《甘肃明确深化"放管服"改革工作要点》,《甘肃日报》2022年4月6日。

《兰州市人民政府办公室关于印发〈兰州市2022年深化"放管服"改革工作要点〉

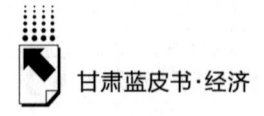

的通知》,《兰州政报》2022年第5期。

赵万山:《高频政务服务事项基本实现"省内通办"》,《兰州日报》2022年3月31日。

《瞭望丨链长制谋划产业生态》,新华社客户端,2022年7月18日。

黄新华:《构建新时代亲清政商关系的路径选择》,人民论坛网,2022年7月5日。

B.12
甘肃促进共同富裕对策研究

王晓芳*

摘　要： 共同富裕体现了马克思主义政治经济学基本原理与生产力和生产关系运动规律，是新时代中国特色社会主义现代化的重要特征。甘肃省经济发展水平、经济总量、人均GDP、居民人均收入、恩格尔系数等富裕度指标偏低；甘肃城镇化率、城镇居民人均可支配收入、农村居民可支配收入、城乡收入比、地区收入比、不同等级收入比、基尼系数等富裕共同度指数在全国居于末端，需要经过五个阶段逐步促进实现共同富裕，即优先夯实经济增长基础阶段（2022~2026年），着力增强经济发展动力阶段（2027~2031年），突出协调联动缩小差距阶段（2032~2036年），全面促进共同富裕阶段（2037~2041年），基本建成共同富裕社会阶段（2042~2051年），并提出突出壮大经济规模使经济增长成为促进甘肃富裕的第一推动力；着重提振投资需求，使项目投资和工业发展成为兴陇富民的基础动力源泉；着重提升城镇化水平，着力缩小城乡收入差距；实施居民收入和中等收入群体双倍增行动，初步形成以中等收入群体为主体的橄榄形社会结构，全面促进共同富裕等对策建议。

关键词： 共同富裕　居民收入　甘肃

---

* 王晓芳，甘肃省社会科学院区域经济研究所所长，研究员，研究方向为区域经济学、信息经济学、流通经济学。

共同富裕体现了马克思主义政治经济学基本原理与生产力和生产关系运动规律，是社会主义的本质要求，是社会主义公平正义价值观的重要体现，是新时代中国特色社会主义现代化的重要特征。党的十八大以来，习近平总书记坚持以人民为中心，在新时代治国理政实践中开启了全面推进共同富裕的新探索。党的十九届五中全会科学研判国际国内形势和我国发展条件，提出到2035年"全体人民共同富裕取得更为明显的实质性进展"的目标。党的十九届六中全会通过的《中共中央关于党的百年奋斗重大成就和历史经验的决议》强调指出："坚定不移走全体人民共同富裕道路。"

共同富裕既是一个重大理论问题，也是一个重大现实问题[①]。学术界就共同富裕的时代内涵、实现机理、评价体系、实现步骤、对策建议等方面进行了充分探讨。在实践层面，浙江省全面落实《中共中央国务院关于支持浙江高质量发展建设共同富裕示范区的意见》，率先出台了《浙江高质量发展建设共同富裕示范区实施方案（2021—2025年）》。2022年，甘肃省委省政府也提出，以更大的力度、更实的举措制定推动共同富裕的行动纲要，分阶段推动共同富裕取得更多更为明显的实质性进展。参照理论界提出的共同富裕评价指标体系，在认知甘肃促进共同富裕基础时，从富裕度指数和富裕共同度指数两个方面进行评价分析，并在此基础上提出甘肃促进共同富裕的分阶段目标和对策建议。

一 甘肃富裕度指数分析

通过人均GDP、居民人均可支配收入、居民人均可支配收入占人均GDP比例、居民人均消费支出、恩格尔系数等指标，分析判断甘肃富裕度指数。自改革开放以来，甘肃在全面建成小康社会征程中，为促进共同富裕奠定了经济基础。1978~2021年，甘肃省地区生产总值从64.73亿元到突破10243.3亿元，经济总量增长了157倍多；人均GDP从348元提高到4.09

---

① 权衡：《正确认识和把握共同富裕的战略目标和实践路径》，《学习时报》2021年12月15日。

万元,增长了 11 倍多;居民人均可支配收入占人均 GDP 从 0.99% 增加到 53.95%;居民人均消费支出从 399 元(1980 年数据)增加为 17456 元;恩格尔系数从 74.8% 下降到 30.9%(见表 1);表明,甘肃省已全面建成小康社会,总体上摆脱了贫困落后状态,促进共同富裕的基础得到改善和增强。但与全国比较,甘肃省经济发展水平仍处于欠发达阶段,经济总量与人均水平都处于较低层次,居民人均收入长期全国垫底,提高居民消费水平缺乏基本支撑力,富裕度指标偏低,增强居民获得感、幸福感仍面临诸多挑战。

表 1 2021 年甘肃富裕度指标与全国主要省份及周边省份比较

指标	全国平均水平	北京	浙江	广东	贵州	陕西	宁夏	青海	新疆	甘肃
人均 GDP(万元)	8.10	18.39	11.39	9.87	5.08	7.54	5.28	5.65	6.19	4.09
居民人均可支配收入(元)	35128	75002	57541	44993	23996	28568	27159	25919	26075	22066
收入占 GDP 的比重(%)	43.37	40.78	50.52	45.59	47.24	37.89	51.44	45.87	42.12	53.95
居民人均消费支出(元)	24100	43640	36668	31589	17957	19347	20024	19020	18961	17456
恩格尔系数(%)	29.8	21.3	27.7	31.7	30.9	34.2	27.2	30.1	30.1	30.9

注:收入占 GDP 的比重和恩格尔系数依有关数据计算得出;收入占 GDP 的比重为居民人均可支配收入与人均 GDP 的比例。

资料来源:国家统计局网及各省市统计局网。

1. 甘肃经济总量突破万亿元大关,人均 GDP 加速提升

自 2012 年甘肃经济总量突破 5000 亿元大关之后,逐步显示出后发优势,到 2021 年甘肃省经济总量达 10243.3 亿元(见图 1),首次跃入万亿元省份行列,稳居全国 31 个省份第 27 位。人均 GDP 直接反映出一个地区的生产力水平,也是衡量当地人民生活水平的一个重要标准。甘肃人均 GDP 从 2016 年的 2.74 万元增长到 2021 年的 4.09 万元,六年增长了近 0.5 倍。但与全国各省份比,依然处于全国垫底位置,与北京 18.39 万元相差较大,与相邻的陕西相差 3.45 万元,与贵州比还有 0.99 万元差距(见表 1)。甘

肃尚处在迈入小康社会的初始发展阶段，生产力发展还很不充分，人民生活水平还处于较低层次，促进共同富裕的经济基础还有待进一步巩固。

图1　1998~2021年甘肃省GDP及增长率

资料来源：甘肃省统计局《甘肃发展年鉴》（1999~2022年）。

2. 居民人均可支配收入快速增长，年均提高千元以上

甘肃居民人均可支配收入从2016年的14670元跃升到2021年的22066元（见图2），增长率达50.42%，年均增长8.40%。2021年甘肃居民人均可支配收入与全国平均水平35128元比，相差13062元，仅为全国平均水平的59.20%；与北京、浙江、广东三省市比，分别相差52936元、35475元、22927元，差距非常显著；与陕西、宁夏、新疆、青海等周边省份比，分别相差6502元、5093元、4009元、3853元，也存在不小差距；即使与全国人均收入倒数第二的贵州比，尚有1930元差距（见表1）。

3. 人均可支配收入占人均GDP比重很高，民生政策导向效应显著

人均可支配收入与人均GDP的比例，反映出全社会的经济产值分配到居民收入的比例，反映了劳动者是否分享了经济发展的果实，人均可支配收入占人均GDP比例越高，劳动者分享的经济发展成果就越多，人均可支配收入占人均GDP比例越低，劳动者分享的经济发展成果就越少。人均可支配收入占人均GDP比重发达国家通常为50%~60%，发展中国家一般为

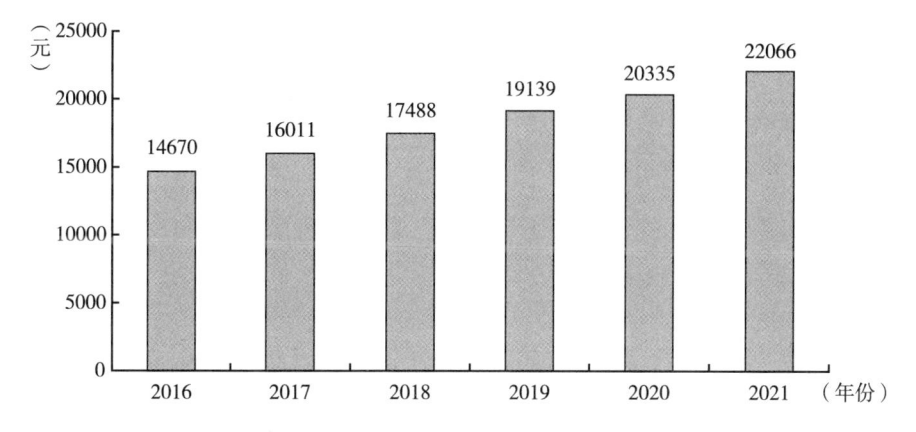

图2 2016~2021年甘肃省居民人均可支配收入

40%~50%。当前，中国居民人均可支配收入占人均GDP的比例大致在42%~45%，甘肃省近年来一直在50%以上，其中2017年、2019年、2020年均超过55%（见表2），反映出作为经济欠发达的甘肃省，国内生产总值一半以上用于解决民生问题，促进人民收入不断增长成为经济发展政策的主要导向。

表2 2016~2021年甘肃人均可支配收入占人均GDP的比重

年份	2016	2017	2018	2019	2020	2021
人均可支配收入(元)	14670	16011	17488	19139	20335	22066
人均GDP(万元)	2.74	2.91	3.22	3.47	3.58	4.09
人均可支配收入占人均GDP的比重(%)	53.54	55.02	54.31	55.16	56.80	53.95

4. 人均消费支出增长强劲，人均消费水平较低

人均消费支出是社会消费需求的主体，是拉动经济增长的直接因素，也是体现居民生活水平和质量的重要指标。2016~2021年，甘肃居民人均消费支出从12254元提高到17456元，增长率为42.45%（见图3）。同期，北京从35416元增加到43640元，增长率23.22%；浙江从25527元提升到36668元，增长率43.64%；广东从23448元提高到31589元，增长率34.72%；贵州从11932元增加到17957元，增长率50.49%；陕西、宁夏、青海、新疆

分别增长38.76%、33.81%、28.73%、34.80%。经对比分析，近六年来，甘肃人均消费支出增长强劲，增长率只是低于贵州，与浙江基本持平，高于北京、广东等高消费地区，与周边省份比，也高出3.69~13.72个百分点。从2021年人均消费支出额看，甘肃比全国平均水平低6644元，与北京、浙江、广东等经济发达省份比，还不足这三省市消费水平的60%，分别仅为40.00%、47.61%、55.26%。

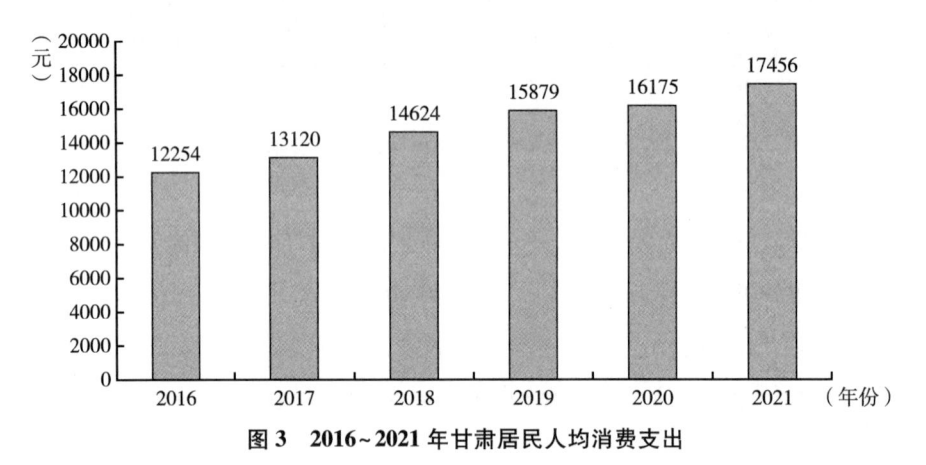

图3 2016~2021年甘肃居民人均消费支出

资料来源：甘肃省统计局《甘肃发展年鉴》（2017~2022年）。

5. 恩格尔系数显著下降，居民生活水平加快改善

恩格尔系数（Engel's Coefficient）是食品烟酒支出总额占个人消费支出总额的比重，联合国粮农组织将其作为评价一国或一个地区居民生活水平的重要标准之一，也是国际上通用的衡量居民生活水平高低的一项重要指标[1]。甘肃省恩格尔系数1978年为74.8%，1988年下降到55.0%，2010年降到42.1%，2016~2021年分别为31.3%、30.4%、29.7%、29.2%、33.4%、30.9%，一直在30%左右徘徊，反映出甘肃处于摆脱贫困走向相对富裕的初级阶段。横向比较看，2021年，甘肃略高于国内平均水平（29.8%）1.1个百分点，与贵州持平，低于陕西3.3个百分点。

---

[1] 张祖群：《从恩格尔系数到旅游恩格尔系数：述评与应用》，《中国软科学》2011年第52期。

二 甘肃富裕共同度指数分析

本文主要从常住人口城镇化率、城镇居民人均可支配收入、农村居民人均可支配收入、城乡居民收入差距、地区居民收入差距、不同收入等级收入差距、基尼系数等指标评价分析甘肃富裕共同度状况。1978~2021年，甘肃城镇化率从14.41%提高到53.33%，增加了38.92个百分点；甘肃城镇居民人均可支配收入从408元提高到36187元，增加了近88倍，农村居民人均可支配收入从101元提高到11433元，增加了112倍；城镇居民人均消费支出从399元增加到25757元，提高了近64倍，农村居民人均消费支出从88元增加到11206元，提高了126倍。但甘肃城镇化率、城镇居民人均可支配收入、农村居民可支配收入等指标，均与东部沿海省份差距拉大，与周边省份比也存在增速缓慢、水平低下等突出问题；从城乡收入比、地区收入比、不同等级收入比、基尼系数等指标看，甘肃富裕共同度指数在全国居于末端，仅有张掖、嘉峪关、酒泉3市，约10%左右的人口进入共同富裕初级发展阶段，城乡收入差距、地区收入差距、不同群体收入差距依然很大。

1. 甘肃城镇化快速推进，城镇化率仍处于加速发展阶段的初期

从经济发展规律看，城镇化发展有利于扩大内需，提高生产效率，促进要素资源优化配置，增强经济辐射带动作用，提高群众享有的公共服务水平。城镇化是目前拉动中国经济增长的一大动力，是改善经济发展基础的发力点，也是促进共同富裕的一个战略基点。2000~2021年，甘肃城镇化率从24.01%提高到53.33%，20年间增加了近30个百分点。从2021年城镇化数据来看，甘肃城镇化率仅高于云南和西藏，与城镇化率最高的上海比差35.97个百分点，与周边陕西、宁夏、青海、新疆比，分别低10.30个、12.71个、7.69个、3.93个百分点，甘肃城镇化仍处于加速发展阶段的初期（见表3）。

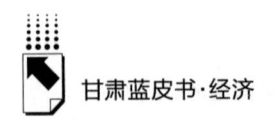

表3 2021年甘肃城镇化率与全国各省份比较

单位：万人，%

省份	2021年常住人口	城镇化率	城镇化阶段
上海	2489.43	89.30	高度城镇化阶段
北京	2188.60	87.50	
天津	1373.00	84.88	
广东	12684.00	74.63	
江苏	8505.40	73.94	
辽宁	4229.40	72.81	
浙江	6540.00	72.70	
重庆	3212.43	70.32	
福建	4187.00	69.70	基本实现城镇化阶段
内蒙古	2400.00	68.21	
宁夏	725.00	66.04	
黑龙江	3125.00	65.70	
湖北	5830.00	64.09	
山东	10169.99	63.94	
陕西	3954.00	63.63	
山西	3480.48	63.42	
吉林	2375.37	63.36	
江西	4517.40	61.46	
河北	7448.00	61.14	
青海	594.00	61.02	
海南	1020.46	60.97	
湖南	6622.00	59.71	城镇化加速发展阶段
安徽	6113.00	59.39	
四川	8372.00	57.80	
新疆	2589.00	57.26	
河南	9883.00	56.45	
广西	5037.00	55.08	
贵州	3852.00	54.33	
甘肃	2490.02	53.33	
云南	4690.00	51.05	
西藏	366.00	36.61	城镇化起步阶段

资料来源：国家统计局、各省份统计局。

2. 甘肃城镇居民人均可支配收入显著提高，与东部沿海省份差距不断扩大

甘肃城镇居民人均可支配收入从 2016 年的 25693 元增长到 2021 年的 36187 元（见图 4），增长率达 40.84%，年均增长 6.81%。2021 年甘肃城镇居民人均可支配收入与全国城镇平均水平 47412 元比，相差 11225 元，仅为全国平均水平的 76.32%，位列全国倒数第三，仅分别高于吉林和黑龙江；与位列全国前三的上海、北京、浙江三省市比，分别相差 46242 元、45331 元、32300 元，差距非常显著，仅分别为上述省市的 43.90%、44.39%、52.84%；与陕西、宁夏、新疆、青海等周边省份比，分别相差 4516 元、2104 元、1455 元、1558 元，也存在不小差距（见表 4）。

表 4　2021 年甘肃城镇居民和农村居民人均可支配收入与全国各省份比较

单位：元

省份	居民人均可支配收入	城镇居民人均可支配收入	农村居民人均可支配收入
上海	78027	82429	38521
北京	75002	81518	33303
浙江	57541	68487	35247
江苏	47498	57743	26791
天津	47449	51486	27955
广东	44993	54854	22306
福建	40659	51140	23229
山东	35705	47066	20794
辽宁	35112	43051	19217
内蒙古	34108	44377	18337
重庆	33803	43502	18100
湖南	31993	44866	18295
安徽	30904	43009	18372
湖北	30829	40278	18259
江西	30610	41684	18684
海南	30457	40213	18076
河北	29383	39791	18179
四川	29080	41444	17575

续表

省份	居民人均可支配收入	城镇居民人均可支配收入	农村居民人均可支配收入
陕西	28568	40713	14745
宁夏	27159	38291	15337
吉林	27770	35646	17642
山西	27426	37433	15308
黑龙江	27159	33646	17889
河南	26811	37095	17533
广西	26727	38530	16363
新疆	26075	37642	15575
青海	25919	37745	13604
云南	25666	40905	14197
西藏	24950	46503	16932
贵州	23996	39211	12856
甘肃	22066	36187	11433

资料来源：国家统计局、各省份统计局。

图 4　2016~2021 年甘肃城镇居民人均可支配收入及人均消费支出

资料来源：甘肃省统计局《甘肃发展年鉴》（2017~2022 年）。

对 2010~2020 年甘肃与上海、浙江、贵州及西北其他 4 省区城镇居民人均可支配收入对比分析，甘肃城镇居民人均可支配收入年均增长率既高于沿海经济发达地区，也高于周边省区；但从增加额看，甘肃只增加了20633元，不及上海的一半，是浙江的58.38%，比贵州还少1321元，与陕西、青海、新疆比分别少1540元、1019元、561元，只是比宁夏多257元（见表5）。说明，这十年间，甘肃城镇居民可支配收入保持着较快增长率，但由于基础水平低，与其他省份差距拉大。比如，2010年，与上海、浙江、贵州分别相差18649元、14170元、953元，到2020年却演变为42615元、28877元、2274元；与陕西从相差2506元到4046元，与青海从相差665元到1684元，与新疆从相差455元到1016元。

表5 2010~2020年甘肃城镇居民人均可支配收入与东部沿海及周边省份比较

单位：元，%

时间	甘肃	上海	浙江	贵州	陕西	宁夏	青海	新疆
2010年	13189	31838	27359	14142	15695	15344	13854	13644
2016年	25693	57692	47237	26743	28440	27153	26757	28463
2017年	27763	62596	51261	29080	30810	29472	29169	30775
2018年	29957	68034	55574	31592	33319	31895	31515	32764
2019年	32323	73615	60182	34404	36098	34328	33830	34664
2020年	33822	76437	62699	36096	37868	35720	35506	34838
2010~2020年增加额	20633	44599	35340	21954	22173	20376	21652	21194
年均增长率	15.64	14.01	12.92	15.52	14.13	13.28	15.63	15.53

资料来源：国家统计局、各省份统计局。

3. 甘肃农村居民人均可支配收入，尚不及最高省份的1/3

甘肃农村居民人均可支配收入从2016年的7457元增长到2021年的11433元（见图5），增长率达53.32%，年均增长9.89%。2021年甘肃农村居民人均可支配收入与全国农村平均水平18931元比，相差7498元，仅为全国平均水平的60.39%，位列全国倒数第一；与位列全国前三的上海、浙江、北京三省市比，分别相差27088元、23814元、21870元，仅分别为上述省市的29.68%、32.44%、34.33%；与新疆、宁夏、陕西、青海等周边省份比，分别相差4142元、3904元、3312元、2171元；与全国农村居民人均可支配收入倒数第二、第三的贵州、云南比，也有1423元和2764元的差额（见表4）。

图5　2016~2021年甘肃省农村居民人均可支配收入及人均消费支出

资料来源：甘肃省统计局《甘肃发展年鉴》（2017~2022年）。

4. 甘肃城乡居民人均可支配收入绝对差距呈扩大态势，相对差距持续缩小

从全国来看，城乡居民人均可支配收入比值由2020年的2.56缩小至2021年的2.50，城乡居民人均可支配收入相对差距继续缩小。各省份也普遍呈现农村居民收入增速更高、城乡收入差距缩小的情况。以浙江为例，2021年，城乡收入比为1.94，比2020年缩小0.02，相当于农村居民收入多增加300元左右，城乡收入比连续9年呈缩小态势，共同富裕三大核心目标之一的缩小城乡差距取得实质性成效。

从表6可知，甘肃城乡居民收入绝对差额呈不断扩大的走势，从2000年3512元扩大到2021年24754元，扩大了6倍多。甘肃城乡收入比从2000年的3.41提高到2010年的3.69，从2016年的3.45缩小到2021年的3.17（见表6），仍高于全国平均水平。与主要及周边省份比，2021年甘肃城乡收入比依然很大，比浙江、上海、北京分别高1.23、1.03、0.72，比新疆、宁夏、陕西、青海分别高0.76、0.67、0.41、0.40，比贵州3.05还高0.12（见表7）。

表6 甘肃主要年份城乡居民人均可支配收入绝对差距和城乡收入比

年份	城镇居民人均可支配收入(元)	农村居民人均可支配收入(元)	城乡绝对差距(元)	城乡收入比
2000	4970	1458	3512	3.41
2010	13820	3747	10073	3.69
2016	25693	7457	18236	
2017	27763	8076	19687	3.44
2018	29957	8804	21153	3.40
2019	32323	9629	22694	3.36
2020	33822	10344	23478	3.27
2021	36187	11433	24754	3.17

资料来源：相关年份《甘肃发展年鉴》。

表7 2021年主要省份及甘肃周边省份城乡收入比

省份	城乡收入差距绝对值(元)	城乡收入比
上海	43906	2.14
北京	48215	2.45
浙江	33240	1.94
贵州	26355	3.05
陕西	25968	2.76
宁夏	22954	2.50
青海	24141	2.77
新疆	22067	2.41

资料来源：相关省份统计局网站。

5.甘肃各市州城乡收入比差距显著，大部分市州促进城乡共同富裕难度不小

从2021年甘肃14个市州城镇居民人均可支配收入统计来看，有4个市在4万元以上，6个市在3万~4万元，4个市州处在3万元以下，最高的嘉峪关市与最低的临夏州相差22961元；农村居民人均可支配收入超过2万元

只有嘉峪关市和酒泉市两个，有9个市州处在1万~2万元，其中天水、甘南、平凉3市州刚刚迈入万元关口，定西、陇南、临夏等连片贫困人口聚集区市州尚不足万元，最高的嘉峪关市与最低的临夏州相差15720元，嘉峪关市农村居民人均可支配收入是临夏州的2.75倍。从城乡收入比看，张掖市、嘉峪关市、酒泉市均在2以下，分别为1.76、1.94、1.95，基本实现了低层次的城乡共同富裕；武威、金昌、兰州、临夏、甘南5个市州处于2.00~3.00，促进城乡共同富裕难度较大；天水、庆阳、平凉、陇南、定西、白银6个市州等于或高于3.00，促进城乡共同富裕征程还很漫长（见表8）。实际上，张掖是甘肃省第一个率先实现城乡共同富裕的城市，尽管富裕基数不高甚至很低，但早在10多年前，城乡收入比就实现了小于2的基本目标。

表8 2021年甘肃各市州城乡居民人均可支配收入比较

市州	城镇居民人均可支配收入(元)	农村居民人均可支配收入(元)	城乡收入比
嘉峪关	47863	24726	1.94
金昌	45649	18500	2.47
兰州	43244	16191	2.67
酒泉	42794	21923	1.95
庆阳	36036	11538	3.12
白银	35586	11878	3.00
武威	33791	14859	2.27
平凉	33398	10800	3.09
天水	32251	10034	3.21
张掖	31091	17670	1.76
定西	29711	9798	3.03
甘南	29481	10142	2.91
陇南	28694	9314	3.08
临夏	24902	9006	2.77

资料来源：甘肃省统计局。

从 2010~2020 年城乡收入比变化看，城乡收入比大的市州缩小步伐较快，城乡收入比小的市州缩小步伐较慢，陇南、白银从 4.63、4.19 缩小到 3.20、3.09，分别降低 1.43 和 1.10，相反，嘉峪关从 2.03 缩小到 1.99，10 年只降低 0.04（见表 9）。

表 9 2010 年、2015 年、2020 年甘肃各市州城乡居民人均可支配收入比较

市州	2010 年			2015 年			2020 年		
	城镇居民（元）	农村居民（元）	城乡收入比	城镇居民（元）	农村居民（元）	城乡收入比	城镇居民（元）	农村居民（元）	城乡收入比
兰州	15952	5252	3.29	27088	9621	2.82	40152	14652	2.74
嘉峪关	18931	9304	2.03	30714	15371	2.00	44774	22478	1.99
金昌	20074	6709	2.99	29670	11459	2.59	42662	16789	2.54
白银	15959	3813	4.19	23438	7065	3.31	33103	10711	3.09
天水	13051	3265	4.00	20809	6007	3.46	30057	9072	3.31
武威	13261	5193	2.55	21702	9101	2.39	31580	13471	2.34
张掖	12399	6467	1.92	19673	10823	1.82	28967	16020	1.81
平凉	13354	3580	3.73	21490	6501	3.31	31096	9756	3.19
酒泉	17265	8157	2.12	27793	13603	2.04	40070	19912	2.01
庆阳	14388	3673	3.92	23426	6945	3.37	33616	10422	3.23
定西	12289	3074	4.00	19167	5823	3.29	27612	8843	3.12
陇南	12123	2620	4.63	18915	5405	3.5	26791	8376	3.20
临夏	9759	2693	3.62	16508	5245	3.15	23338	8113	2.88
甘南	11801	3106	3.80	19656	5928	3.32	27656	9129	3.03

资料来源：甘肃省统计局《甘肃发展年鉴》（2011 年、2016 年、2021 年）。

6. 不同收入群体的城乡居民人均可支配收入差距拉大，中高及高收入户依然保持着强劲的增收态势

2017 年甘肃城镇居民低收入户、中低收入户、中等收入户、中高收入户、高收入户之比为 1∶1.97∶2.66∶3.46∶5.11，2018 年为 1∶2.07∶3.01∶4.25∶6.90，2019 年为 1∶2.00∶2.89∶3.95∶6.25。

2017年低收入户人均可支配收入仅为全省平均数的37.66%，高收入户人均可支配收入为全省平均数的1.92倍；2018年低收入户人均可支配收入仅为全省平均数的31.39%，高收入户人均可支配收入为全省平均数的2.17倍；2019年低收入户人均可支配收入仅为全省平均数的33.62%，高收入户人均可支配收入为全省平均数的2.10倍。2017~2019年五个收入等级的城镇居民人均可支配收入增长率分别为3.94%、5.47%、12.60%、18.78%、27.20%（见表10），不同收入等级的城镇居民收入增长的马太效应显著。

表10 2017~2019年按五等份分组的甘肃城镇居民人均可支配收入

单位：元

年份	低收入户	中低收入户	中等收入户	中高收入户	高收入户
2017	10455	20599	27855	36173	53380
2018	9405	19459	28293	40009	64860
2019	10867	21725	31366	42967	67901

资料来源：各年《甘肃发展年鉴》。

2017年甘肃农村居民人均可支配收入低收入户、中低收入户、中等收入户、中高收入户、高收入户之比为1∶2.39∶3.49∶5.12∶9.93，2018年为1∶10.21∶15.73∶22.49∶44.61，2019年为1∶2.10∶2.99∶4.37∶8.78。2017年低收入户人均可支配收入仅为全省平均数的24.96%，高收入户人均可支配收入为全省平均数的2.48倍；2018年低收入户人均可支配收入仅为全省平均数的5.79%，高收入户人均可支配收入为全省平均数的2.58倍；2019年低收入户人均可支配收入仅为全省平均数的30.41%，高收入户人均可支配收入为全省平均数的2.67倍（见表11）。2017~2019年不同收入等级的农村居民人均可支配收入增长率分别为45.24%、27.77%、12.60%、18.78%、28.46%，反映出甘肃在扶贫攻坚战中，突出提高了低收入户收入，增强了中低收入户增收能力，中高收入户与高收入户依然保持着强劲的增收势头。

表 11 2017~2019 年按五等份分组的甘肃农村居民人均可支配收入

单位：元

年份	低收入户	中低收入户	中等收入户	中高收入户	高收入户
2017	2016	4811	7037	10322	20018
2018	510	5205	8021	11472	22753
2019	2928	6147	8752	12804	25716

资料来源：各年《甘肃发展年鉴》。

7. 基尼系数居高不下，促进共同富裕任重道远

基尼系数是国际上用来分析贫富差距的通用指标，数字越小，表示贫富差距越小；数字越大，表示贫富差距越大，国际上通常把 0.4 作为贫富差距的警戒线。基尼系数低于 0.2，收入绝对平均；介于 0.2~0.3，收入比较平均；介于 0.3~0.4，收入相对合理；介于 0.4~0.5，收入差距较大；0.5 以上，收入悬殊。2013~2019 年中国基尼系数分别为 0.473、0.469、0.462、0.465、0.467、0.468、0.465，处于收入差距较大阶段。从 2019 年部分省份基尼系数看，北京为 0.283，收入比较平均，浙江为 0.374 处在收入相对合理阶段。甘肃 20 世纪 90 年代低于 0.4，2000 年为 0.425，2007 年达到 0.490，2016~2019 年，小幅回落到 0.478，属于收入差距较大省份。

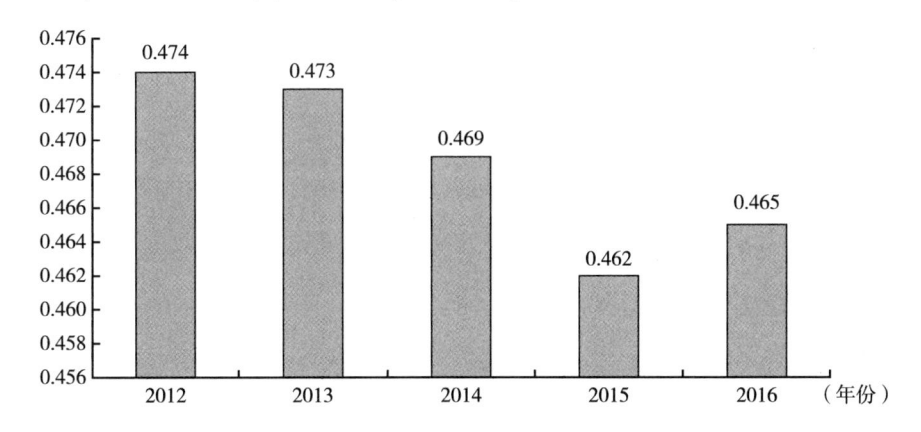

图 6 2012~2016 年中国基尼系数

资料来源：依据国家统计局相应年份数据整理。

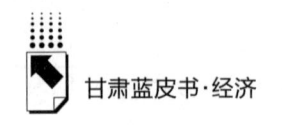

三 甘肃促进共同富裕对策建议

2022年，甘肃省委在第十四次党代会上提出，面对扩大经济规模和促进转型升级的双重难题，需要应对内生动力不足和外部竞争加剧带来的双重挑战，通过高质量发展提升综合实力、缩小发展差距仍然是我们的最大任务[1]。因此要探索共同富裕实现路径，健全经济发展与收入增长联动机制，完善收入分配制度，扩大中等收入群体比重，增加低收入群体收入，使全省人民朝着共同富裕目标扎实迈进。

（一）甘肃促进共同富裕阶段性目标

基于对甘肃富裕度和共同度指数的分析，甘肃短期内实现共同富裕目标难度非常大，需要经过30年六个阶段来逐步促进。

1. 富裕度阶段性目标

在此，仅以甘肃居民人均可支配收入为例来规划甘肃到2051年实现富裕的阶段性目标。甘肃"十三五"期间居民人均可支配收入实际增长率为6.2%，"十四五"规划目标为7%，如能确保6%，则在2021年22066元基础上，到2026年可实现28000元目标，甚至达到30000元；2027~2031年达到35000~38000元，超过2021年全国人均水平35182元，接近2021年山东、辽宁水平；2032~2036年达到42000~45000元，与福建、广东2021年水平持平；2042年有望达到2021年浙江水平，2051年有望达到65000元，进一步缩小与浙江2025年规划目标75000元的差距，家庭总收入达到20万元左右，基本实现富裕目标（见表12）。

---

[1] 尹弘：《继往开来奋进伟大新时代 富民兴陇谱写发展新篇章 为全面建设社会主义现代化幸福美好新甘肃努力奋斗——在中国共产党甘肃省第十四次代表大会上的报告》，甘肃政务网，2022年5月27日。

表12　2022~2051年甘肃居民人均可支配收入阶段性目标

单位：%，元

阶段	年均增长率	目标
2021年基数	8.5	22066
2022~2026年	6~7	28000~30000
2027~2031年	6.5~7	35000~38000
2032~2036年	7.1~7.5	42000~45000
2037~2041年	8	48000~52000
2042~2046年	8.5	55000~60000
2047~2051年	9	62000~65000

2. 共同度阶段性目标

甘肃促进共同富裕分五个阶段进行，到2051年，达到城乡收入比降到2.00，地区城镇居民收入比和农村居民收入比分别降到1.50和2.00，最高收入与最低收入差控制在4.00以下（见表13）。城镇化率达到65%以上，基尼系数降到0.35左右。

表13　2022~2051年甘肃促进共同富裕阶段性目标

阶段	城乡收入比	地区收入比	不同收入群体收入比（高低收入比）
2021年基数	3.17	1.92(城镇) 2.75(农村)	6.24
2022~2026年	3.00	1.90(城镇) 2.70(农村)	6.00
2027~2031年	2.90	1.85(城镇) 2.65(农村)	5.60
2032~2036年	2.70	1.75(城镇) 2.60(农村)	5.20
2037~2041年	2.50	1.70(城镇) 2.50(农村)	4.90
2042~2051年	2.00	1.50(城镇) 2.00(农村)	3.8

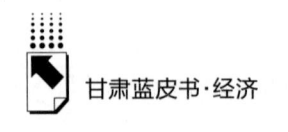

（二）促进共同富裕阶段性对策建议

依据甘肃富裕度指数和共同度指数实际状况，结合其他省份实施促进共同富裕举措经验，提出甘肃省促进共同富裕阶段性对策建议。

1. 优先夯实经济增长基础阶段（2022~2026年）：突出壮大经济规模，使经济增长成为促进甘肃富裕的第一推动力

随着共建"一带一路"倡议、新时代推进西部大开发形成新格局、黄河流域生态保护和高质量发展等国家战略的深入实施，甘肃作为生态屏障、能源基地、战略通道、开放枢纽的特殊功能定位越来越凸显，应充分利用倾斜政策叠加、发展平台叠加、市场利好叠加的振兴机遇期，突出壮大经济规模，优先解决经济发展不充分问题，使经济增长成为促进甘肃整体富裕的第一推动力。

一要以优化营商环境为抓手，破解经济增长瓶颈，推动重点领域和关键环节改革。营造"重商""兴商""富商""护商""亲商"法治化、常态化、高效化的市场环境，激发市场主体活力和社会创造力。力争在这一时期使甘肃经济总量再上新台阶，在1.02万亿元的基础上，每年新增1000万亿元，期末达到1.50万亿元左右，人均GDP达到6.02万元，接近新疆2021年人均GDP水平。

二要以全省协同联动发展为中心，推动构建"一核三带"区域发展格局。建设以兰州和兰州新区为中心、以兰白一体化为重点、辐射带动定西临夏的"一小时核心经济圈"的经济增长核心区，打造驱动全省高质量发展的主引擎；建设以清洁能源及新材料和特色高效农业为重点的河西走廊经济带、以综合能源和先进装备制造为重点的陇东南经济带、以水源涵养和水土保持为重点的黄河上游生态功能带，使"一核三带"区域重点城市兰州（包括兰州新区）经济总量达到5000亿元左右，平凉—庆阳达到2000亿元，天水—陇南达到1600亿元，酒泉—嘉峪关达到1400亿元，带动其他7个市州经济总量达到5000亿元。

三要以乡村振兴战略为重点，大力提升农民市民化和农民增收攻坚行动，突出提高农村低收入群体收入。将提高农村居民收入放在第一位，重点解决现有的9.2万人农村特困人员脱贫奔小康问题，努力提高享受最低生活保障的143.7万农村居民生产经营致富能力，尤其要面向"两南一州"（陇南、甘南、临夏州），到2026年，使这三个市州农村居民年人均可支配收入达到1.2万元左右，即达到2021年全省平均收入水平。

2. 着力增强经济发展动力阶段（2027~2031年）：着重提振投资需求，使项目投资和工业发展成为兴陇富民的基础动力源泉

甘肃经济发展的主要指标全国垫底，最根本的因素是长期以来投资、消费和出口三大需求不振，拉动国民经济增长的"三驾马车"动力严重不足，项目投资尤其是工业投资失速，传统工业"三化"改造和绿色智能工业发育均较缓慢，甘肃经济发展后劲不足，国内外消费市场低迷，出口新动能不强，要着力培植和壮大居民收入的活力、动力源泉。

一要始终以扩大项目投资为兴陇富民的基本路径，多措并举促进投资稳增长、快增长。持续改善促进老基建、着力布局扩大新基建，发挥项目投资对优化供给结构的关键作用，通过扩大项目投资促进产业结构升级优化、提质增效，扩大居民就业渠道，确保每年新增就业人数上升到50万人，城镇登记失业率控制在2.5%左右，城镇居民人均可支配收入达到4万元以上，赶上或超越2021年四川、陕西水平。

二要始终以强工业为强省富民之根基，不断扩大工业投资，实施提质增效扩量工程，大力构建现代工业产业体系。甘肃应抓住中国以数字经济、低碳经济和智能制造为主导方向的新经济新动能将步入快速发展轨道这一发展机遇，以强工业行动为抓手，打好工业产业基础高级化、产业链现代化攻坚战，激发实体经济活力，形成相对持久的生产力，不断提高工业产业质量效益和综合竞争力，扩大居民工业领域工资性收入，使工业领域人员工资性收入上升到10万元左右，并带动中低收入群体增收，使人均可支配收入达到3万元以上，迈入中等收入行列。

3. 突出协调联动缩小差距阶段（2032~2036年）：着重提升城镇化水平，着力缩小城乡收入差距

以甘肃省新型城镇化规划（2021~2035年）为基础，完善省域统筹机

制，推动资源优化配置，城镇体系更加完善，城镇综合承载能力显著增强，城镇功能更加健全，基本公共服务实现均等化，大中小城市和小城镇协调发展，城市治理能力显著提高，居民福祉水平进一步提高，为缩小地区收入差距打好坚实基础。

一要积极推进农业转移人口市民化，不断深化户籍制度改革，健全转移人口市民化政策机制，维护进城落户农民农村权益，提升农业转移人口融入城市能力。到2036年，实现常住人口城镇化率达到65%左右，使城乡收入比降到2.50以内。

二要加快推进城镇基本公共服务均等化步伐，完善城镇基本公共服务提供机制，健全就业公共服务体系，提升教育医疗保障能力和社会保障水平。到2036年，实现城乡劳动力基本养老保险、工伤保险、失业保险参加率达到90%以上，城乡居民基本医疗保险全覆盖等目标。

4. 全面促进共同富裕阶段（2037~2041年）：实施居民收入和中等收入群体双倍增行动，初步形成以中等收入群体为主体的橄榄形社会结构

在前三个阶段大力发展经济、壮大经济总量、扩大可分配经济成果的基础上，这一阶段，要实现城乡区域发展差距、城乡居民收入和生活水平差距显著缩小，城乡居民收入倍差缩小到2.00以内，人均可支配收入最高最低倍差缩小到2.50以内，居民生活品质和社会福利水平明显提升等初步共同富裕目标。

一是加快实施居民收入倍增计划。健全企业职工工资合理增长机制，创新事业单位收入分配制度，全面拓宽城乡居民财产性收入渠道，实施农民致富增收行动，通过20年的发展，使甘肃居民可支配收入达到7万元左右。

二是加快实施中等收入群体规模倍增计划。稳定中等收入群体，健全扶持中等收入群体发展的政策体系，加大人力资本投入，激发技能人才、科研人员、小微创业者、高素质农民等重点群体增收潜力，让更多普通劳动者通过自身努力进入中等收入群体，使居民家庭年可支配收入20万元的群体比例达到60%，30万元的群体比例力争达到30%。

5. 基本建成共同富裕社会阶段（2042~2051年）：完善三次分配机制，优化社会保障体系，提升政府调控收入分配不平等的能力

到2051年，实现甘肃人均GDP 10万元以上，城镇化率达到70%左右，居民人均可支配收入8万元以上，城乡居民收入倍差缩小到1.5以内，人均可支配收入最高最低倍差缩小到2.00以内等基本实现共同富裕目标。

一要持续完善基本分配体制，健全初次分配政策体系，形成合理的充满活力的初次收入分配秩序和规则；改革和完善二次分配与转移支付的体制机制，实现收入分配的公平正义；积极鼓励和发挥第三次分配的积极作用，发展社会公益慈善事业。

二要加快建设与全国同步的国内统一大市场，规范要素市场秩序，推动收入分配来源多元化，让更多的要素参与分配，健全劳动、资本、土地、知识、技术、管理、数据等生产要素由市场评价贡献、按贡献决定报酬的机制；提升城乡生产要素的流动性，进一步优化资源配置，实现城乡之间的良性互动，提升农村居民的财产性收入占比。

三要优化社会保障体系，完善公共卫生基础设施建设，构建现代化应急管理体系，加强应对各种自然和社会危机的经济政策储备，在应对危机冲击过程中形成对经济影响最小化的机制，进而保障中低收入等弱势群体在危机中收入稳定。

四要保持公共资本处于合适比例，提升政府调控收入分配不平等的能力。建议保持适当的公共资本比例，保持公共资本占比在30%~35%的合理区间范围内，从而强化政府部门调整收入分配的职能作用，努力营造收入分配公平的制度环境。

参考文献

李慎明：《对共同富裕的理解和建议》，《中国社会科学报》2011年7月12日。

王红茹：《中国特色的共同富裕如何实现？》，《中国经济周刊》2021年9月6日。

沈费伟、戴辰：《农业农村"共同富裕"，指标体系先行》，城市怎么办，2022年2月10日。

郑功成：《如何进一步扩大中等收入群体规模》，《光明日报》2021年11月10日。

权衡：《正确认识和把握共同富裕的战略目标和实践路径》，《学习时报》2021年12月15日。

龚六堂：《缩小居民收入差距推进共同富裕的若干政策建议》，《国家治理》2020年12月25日。

王晓芳：《推动共同富裕取得实质性进展》，《甘肃日报》2022年7月15日。

B.13 甘肃"东数西算"国家算力枢纽节点工程

——庆阳数据中心集群建设研究

刘伯霞 程 婷*

摘 要： 本文从国家"东数西算"算力枢纽节点布局出发，分析了甘肃庆阳建设国家数据中心集群的独特优势及其面临的困难和问题，发现庆阳数据中心集群存在基础设施薄弱，算力规模小，资金不足，人才和技术缺乏；国家层面的政策支持不够；能耗指标不足，存量新能源不能完全满足绿色数据中心集群建设；网络基础设施建设相对滞后；数据资源传输流通环节存在安全隐患；数据中心所在地的生态环境质量受影响等问题。据此，从国家层面提出加大资金支持力度，发放生态环境补偿金；加大政策支持力度；加快网络升级改造，提速降费；从省市层面提出全省范围内统筹调配新能源；抓好政策落实，树立"客户至上，服务为本"理念；加快项目建设进度，完善算力基础设施，加强网络资源能力融合；加大招商引资力度，培育产学研一体的群落化产业圈；开展产业和数据安全研究；建立五大保障体系，稳步推进算力网络国家枢纽节点（甘肃）庆阳数据中心集群建设进程等对策建议，期望能对庆阳数据中心集群建设有一定的借鉴意义。

关键词： 东数西算 数据中心集群 甘肃庆阳

---

* 刘伯霞，甘肃省社会科学院区域经济研究所研究员，主要研究方向为区域经济、城市经济和农村经济；程婷，甘肃农业大学财经学院硕士研究生，主要研究方向为区域经济和农业经济。

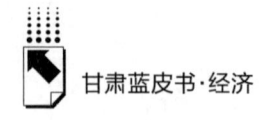

人类社会正在从农业经济、工业经济快速进入数字经济时代，数据、算力以及算法都已成为关键资源，数据是新的生产资料，算力是新的生产力，算法是新的生产关系。数字经济快速发展推动数据量爆发式增长，通过互联网络基础设施传递、加速、展示、计算、存储数据信息的数据中心成为与人力资源、自然资源一样重要的战略资源，且其规模日益扩张，已成为全球增长最快的电力消费设备之一。我国数据中心主要分布在东部地区，但日趋紧张的土地、能源等资源使东部地区难以继续发展数据中心。因此，充分挖掘西部地区潜能，启动"东数西算"工程，算力西迁，在西部发展数据中心承接东部算力需求。"东数西算"工程的启动，标志着在全国范围内开展一体化布局算力枢纽节点，增强国家整体算力效能，促进西部可再生能源就近消纳，优化资源配置，提高资源使用效率，释放算力资源的"乘数效应"和数据要素的"倍增效应"。

一 国家布局"东数西算"算力枢纽节点意义重大

（一）"东数西算"的含义

"东数西算"，是将东部的数据传输到西部去计算和处理。即构建数据中心、云计算、大数据一体化的新型算力网络体系，将东部数据传输到西部存储、计算。"东数西算"的"数"指数据，"算"指算力，即对数据的处理能力。数据是重要的生产要素和重要的战略资源，算力是数字化技术持续发展的衡量标准和推动数字经济发展的核心支撑力和驱动力。"数"是基础，"算"是挖掘数据要素价值的重要手段。数据作为数字时代最重要的生产要素，已成为继土地、劳动力、资本、技术之后的"第五大生产要素"，快速融入国民生产、流通、消费等环节，为驱动经济社会发展提供了重要力量，并上升为国家重要的基础性战略资源，成为大国间竞相争夺的制高点。据预测，2025年中国将成为全球最大的数据圈。因此，更先进的数字技术、更强大的数据服务能力和更高水平的数字产业，将成为世界各国发展数字经济的重要内容。与农业时代的水利、工业时代的电力一样，算力作为国民经济发展的一项重要基础设施、数字经济时代的核心生产力要素，已成为21世纪全球战略竞争的新焦点。随着新一代信息技术加速融入千行百业，无处不在的算力正在成为激活数据要素潜能、驱动经济社会数字化转型的新引擎。算力，能让"聪明的车"更安全地行驶在"智慧的路"上，能让飞架在河流山川上的电网实现智能巡检；算力是远程辅助诊疗的有力支撑，也是气象AI预测模型的重要依托；算力存在于云端的信息服务，也遍布于各地的基础设施。只有增强算力，才能将海量的数据生产资料转化为数据价值，带动经济增长。《2021—2022全球计算力指数评估报告》显示，计算力指数平均每提高1个点，数字经济和地区生产总值将分别增长3.5‰和1.8‰。因此，算力经济将有效支撑区域经济蓬勃发展。在推动算力建设进程中，除了要重视数据与算力，还要特别关注算法，抓住了算法，在创新方面就有了抓手，可以有效激发数据要素的创新活力。算法和计算力一样都是智算中心的核心，要想产生一流的智慧，就必须要有一流的算法，而算法的高效运转又要依赖领先的计算力，计算力基建化和算法基建化相辅相成。

（二）"东数"为什么要"西算"

"东数西算"的关键在"算"，目标在"用"。就"算"而言，和水、电一样，我国算力的供给同样存在不均衡的状况。东部有数据，但算力供不应求，西部有算力，且供大于求，算力向西势在必行。据测算，至"十四五"末，在现有数据中心上架率达标后，我国算力缺口仍将超过50%，这些算力绝大部分将在西部地区布局。我国数据中心大多分布在东部地区，数据中心不仅需要占用土地，而且耗电量巨大，属高能耗产业，被称为"不冒烟的工厂"，其年用电量占全社会用电量的2%左右。数据中心电力成本较高，100P计算能力的机器一年的电费约为5000万元，电费约占运营成本的60%左右，北京或上海等地可高达70%~80%[①]。据Gartner测算，电力成本的41%在于

---

① 段丹洁：《"东数西算"惠利数字中国建设》，《中国社会科学报》2022年7月6日。

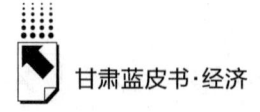

散热的消耗。数据中心不只是耗电大户，还是碳排放大户。未来数据中心碳排放量将占到全国总排放量的1.5%，不利于实现碳中和与碳达峰。

西部地区作为我国能源外送基地，需要通过西电东送工程保障东部、中部地区经济社会用电。目前东部耗电指标、空间资源日趋紧张，一些地区拉闸限电，继续在东部发展数据中心已难以为继，而西部地区用电成本较低，为计算存储器搭建提供了便利条件。同时西部地区可再生能源丰富，年平均气温较低，可以大量利用自然冷却，降低耗电量，减少碳的总排放量，使环境效益最大化。2021年我国数据中心平均PUE[①]大概是1.49~1.5，整体处于较高水平。按照"东数西算"一体化数据中心建设要求，东部数据中心集群平均PUE小于1.25，西部则小于1.2。因此，西部发展数据中心、承接东部算力需求潜力巨大，算力西迁也就成为必然。算力西迁，不仅能优化我国算力供给结构，提升整体算力规模和效率，解决东西部数据中心算力供需不对等、不匹配等矛盾，使数据要素价值最大化，还能激活西部地区数字经济活力，带动数据中心上下游相关产业发展。

（三）"东数西算"国家算力枢纽节点布局

2021年5月，国家发展改革委等四部门联合印发《全国一体化大数据中心协同创新体系算力枢纽实施方案》（以下简称《实施方案》），首次提出了"东数西算"工程，并进一步明确了国家枢纽节点建设的"顶层设计"，绘制了全国一体化大数据中心的"布局图"和"路线图"。2022年2月，国家发改委、中央网信办、工业和信息化部、国家能源局四部门又印发通知，同意在京津冀、长三角地区、粤港澳大湾区、成渝地区、内蒙古、贵州、甘肃、宁夏等8地启动建设国家算力枢纽节点，并规划了10个国家数据中心集群。至此，全国一体化大数据中心体系完成总体布局设计，"东数西算"工程正式全面启动。

---

① PUE值是数据中心消耗的所有能源与IT负载消耗的能源之比，PUE值越接近于1，表示数据中心的绿色化程度越高。

"东数西算"工程是我国继"南水北调""西电东送""西气东输"三大工程之后启动的又一重大跨区域资源配置工程。"东数西算"工程从国家战略、技术发展、能源政策等多方面出发布局了8个枢纽节点（5个在西部）10个数据中心集群（6个在西部）。但是，"东数"也不是完全"西算"。西部枢纽只能承接一些如后台加工、离线分析、存储备份等对非实时算力的需求，而像工业互联网、灾害预警、远程医疗、人工智能推理等对网络要求较高的业务依然是由东部的算力枢纽和数据中心计算、处理。这样既可以在短期内缓解东部算力供不应求的问题，又可以为西部算力建设和提升服务留出缓冲期。西部6个数据中心集群也各有各的功能和任务（见表1）。

表1 西部6个数据中心集群的起步区边界和主要功能

枢纽	中心集群	起步区边界	主要功能
甘肃枢纽	庆阳数据中心集群	庆阳西峰数据信息产业聚集区	重点服务京津冀、长三角、粤港澳大湾区等区域的算力需求
宁夏枢纽	中卫数据中心集群	中卫工业园西部云基地	承接东部地区算力
贵州枢纽	贵安数据中心集群	贵安新区贵安电子信息产业园	
内蒙古枢纽	和林格尔数据中心集群	和林格尔新区和集宁大数据产业园	为京津冀高实时性算力需求提供支援，为长三角等区域提供非实时算力保障
成渝枢纽	天府数据中心集群	成都市双流区、郫都区、简阳市	承担"东数""西算"双重任务，统筹平衡算力需求与数据资源，承接省外产业转移
	重庆数据中心集群	重庆市两江新区水土新城、西部（重庆）科学城璧山片区、重庆经济技术开发区	优化算力布局，平衡好城市与城市周边的算力资源部署，做好与"东数西算"衔接

资料来源：据国家发展改革委高技术司印发《全国一体化大数据中心协同创新体系算力枢纽实施方案》整理所得。

（四）国家布局"东数西算"算力枢纽节点的重大战略意义

"东数西算"工程是一项复杂的系统工程，具有很强的全局性和战略

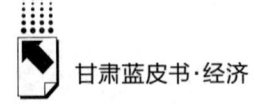

性，有利于提升国家整体算力水平，促进数据中心行业绿色低碳发展，推进东西部统筹协调发展形成新格局。

实施"东数西算"工程，通过算力枢纽和数据中心集群建设，不仅可以带动相关产业的上下游投资，加速数字产业化和产业数字化进程，不断做强做优做大我国数字经济[1]，还可以从整体上扩大算力设施规模，有助于算力规模化、集约化发展，有利于提升国家算力整体水平。

实施"东数西算"工程，打造全国协同的"算力网络"，到2025年，可为数据中心降耗3000万吨标煤[2]，对实现"双碳"目标具有重要价值。即通过加大对西部地区数字化基础设施布局和建设，推动算力、网络、数据、能源等协同联动，推动大数据中心建设与碳达峰碳中和改造有效结合[3]。

实施"东数西算"工程，通过在网络、算力调度、产业链、数据要素治理等各方面资源协同，优化西部算力资源、支撑东部数据运算、提高数据要素利用效率[4]，同时促进东西部数据流通、价值传递，为数字经济注入新动力，还可以带动广大西部地区转型发展，推动东西部统筹协调发展形成新格局。

二 庆阳市建设国家数据中心集群优势突出、意义重大

迎着"东数西算"工程的新风口，国家算力枢纽甘肃节点的数据中心集群落地庆阳，这不仅仅是建立一个数据中心，更重要的是参与到国家战略布局，实现了与东部大城市之间的联动。国家布局甘肃枢纽庆阳数据中心集

---

[1] 周人杰：《实施"东数西算"工程 打造算力一张网》，《经营管理者》2022年第3期。
[2] 张金梦：《"算力网络" 赋能数据中心降碳》，《中国能源报》2022年1月24日。
[3] 刘富荣：《加快实施"东数西算"工程对构建全国一体化大数据中心体系新格局的重要意义》，《财经界》2021年第17期。
[4] 曹方、张鹏、何颖：《构建"东数西算"网络创新体系推动数字经济发展》，《科技中国》2022年第3期。

群对于推动甘肃省整体算力水平的提高以及庆阳数字经济的发展和产业结构的变化都具有重要的战略意义。

（一）地理位置优越，交通区位优势明显，地质结构稳定，数据中心安全系数高

庆阳地处陕甘宁三省区交会处，是陕甘宁地区区域性中心城市，位于中国地理版图的几何中心，区位性结构支撑优势非常突出。交通条件便利，机场航班直达北京、上海、深圳等10多个国内主要城市，银西高铁以及福银、青兰、甜永高速穿境而过。地理位置优越，在庆阳布局枢纽节点，能全面辐射西部地区，直达东部，距离西安较近，建设链路到东部的京津冀、长三角和珠三角距离都比较合适，能优化数据中心基础设施、平衡东西部数据中心结构。同时，庆阳人口密度较低，国土开发的空间和潜力较大，黄土层深厚，地质结构稳定，属于少震弱震地区[①]，既保障数据中心集群本地化用地，又避免了地震带给数据中心巨大损失。另外信息网络设备的运行安全系数高，为大数据中心稳定安全运营提供了基础保障。

（二）气候适宜，能源资源富集，电力供应充足，建设数据中心的条件得天独厚

庆阳气候适宜，空气清新，具有适宜大数据中心建设的自然条件。全市森林覆盖率为25.83%（超过全国平均水平2.79个百分点），负氧离子浓度高，无强污染源和放射源，年平均气温较低（年均8.4℃~9.7℃），有利于数据中心降低能耗和减少运维成本。庆阳能源资源丰富，电力供应充足，已探明的风光电储能达到1050万千瓦，可为数据中心提供较充足的清洁能源支持。庆阳还有丰富的油煤气电资源，能源资源储备量居全省第一位，居陕甘宁地市级第二位，是正在建设的陇东国家现代能源经济示范区[②]。"十四

---

① 王建冬：《庆阳节点：建设条件得天独厚 推动落实未来可期》，《通信世界》2022年第7期。
② 闫慧：《借"东风"强算力 拥抱"数字"向未来》，《甘肃日报》2022年4月24日。

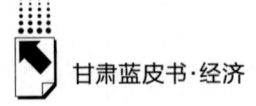

五"末，庆阳煤电、风电、光伏电站装机规模将达到1600万千瓦，可以为国家数据中心集群（庆阳）提供多种能源解决方案，大大提升数据中心可再生能源的使用率①。能源结构方面，庆阳计划给大数据中心全部供应绿电，确保大数据中心在一期能够实现85%以上使用绿电，未来还将与实施"双碳"战略结合，形成多方共赢、多重效益叠加的新发展格局。

（三）具有实施"东数西算"工程良好的网络条件和稳定的、多层次的高质量人才保障

东西部大数据中心和数据协同最重要的基础就是网络质量。庆阳当前网络质量比较好，具备支撑数据资源大跨度流动的条件，具有较强的网络链路优势，已建成直连西安全国互联网骨干节点的链路。庆阳具有支撑"东数西算"工程实施的良好基础，网络出口总带宽14596G，现有的五大数据中心到"北上广"的平均时延都在10毫秒以内，属于低时延，符合国家发展改革委提出的"枢纽节点与东部城市时延须在20毫秒以内"的刚性要求，可满足绝大多数应用需求②。人才保障方面，庆阳本地高校陇东学院每年培养信息化相关人才超过500人，同时依托庆阳数据信息产业研究院，正逐步开展集理论研究、成果转化、咨询分析、人才培训于一体的"智库大脑"，为全面提升庆阳发展数据信息产业和数字经济的能力与水平提供智力支撑。

（四）政府积极主动，出台大数据产业发展方案，制定扶持发展的新政策

甘肃省委省政府、庆阳市委市政府高度重视大数据产业发展，庆阳数据中心集群抢抓"东数西算"战略机遇，围绕建设全国一体化算力网络国家枢纽节点，自2020年9月26日成为"东数西算"产业联盟单位后，先后多次召开专题会议，强化省市协同，突出规划引领，省政府出台了《关于支

---

① 王建冬：《庆阳节点：建设条件得天独厚 推动落实未来可期》，《通信世界》2022年第7期。
② 闫慧：《庆阳 借东风强算力 拥抱数字经济》，《陇东报》2022年3月25日。

持全国一体化算力网络国家枢纽节点（甘肃）建设运营的若干措施》，从要素供给、人才支撑、资金支持、服务保障、监管机制5方面提出40条"真金白银"政策，持续增强庆阳数字产业吸引力和竞争力①，并制定印发扶持数字经济发展"19条"政策及15项配套实施细则，从财政支持、税收优惠、科创奖励、人才培养、用地保障等方面全方位支持大数据产业发展，着力营造庆阳数字经济发展"软环境"。

未来随着庆阳数据中心集群的建成，一些数字经济所需要的上下游产业企业（如软硬件企业）、一些数据处理企业必将纷纷落户庆阳，这样庆阳就走上数字经济发展的新赛道。据估算，2025年，庆阳数字经济产值将超过1000亿元，对经济发展贡献率超过40%，这样就打开了一扇数字经济发展的新大门，也必将为甘肃省加快培育新产业创造难得的机遇。

三 "东数西算"国家算力枢纽节点工程——庆阳数据中心集群建设现状

自2022年2月"东数西算"工程全面启动以来，庆阳市紧紧围绕"五数"（数网、数纽、数链、数脑、数盾）工程和建设80万标准机架算力的总体目标，在建机制、落规划、聚要素、提算力、强招商、抓开工、抓调度、提效率等方面持续采取一系列措施，省市协同、部门协力、政企合作，举全市之力高质量打造面向全国的算力保障基地。

（一）完善工作机制和政策支持，高效落实节点建设任务

推进机制和制度建设。建立了统一领导机制、周调度机制、资源配置机制和"东数西算"产业园区规划协同机制，负责政策落地、项目实施等工作。同时，还建立了"总设计师"制度，成立"伴随式"服务团队，为园

---

① 《东数西算推进情况（第45期）：甘肃国家算力枢纽庆阳数据中心集群抢抓战略机遇　加速大数据企业落地》，国家发展和改革委员会，2022年9月23日。

区规划、建设及项目实施提供全过程技术咨询服务。

强化政策性保障力度。出台了《关于支持全国一体化算力网络国家枢纽节点（甘肃）建设运营的若干措施》，通过要素、人才、资金、政务服务等保障庆阳集群项目建设；同时，报请省政府印发《关于统筹推进全省算力资源统一调度的指导意见》，统筹省内现有数据中心（除庆阳集群）闲置算力资源，打造基于不同技术架构和市场主体的统一算力网络，形成与庆阳集群互为补充、互相配合的算力保障体系，高效落实节点建设任务。2022年9月，为全面落实国家战略，庆阳市政府印发《国家数据中心集群（甘肃·庆阳）"东数西算"产业园区产业规划》，为高质量建设国家数据中心集群（甘肃·庆阳）"东数西算"产业园区指明方向。

（二）加快产业园区建设，推动重大项目顺利开工

推动产业园区建设。围绕全国一体化算力网络国家枢纽节点规划目标和建设任务以及"双碳"战略的落实，紧盯枢纽节点建设目标，谋划打造全国首个"零碳"东数西算产业园。产业园区占地17766亩，规划为枢纽资源调度区、数字经济人才培养基地、数字产业科研示范区、绿色数据中心集聚区、综合配套区"五大功能区块"。按照"1+1+N"模式构建园区规划体系（即1个总体规划、1个产业规划、N个专项规划），对数据中心集群用地进行统一规划、分期建设，突出用地统筹，探索产城一体的园区化发展模式。目前园区总体规划和启动区控规已形成成果，园区产业规划发布实施，综合管沟及给排水规划、电网规划已全面启动，与城区水、电、路、网接入段已开始对接实施，园区临时道路正在整修，配套基础设施项目全面开工。

推动重大项目开工建设。项目建设是枢纽节点和数据中心集群建设重中之重。2022年，庆阳市围绕全国一体化算力网络国家枢纽节点规划目标和建设任务，对接相关企业，谋划了12个重点项目，总投资113.11亿元。通过开辟绿色通道，优化审批流程，加快项目工作进度。目前中国移动云计算数据中心、中国电信直连链路项目、中国移动直连链路项目、中国联通直连链路项目、国家枢纽节点（甘肃）算力资源调度中心及平台项目、中国电

信云计算数据中心一期项目、中国电信天翼云西北节点项目、金山云一体化算力资源调度平台项目、中国能建"东数西算"智慧零碳大数据产业园项目、秦淮数据零碳数据中心产业基地项目、全国一体化算力网络国家枢纽节点（甘肃）数据要素流通支撑平台项目（一期）和国家数据中心集群（甘肃·庆阳）"东数西算"产业园区基础设施建设项目（一期）已全面开工建设。积极协调运营商加快网络升级改造，建成了庆阳到西安主备用直连链路2条，启动了西安—庆阳—中卫、庆阳—西安—郑州等光缆工程，全力推进省际连接北京（京津冀）、上海（长三角）、广州（粤港澳）、银川等方向的直连网络建设，构建"10毫秒"区域信息高速公路圈并接入全国算力网，为"东数西算"提供高通量计算和高品质服务。

（三）加大资源要素保障力度，打造园区竞争新优势

聚焦项目建设要素，打好用地、网络、电力、用水、人才等要素保障"组合拳"，确保最大化利用要素、最高效推进项目进度。建设资金方面，争取中央预算内补助资金3.55亿元（已下达1.45亿元），申请政策性开发性金融基金13.22亿元，两年安排省级专项资金8500万元，支持数据中心、算力资源调度、园区基础设施等重点项目建设。项目用地方面，根据项目需求，加强用地保障，已完成1036亩土地征地拆迁和报批，"东数西算"产业园区土地出让起始价定为36万元/亩左右，实行"分类定补"，奖补标准按企业净用地成本20万元/亩测算。能源保障方面，依托甘肃省丰富的风光电资源，加大对庆阳集群的绿色能源供应，已下达庆阳市100万千瓦新能源指标，用于中国能建项目配套电源等建设。能耗指标方面，争取国家将中国能建、秦淮数据、中国联通3个数据中心建设项目初步纳入能耗单列清单，建立了省级统筹机制，在全省范围内调剂能源指标支持项目建设。网络保障方面，积极与三大电信运营商衔接，论证链路建设方案。同时，积极引入民营企业参与链路建设，目前与北京天地通公司洽谈，以期努力降低传输费用。人才保障方面，依托兰州、西安及庆阳等地高校建设数字经济人才基地，引进高端人才，定向培养职业技术人才。同时，组建了涵盖大数据、云

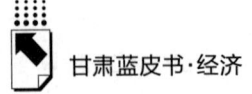

计算、通信、城市规划、新能源、电力等领域，由37名数字经济专家组成的咨询智库，通过专家联系机制，精准对接咨询服务事宜，支撑数据中心集群科学高效建设。

（四）加大宣传力度，加强招商引资与对外合作，增强庆阳数据中心集群吸引力

加大宣传推介力度。在中共中央电视台、《人民日报》、人民网、新华网、《甘肃日报》、通信世界、头条、《陇东报》（开辟东数西算专栏）全面介绍宣传庆阳"东数西算"工程进展和招商引资政策，增强庆阳数据中心集群吸引力，庆阳发展数字经济的热度不断升温，头部企业高频来访，政企合作的环境越来越好。

启动数字经济一体化招商。按照"企业主体、项目支撑、政府支持、市场运作"的思路，聚焦数字产业"建链延链补链强链"，针对"东数西算"产业上下游企业，制定出台《庆阳市数字经济一体化招商工作方案》，市政府班子成员分片包抓京津冀、长三角、粤港澳、成渝等区域数字经济招商工作，以"构建完整产业链，培育产业集群"的模式，聚焦头部企业，主动对接国内大数据和数字经济领域龙头企业，精准对接联系头部企业76家。目前已与中国电信、中国移动、中国联通、秦淮数据、京东集团、百度、万国数据、亚信科技、粤港澳大数据研究院等21家大数据、云计算头部企业签订合作协议，金山云、猫匠、航途旅业西北总部已设立，中国能建、秦淮数据全资子公司已注册成立。

（五）推进增资扩股，不断完善平台企业治理结构

基于云创公司作为"数字政府、智慧城市、国家枢纽节点建设和'东数西算'工程政府性项目、'东数西算'产业园区管理"运营平台的功能定位，在庆阳市政府控股51%以上的前提下，通过增资扩股的方式引入战略投资方，成立股份制有限责任公司，实现政府平台公司改制重组。积极与战略投资方开展多轮对接磋商，启动了云创公司改制重组、健全完善法人治理结构等工作，目前已与中国电信、中国能建、亚康万玮、太极计算机、中国移动共同组建新云创，成立算力、运维、能源、基础设施建设子公司，已挂牌运行。

四 "东数西算"国家算力枢纽节点工程——庆阳数据中心集群建设面临的困难和问题

国家枢纽节点建设和"东数西算"工程实施具有较强的政策性、创新性、技术性和复杂性，虽然庆阳市在落实国家战略、推进国家枢纽节点建设中取得了一定的成效，但还存在一些突出问题和困难。

（一）数据中心集群基础设施薄弱，算力规模小，建设资金不足，人才和技术缺乏

算力规模小，资金缺口大。按照规划，2025年庆阳数据中心集群要建成30万架左右的标准机架，可目前机架总量只有4805架，2022年虽已开工建设近3万架标准机架，但相比总目标，只完成了11.6%，还差26.52万架，算力规模较小，与要求和需求都有较大差距，要形成较大规模的算力还需加大努力。调研数据显示，2021年庆阳数字经济的信息消费比重还不到5%[1]，缺乏知名ICT企业入驻。按照庆阳国家数据中心集群建设的十年规划，这里将新建2.5千瓦标准机架80万架，这对庆阳能源的高消耗、场地的高质建设、技术的高标准、人力资源的高要求都提出了新的挑战，显然庆阳在基础设施保障方面还比较薄弱。而甘肃作为一个欠发达省份，经济发展水平较低，政府财政能力有限，企业融资渠道较窄，建设数据中心、加强基础设施建设的资金缺口比较大。

人才和技术缺乏。与"南水北调""西气东输"等工程相比，"东数西算"中的数据是人工资源，而其他工程调运的都是自然资源。从使用门槛

---

[1] 《"东数西算"工程关注：甘肃庆阳数据中心基础设施建设全面铺开》，中工网，2022年4月22日。

来看,"东数西算"对人的要求较高,需要大量懂数据和计算的专业人才做支撑[1],而目前人才和技术缺乏正是数据中心建设的瓶颈之一。

(二) 国家级数据中心集群还未得到国家层面更具体、更充分的政策支持

算力资源调度在操作层面还需进一步明确。国家层面支撑"东数西算"工程实施的算力资源调度和要素市场的基础性文件虽已发布,但在具体路径方面、数据资源质量评估与价格方面尚未具体化。国家级数据中心集群是未来全国统一算力资源的基础支撑,不同于一般工业,应给予比一般工业园区更优惠的税费等政策支持。

还需加大保障性政策支持力度。目前省、市出台的政策力度很大,许多方面都有重大突破,但相比中卫等集群,仍有较大差距,加之庆阳数据中心集群基础薄弱,还需继续加大支持力度,特别是在新能源保障、电价、财力支撑等层面。另外,省、市级层面力量有限,能给予枢纽节点建设的支持政策级别较低,且不能满足需求,而国家目前尚未出台引导数据中心向西部转移可操作性较强的政策措施。

(三) 能耗指标严重不足, 存量新能源不能完全满足绿色数据中心集群建设

能耗指标不足。"十四五"期间分配给全甘肃省的能耗增量不足1000万吨标准煤,而规划的30万个机架能耗折算为标准煤约258万吨,能耗指标严重不足。

庆阳存量新能源无法完全满足绿色数据中心集群建设。按照规划,到2030年,庆阳建成80万个2.5千瓦标准机架的数据中心,每年用电将达到210亿千瓦时,要求其中85%是清洁能源,庆阳仅靠自身可再生资源无法完全实现"零碳"数据中心的目标。

---

[1] 段丹洁:《"东数西算"惠利数字中国建设》,《中国社会科学报》2022年7月6日。

（四）网络基础设施建设相对滞后

高质量的直链网络是成功实施"东数西算"的前提。目前庆阳与国内关键城市的网络直连通道少、网络链接质量不高，尤其是基础电信企业、大型互联网企业、云服务企业和 CDN 企业之间的互联通道还存在瓶颈，影响"东数西算"工程的高质量实施。而且，庆阳直连东部的网络通道尚未完全打通，网络资费对中小企业压力大，不利于"东数西算"业务开展。

（五）数据资源传输流通环节存在安全隐患

数据资源作为重要的生产要素，在传输过程中，物理设施、网络安全、应用安全、数据安全和信息安全等方面可能面临多重风险，在交易流通和跨境传输中尤其要防范数据泄露风险。而"东数西算"工程实现的算力资源开放使用则面临更多的信息安全问题，算力资源从申请到使用再到结算清退，过程中至少跨越使用方和供给方的边界，一旦有风险，不仅会导致算力使用方出现漏洞，也会引发算力供给方的隐患，从而给整个算网资源体系带来风险①。此外数据环境的缺陷可能导致外部和内部的攻击破坏和数据窃取，行为的不规范会导致恶意的窃取和无意识的滥用和泄露，体现在如下方面：数据传输流转阶段，对其完整性、机密性、可用性的高标准带来挑战；数据存储阶段，相关数据设施的容灾能力，不同类型、不同级别数据的泄露风险带来的安全管控方面挑战；数据使用、共享阶段，对数据"可用不可见"的安全隔离考验，以及对预警、管控、追溯等全方位数据安全态势感知能力的挑战。

（六）数据中心所在地的生态环境质量受影响

通过构建数据中心、云计算、大数据一体化的新型算力网络体系，将东部算力需求有序引导到西部，缓解东部地区的土地、能源、电力等压力，降低东

---

① 《以"东数西算"为契机解决算力面临的三大问题和挑战》，新华网，2022 年 4 月 1 日。

部地区的能耗量，减少了东部地区的碳排放量，既支持了东部地区，又有利于国家实现碳达峰碳中和目标，但相应地增加了西部地区的二氧化碳排放量，在很大程度上影响西部数据中心所在地的环境质量。特别是备用发电机的碳排放量，当数据中心主力供电出问题时，要临时启动备用电源，数据中心停电时，使用备用发电机在运行时会消耗燃料，排放氧化氮、碳氢化合物、一氧化碳、二氧化碳和颗粒物等污染物质，还要避免火灾、数据中心驻留人数过多，这些都会增加数据中心的碳排放，减少氧分子的含量，对周围的环境是非常不利的①。

五 庆阳国家级数据中心集群建设的对策建议

按照国家发展改革委的批复要求和甘肃省委、省政府的安排部署，紧盯建设国家级数据中心集群、建设枢纽节点间的网络直连链路、建设可再生能源保障体系、建设算力调度服务枢纽、建设数据流通与数据应用体系、建设网络数据安全体系"六大任务"，围绕三个阶段目标，加大工作力度，加强统筹协调，全力加速保障庆阳国家数据中心集群建设进程。但是，一体化大数据中心协同创新体系构建是一项全新的国家级工程，有不少问题在地方层面无法完全解决，还需积极呼吁国家层面给予相关政策和资金支持。

（一）国家层面

1. 加大资金支持力度，发放生态环境补偿金

一是建议国家除了继续在示范工程中给予西部数据中心资金支持外，扩大政府专项债、政策性开发性金融工具等支持枢纽节点的资金额度，帮助地方解决建设资金不足的问题。二是建议国家给西部数据中心所在地发放生态环境保护补偿金，建议东部地区除了给西部数据中心缴付应付的数据服务费外，还应给数据中心所在地发放生态环境保护补偿金。

2. 加大政策支持力度

一是建议国家要尽快下发文件，进一步明确国家层面支撑"东数西算"

---

① 《数据中心运转对周围环境的影响》，51CTO博客，2021年5月26日。

工程实施的算力资源调度和要素市场的具体路径、数据资源质量评估与价格方面的具体条款。二是建议给予国家级数据中心集群政策支持，针对枢纽节点范围内数据中心集群所在园区出台比一般工业园区更优惠的税费等政策，将园区列为高新技术开发区，增加园区的吸引力，也便于更好地发挥"东数西算"工程的产业带动作用。三是建议国家探索数据中心能耗检测、能耗指标统一调度实施办法。尽快出台东西部算力资源协调等方面的相关政策，特别是对于庆阳这样基础薄弱的中心集群，将位于枢纽节点数据中心集群范围内的数据中心能耗全部单列，增加能耗指标，更要在新能源保障、电价、财力支撑等层面加大政策支持力度，以保证数据中心项目早日落地建成，增强西部地区枢纽节点对东部企业的吸引力。

3.加快网络升级改造，提速降费

建议国家协调电信运营企业专门针对"东数西算"开展网络升级改造，提速降费，提高上架率，助力"东数西算"工程的顺利实施。

（二）省市层面

1.全省范围内统筹调配新能源

自然资源是高质量发展的物质基础、空间载体和能量来源，庆阳市是典型的资源型城市，发展的结构性问题比较突出，传统产业正处在转型期，建议甘肃在全省范围内统筹调配可再生资源，全力支持庆阳数据中心集群建设。

2.抓好政策落实，树立"客户至上，服务为本"理念

按照规划，庆阳数据中心集群将重点服务京津冀、长三角、粤港澳大湾区等区域的算力需求[①]。庆阳市相关部门要指导企业用足用好省政府出台的若干措施和指导意见两个文件，以扎实过硬的算力技术和"客户至上，服务为本"的先进服务理念，为枢纽节点高标准品牌建设保驾护航，为京津冀、长三角、粤港澳大湾区等区域提供优质的品牌服务。同时，政府部门还要不断强化顶层设计，突出规划引领，加快各项建设工程进度，尽快完成庆

---

① 张强、包强：《甘肃要系统推进"东数西算"工程》，2022年3月29日。

阳数据中心集群的总体规划和各专项规划任务。

3. 加快项目建设进度，完善算力基础设施，加强网络设施联通

加强与相关企业沟通协商，通过以新能源指标换基础设施建设投资等方式，解决部分园区基础设施建设资金不足问题。做好"一对一"服务保障，推动2022年开工的12个重点项目加快建设进度，落实重点项目"任务清单+责任清单+时间表"工作推进机制，确保顺利完成年度建设任务。完善算力基础设施建设，建成兰州新区国际互联网数据专用通道、金昌紫金云大数据、庆阳华为云计算等一批先进的数据中心，夯实网络基础保障。各相关部门应围绕做大算力规模、打造数据中心装备制造产业集聚区，对产业园区基础设施建设项目从顶层设计上做到一体规划、相互匹配，支撑园区一体化建设。

加强网络资源能力融合，开展"东数西算"工程试点，组建专班，启动国家新型互联网交换中心申报，全力协调三大基础电信运营商，做好补偿性网络建设，确保电信、移动加快建成开通庆阳到京津冀、长三角直连链路，实现庆阳全面融入国家骨干网络的目标。

4. 加大招商引资力度，培育产学研一体的群落化产业圈

按照"建链、延链、补链、强链"的思路，紧盯三大领域头部企业，即包括数据中心及业务、云计算产业、数据服务产业以及安全配套产业等在内的"东数西算"核心产业；包括数据中心服务器、集成电路、存储设备、网络设备、输配电设备、制冷与空调设备等制造业以及储能等配套基础设施产业在内的衍生产业；包括农业、工业、服务业等传统产业的数字化转型赋能产业；推动数据中心上游设备制造业和下游数据要素流通，数据创新型应用和新型消费产业集聚落地。从顶层布局上，突出集群间产业联动设计，推动相关合作示范项目建设，推动庆阳与东部地区协同发展，加强园区内部产业集群化发展和东西部集群间联动机制的规划设计；在推进项目建设和落地过程中，要统筹数据中心建设和配套产业项目落地，促进产学研一体。同时，加大引进"引数"和装备制造等企业，一手抓算力建设，一手考虑算力消纳，积极对接阿里云、腾讯云、华为云等国内头部云运营商，争取在甘肃落地，在推动算力建设的同时，着力解决消纳问题。

5. 开展产业和数据安全研究

开展产业研究。联合粤港澳大数据产业研究院等机构，谋划成立"东数西算"产业研究院。落实中央《关于构建数据基础制度更好发挥数据要素作用的意见》精神，制定甘肃省促进数据要素市场发展政策措施，推动公共数据开放共享，加快数据产品开发应用，开展数据流通交易研究，释放数据要素价值。

开展数据安全研究。整个算力网络自下而上包括多个功能组件，为确保整个算力网络体系安全可靠，需要在物理安全防护、系统安全加固、网络访问控制、应用安全防护等方面进行安全保障[①]。一方面，在隐私保护、安全机制等方面加强法治构建，强化树立相关主体数据安全责任意识。另一方面，在数据开放共享、大范围多方融合应用的需求和场景下实现端到端的安全，需要技术突破和政策制定等多方面的努力，提高相关主体数据安全责任意识和数据安全保障能力。例如，采用和部署内生安全的基础设施，合理规划网络安全区域与不同区域间的访问权限，试验多方安全计算、区块链、隐私计算、数据沙箱等技术模式，做好网络安全态势监测。

6. 建立五大保障体系，稳步推进（甘肃）庆阳数据中心集群建设进程

一是建立科学的规划设计与实施体系。科学制定、统筹规划、逐步实施庆阳数据中心集群建设总体方案。二是建立高效的组织保障体系。按照国家枢纽节点建设和"东数西算"工程实施的政府性平台公司定位，强化组织领导，积极推进云创公司改制，加快资产清查、审计评估、可研编制、人员选配等工作。三是建立完善的要素保障体系。加大资源统筹调度配置力度，打好用地、网络、电力、用水等要素保障"组合拳"，积极推进园区公共部分基础设施建设，确保启动区已拆迁的 1036 亩地块及同向西合公路南侧地块道路、管沟、供排水、电力设施启动建设，加快落地"七通一平"，确保要素利用和资源配置效率最优，提升项目推进速度。四是建立完备的人才保

---

① 曹畅：《算力网络：云网融合 2.0 时代的网络架构与关键技术》，电子工业出版社，2021。

障体系和数据服务产业体系。针对庆阳市当前数字经济人才缺乏的实际,要育才、借才、引才三管齐下。按照"政府+企业+高校+智库"培养模式,采取订单式培养、校企联培、在职培训等方式,建立大数据培训和实习基地、大数据管理干部培养和交流基地,培养一批专业人才;积极推进与国家信息中心、中科院计算所、粤港澳大数据产业研究院及中科南京信息高铁研究院的协议签订,争取国家团队加入,加快"东数西算"产业研究院组建步伐,加强关键、共性技术的研究和攻关,借才借力培养高端专业人才;盘活存量,引进增量。一方面,持续推进当地干部数字能力和数字素养提升培训,营造发展数字经济的良好氛围。另一方面,加快引进高端人才。落实"陇原人才服务卡"制度,确保引进人才在社保办理、配偶就业、子女入学、免费旅游、安家补助、就医保障等方面充分享受优惠政策和便利服务[①]。五是完善数据服务产业保障体系。大力培育云服务,积极发展数据加工、数据清洗、数据内容服务等数据服务产业体系,做强做长数据中心产业链。

参考文献

段丹洁:《"东数西算"惠利数字中国建设》,《中国社会科学报》2022年7月6日。

周人杰:《实施"东数西算"工程 打造算力一张网》,《经营管理者》2022年第3期。

张金梦:《"算力网络"赋能数据中心降碳》,《中国能源报》2022年1月24日。

刘富荣:《加快实施"东数西算"工程对构建全国一体化大数据中心体系新格局的重要意义》,《财经界》2021年第17期。

曹方、张鹏、何颖:《构建"东数西算"网络创新体系推动数字经济发展》,《科技中国》2022年第3期。

王建冬:《庆阳节点:建设条件得天独厚 推动落实未来可期》,《通信世界》2022年第7期。

闫慧:《借"东风"强算力 拥抱"数字"向未来》,《甘肃日报》2022年4月

---

① 王建冬:《庆阳节点:建设条件得天独厚 推动落实未来可期》,《通信世界》2022年第7期。

24日。

闫慧：《庆阳　借东风强算力　拥抱数字经济》，《陇东报》2022年3月25日。

《东数西算推进情况（第45期）：甘肃国家算力枢纽庆阳数据中心集群抢抓战略机遇　加速大数据企业落地》，国家发展和改革委员会，2022年9月23日。

《"东数西算"工程关注：甘肃庆阳数据中心基础设施建设全面铺开》，中工网，2022年4月22日。

《以"东数西算"为契机解决算力面临的三大问题和挑战》，新华网，2022年4月1日。

《数据中心运转对周围环境的影响》，51CTO博客，2021年5月26日。

张强、包强：《甘肃要系统推进"东数西算"工程》，2022年3月29日。

曹畅：《算力网络：云网融合2.0时代的网络架构与关键技术》，电子工业出版社，2021。

B.14
甘肃上市公司科技创新能力评价

常红军*

摘　要： 改革开放以来，我国资本市场快速发展，甘肃上市公司发展也较为迅速，成为甘肃省经济发展中的重要力量。甘肃上市公司重视科技发展，加大研发投入，科技实力不断增强，在甘肃科技进步、科技创新中发挥着重要作用。但甘肃上市公司科技创新中也存在上市公司数量少、规模偏小，研发投入、研发人员和研发成果较少，科技带动能力较弱，电子信息技术、生物与新医药技术等高新技术行业上市公司稀少，战略性新兴产业少，缺乏核心自主知识产权和科技成果转化能力等诸多问题，认真研究提升上市公司科技创新能力对甘肃上市公司增强竞争力、提高甘肃整体科技创新水平、推动甘肃经济社会发展具有重要的现实意义。

关键词： 上市公司　科技创新　甘肃

甘肃省积极遵循党的二十大报告中提出的要完善科技创新体系，坚持创新在我国现代化建设全局中的核心地位这一重大方针政策，坚持科技创新在全省经济社会发展中的首要地位，把科技创新、自立自强作为甘肃发展的战略支撑，科技创新成效显著。我国资本市场建立以来，严格的上市制度遴选优质的企业上市，上市公司代表了先进生产力。作为优质企业的上市公司良好的科技创新能力是其重要条件和特征，也与区域科技发展密切相关。甘肃

---

* 常红军，甘肃省社会科学院副研究员，研究方向为金融证券、区域经济学。

上市公司作为甘肃经济发展和科技创新的中坚力量，认真研究甘肃上市公司科技创新现状，加快提升甘肃上市公司科技创新能力，对积极推动甘肃经济持续健康发展、区域科技能力提升至关重要。本文关于上市公司的研究是立足于A股上市公司展开的，涵盖主板、中小企业板、创业板和科创板上市公司。相应地，作为本文的研究对象，甘肃上市公司就是指注册地在甘肃的A股主板、中小企业板和创业板上市公司。

一 甘肃上市公司总体发展状况

甘肃第一家上市公司原甘肃长风特种电子股份有限公司（现甘肃靖远煤电股份有限公司）于1994年1月6日在深圳证券交易所上市交易，经过近30年发展，截至2022年8月末，甘肃辖区共有A股上市公司36家（见表1），总股本637.84亿股，总市值3261.36亿元；在上海证券交易所主板上市16家，在深圳证券交易所主板上市16家、创业板上市4家；从地区分布看，兰州市20家，酒泉市5家、白银市、陇南市各3家，武威市、天水市各2家，嘉峪关市1家，其余7个市（州）无上市公司；从控股股东看，中央企业控股2家，地方国资控股15家，民营资本控股17家，公众企业（无实际控制人）2家；从所处产业看，第一、二、三产业上市公司数量分别为3家、27家和6家，目前，甘肃省上市公司主要分布于第二产业。

表1 甘肃省上市公司一览

序号	公司名称	股票代码	股票简称	证券类别	所属行业	注册地址
1	甘肃靖远煤电股份有限公司	000552	靖远煤电	深交所主板A股	采矿业	白银市
2	甘肃上峰水泥股份有限公司	000672	上峰水泥	深交所主板A股	制造业	白银市
3	海南亚太实业股份有限公司	000691	亚太实业	深交所主板A股	房地产业	兰州市

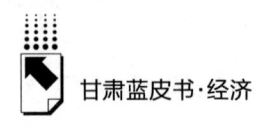

续表

序号	公司名称	股票代码	股票简称	证券类别	所属行业	注册地址
4	甘肃工程咨询集团股份有限公司	000779	甘咨询	深交所主板A股	科学研究和技术服务业	兰州市
5	甘肃电投能源发展股份有限公司	000791	甘肃电投	深交所主板A股	电力、热力、燃气及水生产和供应业	兰州市
6	兰州黄河企业股份有限公司	000929	兰州黄河	深交所主板A股	制造业	兰州市
7	银亿股份有限公司	000981	ST银亿	深交所主板A股	制造业	兰州市
8	甘肃皇台酒业股份有限公司	000995	ST皇台	深交所主板A股	制造业	武威市
9	兰州银行股份有限公司	001227	兰州银行	深交所主板A股	金融业	兰州市
10	中核华原钛白股份有限公司	002145	中核钛白	深交所主板A股	制造业	嘉峪关市
11	天水华天科技股份有限公司	002185	华天科技	深交所主板A股	制造业	天水市
12	新里程健康科技集团股份有限公司	002219	新里程	深交所主板A股	制造业	陇南市
13	兰州佛慈制药股份有限公司	002644	佛慈制药	深交所主板A股	制造业	兰州市
14	首航高科能源技术股份有限公司	002665	首航高科	深交所主板A股	制造业	酒泉市
15	天水众兴菌业科技股份有限公司	002772	众兴菌业	深交所主板A股	农林牧渔业	天水市
16	兰州庄园牧场股份有限公司	002910	庄园牧场	深交所主板A股	制造业	兰州市
17	大禹节水集团股份有限公司	300021	大禹节水	深交所创业板A股	制造业	酒泉市
18	海默科技(集团)股份有限公司	300084	海默科技	深交所创业板A股	采矿业	兰州市
19	甘肃金刚光伏股份有限公司	300093	金刚光伏	深交所创业板A股	制造业	酒泉市

续表

序号	公司名称	股票代码	股票简称	证券类别	所属行业	注册地址
20	甘肃陇神戎发药业股份有限公司	300534	陇神戎发	深交所创业板A股	制造业	兰州市
21	甘肃亚盛实业(集团)股份有限公司	600108	亚盛集团	上交所主板A股	农林牧渔业	兰州市
22	兰州长城电工股份有限公司	600192	长城电工	上交所主板A股	制造业	兰州市
23	甘肃酒钢集团宏兴钢铁股份有限公司	600307	酒钢宏兴	上交所主板A股	制造业	酒泉市
24	甘肃荣华实业(集团)股份有限公司	600311	荣华实业	上交所主板A股	采矿业	武威市
25	甘肃省敦煌种业集团股份有限公司	600354	敦煌种业	上交所主板A股	农林牧渔业	酒泉市
26	方大炭素新材料科技股份有限公司	600516	方大炭素	上交所主板A股	制造业	兰州市
27	甘肃莫高实业发展股份有限公司	600543	莫高股份	上交所主板A股	制造业	兰州市
28	甘肃祁连山水泥集团股份有限公司	600720	祁连山	上交所主板A股	制造业	兰州市
29	兰州丽尚国潮实业集团股份有限公司	600738	丽尚国潮	上交所主板A股	批发和零售业	兰州市
30	甘肃国芳工贸(集团)股份有限公司	601086	国芳集团	上交所主板A股	批发和零售业	兰州市
31	白银有色集团股份有限公司	601212	白银有色	上交所主板A股	制造业	白银市
32	甘肃蓝科石化高新装备股份有限公司	601798	ST蓝科	上交所主板A股	制造业	兰州市
33	金徽矿业股份有限公司	603132	金徽股份	上交所主板A股	采矿业	陇南市
34	兰州兰石重型装备股份有限公司	603169	兰石重装	上交所主板A股	制造业	兰州市
35	金徽酒股份有限公司	603919	金徽酒	上交所主板A股	制造业	陇南市
36	读者出版传媒股份有限公司	603999	读者传媒	上交所主板A股	文化、体育和娱乐业	兰州市

注：所属行业指所属中国证监会行业。

（一）甘肃上市公司发展取得了重大成就

1. 上市公司在甘肃经济社会发展中发挥着重要作用

经过近30年的发展，甘肃上市公司在甘肃经济社会发展中的地位愈发突出、作用愈发重要，已经成为增强经济活力、调整产业结构、推动科技发展、扩大社会就业的重要力量，对甘肃省经济社会发展作出了重要贡献。2021年，甘肃上市公司克服世纪疫情和百年变局带来的严峻考验，经营业绩保持强势增长势头，核心财务指标持续向好，继续领跑全省经济增长。截至2021年末，全省33家A股上市公司（不包括2022年上市的兰州银行股份有限公司、金徽矿业股份有限公司和注册地址迁往甘肃的首航高科能源技术股份有限公司）总市值达3144亿元，同比增长26.15%；总资产3135亿元，同比增长7.06%；净资产1527亿元，同比增长7.96%；资产负债率51.49%，同比下降0.41个百分点。全年实现营业收入1975.27亿元，同比增长19.02%；实现净利润74.39亿元，同比增长86.41%，增长率高于全国平均水平66.85个百分点（见表2）。

表2 2021年甘肃上市公司经营情况

序号	股票简称	营业收入（亿元）	净利润（亿元）	净资产收益率（%）	基本每股收益（元）
1	靖远煤电	48.41	7.25	8.42	0.3151
2	上峰水泥	83.15	22.54	29.11	2.72
3	亚太实业	5.21	0.43	14.67	0.0501
4	甘咨询	25.82	3.27	14.33	0.8737
5	甘肃电投	20.12	3.17	3.87	0.1915
6	兰州黄河	3.08	0.23	2.89	0.1029
7	ST银亿	39.76	-27.39	-66.47	-0.65
8	ST皇台	0.91	-0.13	-10.56	-0.08
9	中核钛白	28.75	5.37	7.51	0.5924
10	华天科技	121.00	17.18	14.04	0.5025
11	新里程	15.21	0.57	3.19	-0.1991
12	佛慈制药	8.17	0.93	5.72	0.1826

续表

序号	股票简称	营业收入（亿元）	净利润（亿元）	净资产收益率（%）	基本每股收益（元）
13	众兴菌业	15.50	0.54	1.90	0.14
14	庄园牧场	10.21	0.53	3.31	0.23
15	大禹节水	35.15	1.46	8.08	0.1707
16	海默科技	6.08	-2.61	-22.87	-0.6818
17	金刚光伏	3.20	-2.02	-49.19	-0.93
18	陇神戎发	2.87	-0.06	-1.26	-0.03
19	亚盛集团	33.33	0.64	1.78	0.0369
20	长城电工	20.66	-1.04	-7.30	-0.2899
21	酒钢宏兴	486.70	14.88	11.39	0.2375
22	荣华实业	10.43	-2.88	-451.92	-0.4335
23	敦煌种业	9.22	0.42	1.48	0.0172
24	方大炭素	46.52	11.16	7.15	0.29
25	莫高股份	1.40	-1.03	-8.79	-0.31
26	祁连山	76.73	10.28	11.87	1.2206
27	丽尚国潮	6.42	1.53	8.79	0.21
28	国芳集团	9.68	0.86	4.53	0.13
29	白银有色	722.80	4.68	0.53	0.011
30	ST 蓝科	8.31	-1.76	-10.25	-0.49
31	兰石重装	40.37	1.33	7.67	0.1167
32	金徽酒	17.88	3.24	11.32	0.64
33	读者传媒	12.22	0.82	4.71	0.15
	合计	1975.27	74.39	123.4	7.7561

2. 甘肃上市公司综合实力不断增强

作为全省经济社会发展的支柱力量，上市公司在稳增长、促改革、调结构、惠民生等方面的"头雁效应"进一步发挥，为经济社会高质量发展作出了突出贡献。2021年，上市公司数量占全省企业总数不足万分之二，但营业收入占全省GDP的比重达19.71%，较上年提高0.9个百分点；缴纳税费108亿元，同比增长32.5%；缴纳税费占全省税收总收入的16.28%，较

上年提高1.84个百分点；直接提供就业岗位15万个，同比增长6.37%；向职工支付薪酬193亿元，同比增长18.46%。

（二）甘肃上市公司发展存在的问题

尽管如此，甘肃上市公司发展中仍存在许多问题，一是数量少，规模偏小，规模远低于全国平均水平；二是营利能力不强；三是融资能力较弱，上市公司平台作用发挥不大；四是行业分布不均衡，高科技企业、战略性新兴产业企业少；五是上市后备资源匮乏等。

二 甘肃上市公司科技创新能力现状

甘肃上市公司深入贯彻新发展理念，主动融入新发展格局，持续增强创新发展动能，推动科技、资本和实体经济高质量循环发展的枢纽作用日益凸显。企业科技创新能力主要包含企业拥有高效研发体系、持续研发投入和创新能力；企业拥有有自主知识产权的核心技术、创新实力和技术转化能力。

（一）甘肃上市公司专利情况

甘肃上市公司目前拥有的专利数量不多，36家A股上市公司中只有15家有专利，合计1497项。排名前三的是海默科技（集团）股份有限公司银亿股份有限公司和甘肃蓝科石化高新装备股份有限公司，分别有304项、289项和244项（见表3）。

表3 甘肃上市公司专利情况

单位：项

序号	股票简称	专利获得量或专利授权量
1	上峰水泥	14
2	亚太实业	3
3	甘咨询	33
4	ST银亿	289

续表

序号	股票简称	专利获得量或专利授权量
5	中核钛白	81
6	华天科技	34
7	众兴菌业	3
8	海默科技	304
9	金刚光伏	130
10	亚盛集团	17
11	长城电工	70
12	祁连山	105
13	白银有色	150
14	ST 蓝科	244
15	兰石重装	20
	合计	1497

（二）甘肃上市公司研发投入情况

2021年，全省33家上市公司研发投入达259210万元，同比增长27.5%；研发强度达到1.9%，较2020年提高0.19个百分点（见表4）。

表4 甘肃上市公司研发投入情况

单位：万元

序号	股票简称	研发投入
1	靖远煤电	8171
2	上峰水泥	18070
3	亚太实业	1641
4	甘咨询	3898
5	甘肃电投	102
6	兰州黄河	225
7	ST 银亿	18900
8	ST 皇台	0
9	中核钛白	7095
10	华天科技	65000

续表

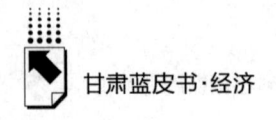

序号	股票简称	研发费用
11	新里程	0
12	佛慈制药	1936
13	众兴菌业	716
14	庄园牧场	925
15	大禹节水	8987
16	海默科技	3005
17	金刚光伏	1867
18	陇神戎发	669
19	亚盛集团	2330
20	长城电工	7670
21	酒钢宏兴	74130
22	荣华实业	0
23	敦煌种业	1482
24	方大炭素	6958
25	莫高股份	39
26	祁连山	0
27	丽尚国潮	0
28	国芳集团	0
29	白银有色	6271
30	ST蓝科	5004
31	兰石重装	9217
32	金徽酒	4697
33	读者传媒	205
	合计	259210

（三）甘肃上市公司研发人员情况

截至2021年底，甘肃33家A股上市公司共有研发人员10616人，研发人员占比达到6.81%。人数最多的三家公司是华天科技、酒钢宏兴和白银有色，分别为4349人、972人和869人（见表5）。

表5 甘肃上市公司研发人员情况

单位：人，%

序号	股票简称	研发人员数量	研发人员数量占比
1	靖远煤电	149	1.21
2	上峰水泥	42	1.50
3	亚太实业	54	12.41
4	甘咨询	499	10.97
5	甘肃电投	10	0.54
6	兰州黄河	17	1.72
7	ST 银亿	712	6.52
8	ST 皇台	—	—
9	中核钛白	236	8.37
10	华天科技	4349	14.69
11	新里程	—	—
12	佛慈制药	164	12.66
13	众兴菌业	278	4.97
14	庄园牧场	16	1.14
15	大禹节水	69	2.48
16	海默科技	182	19.59
17	金刚光伏	209	32.06
18	陇神戎发	29	9.27
19	亚盛集团	96	1.85
20	长城电工	430	11.83
21	酒钢宏兴	972	5.34
22	荣华实业	—	—
23	敦煌种业	39	6.34
24	方大炭素	296	10.28
25	莫高股份	6	1.12
26	祁连山	—	—
27	丽尚国潮	—	—
28	国芳集团	—	—
29	白银有色	869	5.82
30	ST 蓝科	338	29.11
31	兰石重装	339	8.56
32	金徽酒	181	11.08
33	读者传媒	35	6.88
	合计	10616	

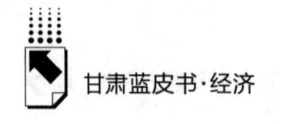

（四）甘肃创业板科创板上市公司情况

截至目前，甘肃共有在深圳证券交易所创业板上市公司4家；在上海证券交易所科创板上市公司数量为0。

三 甘肃上市公司科技创新能力提升中存在的主要问题

（一）甘肃上市公司研发费用较低

2021年，全国A股全部上市公司共实现研发费用12324.86亿元，同比增长26.56%，其中TOP50公司研发费用总额为4791.14亿元，占比38.87%；中国建筑股份有限公司以399亿元研发费用位居榜首，中国中铁股份有限公司、中国交通建设股份有限公司分别以247.6亿元、225.87亿元位居第二、三名。甘肃上市公司2021年共实现研发费用26亿元，仅占A股全部上市公司研发费用的0.21%。

（二）甘肃上市公司研发人员较少

截至2021年底，全国A股上市公司共有268.55万名研发人员，研发人员占比的平均值为17.13%。甘肃全省上市公司研发人员1万余人，仅占A股全部上市公司研发人员的0.37%；研发人员占比为6.81%，为全部A股上市公司研发人员占比平均值的39.75%。

（三）甘肃上市公司科研成果较少

截至2021年底，中国境内上市公司数量达到4697家，同比增长13.07%。中国上市公司发明授权数量连续5年增长，但增速下降。2021年中国上市公司发明授权数量为32.97万项，较2020年增长4.81万项。从2021年中国上市公司发明授权数量省市来看，广东上市公司拥有的发明授权数量为85162项，位居全国第一；北京上市公司拥有的发明授权数量81034项，位居全国第二；上海上市公司拥有的发明授权数量为25342项，位居全国第三。甘肃上市公司科研成果较少，2021年甘肃上市公司中申请专利数量最多的海默科技申请专利数量为304项，甘肃上市公司合计专利数量1497项。

（四）甘肃创业板和科创板上市公司少

2009年10月，创业板在深圳证券交易所开板，2020年4月，创业板改革并试点注册制，截至2022年10月21日，创业板共有1203家公司，总市值111161.50亿元。创业板定位于科技创新能力强、市场认可度高的高新技术企业、战略性新兴产业企业和成长型创新创业企业上市。2019年6月开板的科技创新专板（简称"科创板"）是专为科技型和创新型中小企业服务的板块，设立科创板并试点注册制旨在扶持国家级高新技术企业、小巨人企业、小火炬企业或经过政府权威认证的科技型企业等科创型企业，是提升资本市场服务科技创新企业能力、进一步发挥市场功能的一项资本市场重大改革举措，实现资本市场和科技创新更加深度的融合。截至2022年10月21日，科创板共有上市公司479家，总市值58901.39亿元。创业板和科创板上市公司是我国科技创新方面的优秀企业，为区域经济高质量发展注入新动能。目前，甘肃省仅有创业板上市公司4家，尚没有科创板上市公司。甘肃创业板上市公司占比远低于全国水平，尤其是截至目前没有一家企业在科创板上市，说明了甘肃上市公司中电子信息技术、生物与新医药技术等高新技术企业少、科技创新能力弱。

（五）甘肃上市公司中高科技企业、战略性新兴产业企业少

甘肃上市公司从行业看主要包括制造业22家，采矿业4家，农林牧渔业3家，批发和零售业2家，房地产业1家，科学研究和技术服务业1家，电力、热力、燃气及水的生产和供应业1家，文化、体育和娱乐业1家，金融业1家。甘肃上市公司行业分布不均匀，主要集中在制造业、采矿业和农

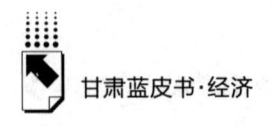

林牧渔业，且多从事初级加工制造，技术含量较低、技术创新能力较弱，在后续发展中不处于优势地位，企业市场竞争力趋弱。甘肃上市公司行业分布中存在的问题严重制约了上市公司的发展壮大，直接影响上市公司对甘肃经济发展和经济结构优化调整的作用，也严重影响了甘肃上市公司乃至甘肃省科技创新发展。

（六）甘肃上市公司科技创新能力提升能力弱

甘肃上市公司数量少、规模偏小，上市公司盈利能力不强、融资能力较弱，严重影响科技创新能力提升。截至2021年底，A股上市公司（含A+B、A+H、A+B+H）总数4685家，甘肃上市公司家数约占全国上市公司总家数的0.77%，上市公司数量明显偏少；沪深两市总市值为48.59万亿元，而甘肃上市公司总市值占比仅为0.369%；2021年全年A股IPO上市企业数量达到523家，全年通过IPO合计募资5436亿元，甘肃无新增上市公司；截至2022年4月30日，披露年度报告的4669家上市公司共实现营业总收入64.97万亿元，同比增长19.81%，实现净利润5.30万亿元，同比增长19.56%。同期甘肃36家上市公司实现营业收入422.16亿元，净利润92.34亿元。从上述数据可以看出，甘肃上市公司数量、规模、盈利能力都远低于全国平均水平，也严重影响了上市公司科技创新能力的提升。

四 甘肃上市公司创新能力提升的作用和意义

（一）积极运用资本市场提升甘肃企业科技创新能力

近年来，为深入贯彻落实党中央、国务院决策部署，我国资本市场积极采取举措，提升我国企业自主科技创新能力，推进关键领域核心技术攻关。在陆续推出创业板、科创板的同时，中国证监会近期指导沪深交易所正式推出科技创新公司债券，进一步加大对企业科技创新能力提升的支持力度，增强资本市场对科技创新企业的融资服务能力。资本市场已成为科技创新型企业发展的重要平台。2020年1月1日至2022年10月11日，国内沪深两家证券交易所共有942家公司实现IPO，首发募集资金总额约1.1万亿元；其中在创业板和科创板实现IPO的公司数量为637家，首发募集资金金额超7778亿元，占比分别约为67.6%、70.7%。此外，创新创业债、科技创新公司债券等陆续推出发行，进一步增强资本市场对科技创新企业的融资服务能力，拓宽科技创新融资渠道，推动资金等重要资源向科技创新领域集聚。提升甘肃上市公司科技创新能力能够使甘肃企业更好地运用资本市场促进发展。

（二）上市公司在甘肃科技创新中有着重要的地位和作用

大部分甘肃上市公司作为甘肃优秀企业的典型代表，在科技创新中有着重要地位，发挥着重要作用。一是作为上市公司能够借助资本市场通过直接融资方式筹集科技创新发展所需资金，增强科技创新能力，实现科技创新给公司带来的经济效益；二是作为上市公司，为了在资本市场持续健康发展，需要通过积极提升自身科技创新能力，增强市场竞争力；三是通过资本市场的资源配置功能，引导全社会科技研发资源不断向效益好、回报率高、成长性好的上市公司聚集，促进上市公司不断科技创新。因此，上市公司积极进行科技创新能力能够为甘肃整体科技创新能力提升带来显著效益，增强甘肃科技创新实力，对繁荣甘肃区域科技和经济具有重要的现实意义。

（三）上市公司能够为甘肃企业科技创新发挥模范带头作用

资本市场有着严格的法律法规规定，企业上市和在资本市场存续，对其主体资格、管理规范、经营绩效以及募集资金使用情况等都有着准入要求和持续上市的条件，尤其是对其盈利能力、股本规模、资产结构有严格的要求；否则企业上市后，一旦某项条件不符合相关规定，将会暂停上市或退市。因此，上市公司无论是在谋求上市和上市后保住其上市资格，都需要积

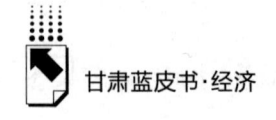

极发展。当前，科技发展和创新是企业生存发展的基础和动力，是企业竞争力的核心要素，对企业上市和存续发展注重科技创新、提升科技创新能力是重中之重，因此，甘肃上市公司能够为甘肃企业科技创新发挥模范带头作用。

（四）上市能够给企业带来良好的科技创新资源

企业上市，能够为企业科技创新发展带来良好的发展资源，一是借助资本市场的融资功能，能够为公司科技创新发展募集所需资金；二是上市公司可以通过股票期权计划实现对核心技术人员、研发人员的中长期激励，有利于上市公司吸引高科技人才，留住高科技人才；三是上市公司为提升其竞争能力和获利能力必须不断进行科技创新。

（五）上市公司是推动区域科技创新产业结构优化调整的有生力量

目前，我国科技创新主体主要包括高等院校、科研机构和企业，并形成以企业为主，以高等院校、科研机构为辅的科技创新格局。作为具备直接融资渠道、资金实力雄厚、科技创新意识强烈的上市公司，无疑是区域科技创新的主力军，并通过技术扩散带动区域科技进步，进而推动区域经济发展和产业结构调整。

（六）有利于甘肃加强科技创新加快创新型省份建设

2022年5月召开的中国共产党甘肃省第十四次会议，明确提出坚定不移加强科技创新，加快建设创新型省份，将强科技行动深度嵌入强工业、强省会、强县域行动，使强科技行动成为"四强"行动的主要支撑，充分发挥科技创新作为产业升级、经济发展的动力引擎作用，促进创新链同产业链、资金链、人才链、政策链深度融合，推动经济发展由以要素驱动为主向以创新驱动为主转变，进一步提升甘肃上市公司科技创新能力，有利于甘肃加强科技创新加快创新型省份建设。

五　促进甘肃上市公司科技创新能力提升的建议

甘肃应该重视发挥上市公司在全省科技创新能力提升中的积极带头作用，抓住我国实施科技创新战略给甘肃带来的发展机遇，政府引领积极营造内外部良好发展环境，上市公司从自身积极发展角度出发，推动甘肃上市公司科技创新发展，从而实现甘肃省整体科技创新能力的提升。

（一）加快甘肃上市公司科技创新

甘肃应加强上市公司科技创新，提高科研技术水平和产品科技含量，通过提升上市公司竞争力以提高整个地区经济发展水平。一是加大研发投入，提升上市公司品质。甘肃省上市公司研发投入少，严重阻碍了科技创新。二是改造传统产业，提升产业附加值。以酒钢宏兴、方大炭素、白银有色等上市公司为重点，通过科技创新持续推进工艺技术进步和装备水平提升，研发生产高附加值有色金属新材料。三是依托资源优势建设绿色综合能源产业基地和新能源新材料产业集群，积极发展风电、光伏、氢能等绿色能源。持续扩大金刚光伏、长城电工等上市公司在光伏产业链当中的市占率和影响力。

（二）充分发挥政府引导促进作用加快高科技企业上市

甘肃省各级政府应高度重视培育和推动高科技企业上市，结合大力发展优势产业，深入挖掘省内新材料、新能源、生物医药、信息技术、先进装备、种业等高新技术企业上市后备资源，规范企业经营管理行为，积极做好上市公司后备资源股东和董监高上市知识普及培训，制定企业上市培育规划和相关优惠政策，集中相关资源鼓励支持高新技术企业尽快上市，帮助高新技术企业利用创业板、科创板等多层次资本市场融资，进一步增强资本市场助力提升甘肃科技创新能力。

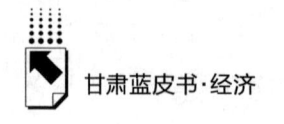

（三）通过资产重组推动高新技术企业上市

上市公司是宝贵的资源和直接融资平台，充分发挥上市公司融资功能能够有效解决企业科技创新等发展资金问题。甘肃省应积极引导、支持经营不善的上市公司进行资产重组，向其注入科技含量高的资产。一方面能够使甘肃省为数不多的上市公司资源存续健康发展，另一方面可以让省内优秀高新技术企业、科研院所通过资产重组方式快速上市。

（四）甘肃要切实持续强化企业创新主体地位

甘肃应持续强化企业创新主体地位，进一步完善扶持企业创新的政策措施，依照国家相关政策，根据甘肃省企业实际情况，有针对性地实施"专精特新"企业和高新技术企业梯次培育计划，鼓励大型骨干企业，尤其是大型国有企业牵头组建创新联合体，通过扩大研发投入、建设科研中心、进行联合科技攻关等推动产业链上中下游协同创新、企业融通创新，提升企业科技创新能力，为甘肃企业积极利用资本市场提升科技创新能力进一步打好基础。

（五）加强上市公司主导的产学研深度融合

甘肃省应以提升科技创新能力为目标导向，强化甘肃上市公司科技创新主体地位，发挥上市公司科技创新骨干企业引领支撑作用，营造有利于上市公司科技创新成长的良好环境，推动上市公司、科技创新体与资本市场深度融合发展。甘肃上市公司要立足科技创新实现自立自强，加快实施一批具有战略性全局性前瞻性的国家重大科技项目，加强基础研究，突出原创，增强自主创新能力。

权威报告・连续出版・独家资源

皮书数据库
ANNUAL REPORT(YEARBOOK) DATABASE

分析解读当下中国发展变迁的高端智库平台

所获荣誉

- 2020年，入选全国新闻出版深度融合发展创新案例
- 2019年，入选国家新闻出版署数字出版精品遴选推荐计划
- 2016年，入选"十三五"国家重点电子出版物出版规划骨干工程
- 2013年，荣获"中国出版政府奖·网络出版物奖"提名奖
- 连续多年荣获中国数字出版博览会"数字出版·优秀品牌"奖

皮书数据库　　"社科数托邦"微信公众号

成为用户

登录网址www.pishu.com.cn访问皮书数据库网站或下载皮书数据库APP，通过手机号码验证或邮箱验证即可成为皮书数据库用户。

用户福利

- 已注册用户购书后可免费获赠100元皮书数据库充值卡。刮开充值卡涂层获取充值密码，登录并进入"会员中心"—"在线充值"—"充值卡充值"，充值成功即可购买和查看数据库内容。
- 用户福利最终解释权归社会科学文献出版社所有。

数据库服务热线：400-008-6695
数据库服务QQ：2475522410
数据库服务邮箱：database@ssap.cn
图书销售热线：010-59367070/7028
图书服务QQ：1265056568
图书服务邮箱：duzhe@ssap.cn

卡号：894474237978
密码：

S 基本子库
SUB DATABASE

中国社会发展数据库（下设 12 个专题子库）

紧扣人口、政治、外交、法律、教育、医疗卫生、资源环境等 12 个社会发展领域的前沿和热点，全面整合专业著作、智库报告、学术资讯、调研数据等类型资源，帮助用户追踪中国社会发展动态、研究社会发展战略与政策、了解社会热点问题、分析社会发展趋势。

中国经济发展数据库（下设 12 专题子库）

内容涵盖宏观经济、产业经济、工业经济、农业经济、财政金融、房地产经济、城市经济、商业贸易等 12 个重点经济领域，为把握经济运行态势、洞察经济发展规律、研判经济发展趋势、进行经济调控决策提供参考和依据。

中国行业发展数据库（下设 17 个专题子库）

以中国国民经济行业分类为依据，覆盖金融业、旅游业、交通运输业、能源矿产业、制造业等 100 多个行业，跟踪分析国民经济相关行业市场运行状况和政策导向，汇集行业发展前沿资讯，为投资、从业及各种经济决策提供理论支撑和实践指导。

中国区域发展数据库（下设 4 个专题子库）

对中国特定区域内的经济、社会、文化等领域现状与发展情况进行深度分析和预测，涉及省级行政区、城市群、城市、农村等不同维度，研究层级至县及县以下行政区，为学者研究地方经济社会宏观态势、经验模式、发展案例提供支撑，为地方政府决策提供参考。

中国文化传媒数据库（下设 18 个专题子库）

内容覆盖文化产业、新闻传播、电影娱乐、文学艺术、群众文化、图书情报等 18 个重点研究领域，聚焦文化传媒领域发展前沿、热点话题、行业实践，服务用户的教学科研、文化投资、企业规划等需要。

世界经济与国际关系数据库（下设 6 个专题子库）

整合世界经济、国际政治、世界文化与科技、全球性问题、国际组织与国际法、区域研究 6 大领域研究成果，对世界经济形势、国际形势进行连续性深度分析，对年度热点问题进行专题解读，为研判全球发展趋势提供事实和数据支持。

法律声明

"皮书系列"（含蓝皮书、绿皮书、黄皮书）之品牌由社会科学文献出版社最早使用并持续至今，现已被中国图书行业所熟知。"皮书系列"的相关商标已在国家商标管理部门商标局注册，包括但不限于LOGO（ ）、皮书、Pishu、经济蓝皮书、社会蓝皮书等。"皮书系列"图书的注册商标专用权及封面设计、版式设计的著作权均为社会科学文献出版社所有。未经社会科学文献出版社书面授权许可，任何使用与"皮书系列"图书注册商标、封面设计、版式设计相同或者近似的文字、图形或其组合的行为均系侵权行为。

经作者授权，本书的专有出版权及信息网络传播权等为社会科学文献出版社享有。未经社会科学文献出版社书面授权许可，任何就本书内容的复制、发行或以数字形式进行网络传播的行为均系侵权行为。

社会科学文献出版社将通过法律途径追究上述侵权行为的法律责任，维护自身合法权益。

欢迎社会各界人士对侵犯社会科学文献出版社上述权利的侵权行为进行举报。电话：010-59367121，电子邮箱：fawubu@ssap.cn。

社会科学文献出版社